船渡 亮

この間取り、ここが問題です！

JN053097

講談社＋α新書

はじめに　満足できない家に住み続ける日本人

住まいの不満は間取りが原因

今の住まいに不満を持っている日本人は多いようです。内閣府が行った世界5ヵ国の調査によると、住宅の総合的な満足度で「満足している」と回答した人はスウェーデン84％、ドイツ78・1％、アメリカ74・9％に対して、日本は33・3％と各国と大きな開きがあることがわかります。(「平成22年度第7回高齢者の生活と意識に関する国際比較調査結果」内閣府)

またSUVACO株式会社がSUVACO会員283名を対象に行った同様の調査では、注文住宅に限定した場合でも、満足度が7割程度という結果が出ています（2019年1月）。

この調査では満足度を下げる要因として、「狭い」「収納の少なさ」「日当たり・採光の悪さ」などがあげられていますが、どれも住宅設計に関わるものばかりです。

これらをひっくるめると「住宅の不満は間取りが原因」ということになります。

これはよく考えると不思議です。私たちは、家を借りる・買う時には、よほどの事情がない限り、内見をしてから決めます。賃貸物件または購入する家をしっかり確認し、ある程度納得した上での契約です。それにしては満足度が低いように思えます。

注文住宅や新築の分譲マンションの場合は、完成する前に購入する形にはなりますが、それでも間取りは何度も確認します。特に「注文住宅」は、間取りを自由に決められるはずなので、本来ならば満足度90％以上でもおかしくないのですが、そうはなっていないようです。

日本人の住まいの満足度が低いのには、2つ原因があると思われます。1つ目は、身も蓋もない話ですが、魅力のある間取りに住んでいないということです。

「そりゃ家が狭いので仕方ない」

と思われるかもしれませんが、日本の一戸当たりの床面積は、ドイツやフランスと変わりません。アメリカは突出して広い家に住んでいますが、他の先進国と比較して「狭い」とは言えません（「平成15年住宅・土地統計調査」国土交通省）。

2つ目は、同じ家に住む期間が長い、ということです。各国の居住年数を比較すると、同じ家に20年以上住んでいる割合が高いのは、日本とドイツで、アメリカ・韓国・スウェーデンは、20年未満の割合が高いです。

民族性やお国柄もありますので、国際比較にどれだけの意味があるのかはわかりませんが、各国と比較して言えるのは、

「日本人は大して満足していない家に、長期間入居している」


ということです。先ほど、「魅力のある間取りに住んでいない」と書きましたが、もしかしたら、暮らし始めた当初は魅力があったのかもしれません。何しろ、ある程度、気に入った上で、家の購入・賃借を決めているはずですからね。

ただ長期間住み続けることで、子供が成長したり、自分たちが老いたり、家族構成や近隣環境が変化し徐々に暮らしにくくなっていく、というケースが多いように推測できます。

不満に思った時点で自分たちに合った家に住み替えることができればよいのですが、そのまま住み続けてしまうので満足度が低いまま、というのが実情のようです。

日本人が一つの場所に住み続ける傾向が強いのは、小さい子供がいる家庭では学区を変えたくない、中古住宅市場で戸建て住宅が評価されず売却しにくい、という事情もあります。

賃貸の場合、長いデフレの影響で契約更新時に家賃がアップしにくいことや、「礼金」も

影響しているかもしれません。引っ越すほうが金銭面で不利になるので、同じ家で何回も更新を行う傾向にあります。

多くの施主が、30代で終の棲家を建てる

申し遅れましたが、私は家づくりや間取りのセカンドオピニオンを提供している一級建築士です。これまで、注文住宅・リフォームを検討している施主を対象に、国内外含め3000件以上の間取り診断を行っています。1000万円のリノベーションから、4億円のレジデンス、大手ハウスメーカーから地域の工務店など、様々な施主をサポートしていますが、その多くが「終《つい》の棲家《すみか》として家を建てたい」と話しています。

施主は30代が中心ですから、平均寿命が80代として40〜50年は住む覚悟で家を建てることになります。ただ残念ながら「終の棲家にしたい」と考えながらも、将来にわたって暮らしやすいといえる間取りになっていないのが現状です。30代の施主の関心事は、子育てや家事時短・現在の趣味なので、老人になった自分たちを想像して家を建てるのは難しいです。

「必要に応じてリフォームする」とも考えられますが、現代の住宅（特に木造戸建て）は耐震性を高めるために「耐力壁（耐震を担う壁）」が設定されています。安易に壁を撤去すると新築時の耐震性を維持できないため、大幅な間取り変更ができない場合が多いです。

入居してから老後まで、（大規模リフォームなしで）常に満足できる「終の棲家」を手に入れるとなると、40～50年の様々な変化を織り込んだ上、子育てや趣味など現在の関心事も満足させる必要がありますが、本当にそんなことが可能でしょうか？

日本人こそ間取りを学ぶべき

暮らしに合わせて住む家を替えるなら、たとえ家選びに失敗してもダメージは最小限に抑えられます。また様々な家を経験することで、自然と家選びの経験値もアップしていきます。常に満足度の高い住まいで暮らすためには、このようなライフスタイルを選ぶことが確実です。

逆に、アパートやマンション暮らしの若い施主が、「終の棲家」として、死ぬまで満足に暮らせる戸建て住宅を手に入れるのは、かなりの「無理ゲー」にみえます。

ただそれでも、後悔のないマイホームを手に入れたいのであれば、**「間取りを見てどのように暮らせるかを理解する」**スキルを手に入れるしかありません。

住まいの満足度とは、すなわち暮らしの満足度です。目の前の間取りの「暮らしやすさ」「暮らしにくさ」が理解できれば、家づくりや家選びでの後悔は少なくなります。

本書では、間取りから暮らしを理解する方法と、テーマごとに25の間取り診断事例を紹介しています。

安心してください、改善しています

20年前に、ヘンテコな間取りを集めた『間取りの手帖』という本がブームになりましたが、本書で紹介するのは、普通の間取りです。と言いますか、どちらかというと、「素敵な間取り」「こだわった間取り」が多いです。何しろ、注文住宅を建てる施主が、住宅会社と一緒に考えた間取りですからね。

ただ、**一見素敵に見える間取りにも、思わぬ「暮らしにくさ」が潜んでいます。**比較的軽度（リフォームすれば解決する）なものから、重症（建て替えないと改善しない）なもの、入居してすぐに「暮らしにくさ」が判明するものから、数十年後に後悔するものまで、幅広く取り揃えています。

もちろん、25の事例はすべて間取り改善し、「暮らしにくさ」を解決しています。登場する施主は、改善した間取りの家で快適に暮らしているのでご安心ください。

また第3章～第7章では読者に間取り診断にチャレンジしてもらうコーナーを設けています。間取りのセカンドオピニオンになったつもりで、間取りのどこに「暮らしにくさ」が隠されているのかを考えてみてください。

それでは、第1章「なぜ間取りの印象と実際の暮らしは違うのか？」から始めていきます。

※本書で紹介する25事例の家族名には仮名も含まれています。

目次

第3章 家事時短できない日本の間取り

第4章 子育てで不機嫌になる間取り

第5章 セックスレスになる間取り

第6章　人生100年時代に対応できない間取り

第7章　流行りだけど〈取り扱い注意〉な間取り

自分の家を建てる人は、とても勇気があり、
人生に対して好奇心旺盛な人だ。
彼らは家に住むことの意味を考えている。
消費財を買うかわりに。

トム・クンディグ（建築家）

第1章　なぜ間取りの印象と実際の暮らしは違うのか？

不動産会社は「暮らし」を説明しない

私は、自宅から自転車で30分圏内にあるワンルームマンションを借りて仕事場にしています。この仕事場は、2年以内に引っ越すことをマイルールにしています。仕事場ではありますが、様々な環境や間取りを経験して仕事に活かしたい、というのが理由です。

本当は、仕事場だけでなく、自宅も頻繁に引っ越したいのですが、妻は地元企業で正社員として働いており、下の子も高校生なので、自由に引っ越すわけにはいきません。

私自身が、「暮らしに合わせて住む家を替える」というライフスタイルを選べない日本人の一人ということになりますが、60歳になって、妻が定年退職したら全国各地の様々な土地で暮らしてみようと夫婦で話しています。

そんなわけで、私は2年に一度、客として不動産会社（不動産仲介業者）にお世話になります。そこで思うのが、不動産会社は「暮らし」の説明をしない、ということ。ワンルームマンションということもありますが、事前に間取りを見せてもらい、その上で内見して、「どうですか？　人気の物件なのですぐ埋まってしまいますよ」と煽《あお》ってくるくらいです。

欧米の不動産サイトを見ていると、インテリア写真が多く掲載されていますし、家具付き物件も多いので「暮らし」が想像しやすいのですが、日本の場合、家具も何もない部屋を見せられるわけですから、どんなふうに暮らせるのか、を理解するのは難しいです。

不動産仲介業者は、賃貸契約や売買契約が成立することで得られる手数料が主な収入源です。契約が成立すればいいので、余計なことを言って客を迷わせないようにしているのかもしれません。また仲介をしているだけなので、「どのように暮らすかは入居者次第」という発想なのでしょう。

動線を説明する住宅会社は3割

不動産仲介業者は不動産仲介のプロであって建築自体に詳しいわけではありません。そもそも仲介するのが仕事ですし、それ以上の責任があるわけではありません。また賃貸物件なら気に入らなければ、引っ越せば済みます。

では注文住宅の場合はどうでしょうか？　多くの施主は、何千万円という住宅ローンを組んで終の棲家として家を建てるわけですから、住宅会社側もしっかりした説明を行うのでは？　と期待してしまいます。

ただそのような住宅会社は少数です。私が行ったアンケート調査によると、打ち合わせ時に、**「動線の説明」をしてくれた住宅会社の割合は33％**でした。動線とは、建物内を人が移動する経路を線で表したものですから、私たちの暮らしそのものです。本来、とても重要なはずですが、あまり説明はされていません。

では、どのような打ち合わせがされているかというと、図面を見せて、ここに玄関です、リビングは20帖です、大きなランドリーがあります、といった説明のみです。気の利いた会社なら、美しいCGパース（間取りを立体表現したもの）を使って、リビングや吹き抜けの開放感をプレゼンしてくるかもしれませんが、あくまで間取りの補足と、契約前であれば営業支援という意味合いが強く、「暮らし」を説明することはありません。

住宅会社のHPを見る限り、「暮らしやすさにこだわっている感」が醸し出されていますが、実際、提案業務を行うのは、現場の営業・設計担当者です。面倒な暮らし（動線）の説明は省いて間取りの説明だけで終わらせる場合が多いようです。

そしてこれが一番問題なのですが、**施主も、「暮らし」の説明がないことについて違和感を覚えることがありません。**そんなわけで、「暮らし」に関する話題は不在のまま、数回の打ち合わせを経て間取り確定ということになります。

施主が考えた間取りは、神聖不可侵

注文住宅の世界では、施主が考えた間取りは、「神聖不可侵」なものとして扱われます。施主（お客様）が考えた間取りなのだから、（客観的に残念に見える場合でも）尊いものであり汚すべきではない、という意識があるようです。

また「言われなければ、それでよし」というスタンスもあります。以前、私は大手建設会社で、社内コンサルのような仕事をしていました。計画中の間取りに対してアドバイスする、という設計者からは煙たがられる存在です。

ある計画で、キッチン配置が非常に使いにくそうだったので（何しろ、どこに食器棚を置くかわからない）、これ変えたほうがいいですよ、と担当の設計者に話したところ、「**お客様から何も言われてないので変えなくていい**」と返され愕然《がくぜん》としたことがあります。自分の設計にケチをつけられた、と感じたのかもしれませんが、「客に言われなければ、それでよし」というスタンスと言えます。

このように書くと、住宅会社にやる気がないように思われるかもしれませんが、もちろん、業者側にも言い分はあります。

本書では注文住宅を建てる人を「施主」と表現していますが、公的には「建築主」という言い方になり、これは「工事請負契約の発注者」を指します。そして住宅会社は、工事受注者です。

受注者である住宅会社の仕事は、建築主から発注された家を建てることですから、建築主が建てたい間取りがあるなら、それを実現すればよい、ということになります。また間取り提案した場合でも、それに対して建築主から変更指示がないなら問題ない、という発想にもなります。良かれと思って「これ使いにくいですよ」と説明して、機嫌を損ねてしまうくらいなら、そのまま建ててあげたほうが間取り確定も早められクレームも回避できます。

建築の素人である施主に適切なアドバイスをしないことを「怠慢だ」と非難するのは簡単ですが、住宅会社は契約書通りに家を建てたわけですから法的には何も問題ありません。施主ができることといえば、憂さ晴らしにSNSや口コミサイトに罵詈雑言《ばりぞうごん》を書き込むくらい。ガス抜きにはなりますが、現状の家や間取りの不満は解決できません。

このように、注文住宅を建てる時に「**自作の間取りを見せる**」**というのは、やってはいけないことの一つ**です。自分で考えた間取りで家を建てるのが夢、という人もいるので、施主が間取りを考えること自体は否定しませんが、住宅会社からの提案がなくなることは覚悟したほうがよいですね。

映える・盛るが好きな建築家

間取りだけで暮らしがわからないとしたら、写真やパースがあれば、理解は深まるのでしょうか？　間取りだけよりは少しマシですが、暮らしを理解するのには向いていないようです。

写真やパースでは、空間構成やデザインは理解できますが、そこでどのように暮らせるかはわかりません。また、そもそも写真は実物よりも「映える」ケースが多いです。

「映え」といえば、若い女性が使う言葉というイメージがあります。私の娘（高校生）も「映える」写真を撮るのが好きですし、友達と撮影した写真は、躊躇《ちゅうちょ》なく盛っています。そんなＪＫよりも、50年以上前に、「映え」や「盛る」ことを意識していたのが建築家です。

１８８７年生まれのモダニズム建築の三大巨匠の一人であるル・コルビュジエは、竣工写真が「映える」ように、加工（盛る）していましたし、現在の多くの建築家も「映え」を意識して設計します。かく言う私も、自身が設計・コンサルティングした住宅・建築の映えはとても気にしますし、写真撮影時も生活感のあるものは排除し、広角レンズを駆使して実際より広く見せる工夫（盛る）をしています。

なぜ建築家は映えを気にするのかというと、多くの建築は、実物よりも写真で認知されることが多いからです。私たちは、世界各地の遺跡や名所を知っていますが、実際に見たことがあるのはほんの一部で、ほとんどが写真で知っているだけです。

その写真を元に、「死ぬまでに一度は実物を見てみたい」と感じる人も多いわけですから、写真の出来映えは重要です。また住宅建築は、現地に出向いても入居者の許可がない限り外観しか確認できませんから、住宅インテリアは写真がすべてです。

そして写真は集客に使えます。「暮らしやすさ」は説明するのが大変ですが、映える写真は一瞬で人を惹きつけます。雑誌や書籍、インスタやＨＰなどで使いまわせるので建築家にとって強力な「集客ツール」となります。

同じことがパースにも言えます。これまで様々な住宅会社が作製したパースを見てきましたが、そのほとんどが、「**実際よりも明るく広く眺望が良い空間**」に演出されています。近隣環境の影響で、ほぼ直射日光が入らないようなリビングでも、春の日差しがさんさんと差し込む空間に盛られている、というのは日常茶飯事です。

そんなわけで、建築写真やパースは、盛ってあることを前提として、少し割り引いて見るほうがよさそうです。

家は理想の暮らしを実現するための手段

「ドリルを買いに来た客が欲しいのは穴であって、ドリルではない」

これはマーケティングで使われる言葉で、目的は穴をあけることで、ドリルは手段に過ぎない、という意味合いです。ホームセンターの店員さんがいくらドリルの性能やデザインを説明しても、客が本来、関心があるのは、必要な穴があけられるかということです。

住宅に置き換えると、ドリル（手段）に該当するのは、間取りや住宅です。では、目的は何でしょうか？　それは、

「理想の暮らしを実現すること」

だと私は思います。いくらデザインがカッコよかろうが、収納が多かろうが、断熱性が高かろうが、自分たちにとって理想的な暮らしができなければ意味がないのです。

「理想の暮らし」という言い方がピンとこないとしたら、「**今ある問題を解決した暮らし**」、と言い換えてもいいかもしれません。私たちが住み替える理由は、今の住居では解決できな

い問題があるから、と言えますから、その解決のために新しい家に住むことが必要になります。

ただ、私たちの暮らしは変化します。子供は成長しますし、私たちは歳をとります。近隣環境も家族構成も変わるので、以前はなかった問題が発生することもあります。

そのため「今ある問題の解決」だけではなく、将来起こりうる問題も想定して、

「理想の暮らし」を持続できる

ような間取りの家に住むことが重要です。

これまで話したように間取り図を理解するだけでは暮らしはわかりませんし、写真やパースも理解の補足にしかなりません。また不動産会社や住宅会社も「暮らし」の説明はしてくれませんので、みなさん自身で理解できるようになる必要があるでしょう。そのための方法を第2章で紹介します。

第2章　間取りで暮らしを理解する方法

間取りで後悔しない唯一の方法

不動産直販サイトＦＬＩＥが、戸建てやマンションを購入した人を対象に行ったアンケートによると、家に何かしらの後悔・不満がある人は全体の84％、うち間取りで後悔した人は41％になります。

その割合は、戸建て購入者（注文住宅を含む）の場合、13％もアップするそうです。この結果を読む限り、住宅購入経験者には間取りで後悔している人が多いようです。では、どのようにすれば、この後悔を減らすことができるでしょうか？

その解決策は、後悔するに至ったプロセスを考えるとわかります。

住宅購入者は、自分たちの現在の問題・不満を解決できるだろうと期待して住宅を購入します。分譲マンションや建売・中古住宅なら内見してから購入する場合が多いので、「引き渡し時」の後悔は少なそうですが、注文住宅や販売時に建設中の新築分譲マンションの場合は、「計画時の想像と違った」と感じる人がいるかもしれません。

新居に荷物を搬入して、新品の家具を配置した時に、「あれ、おかしいな?」と思う人も多いはずです。家具を置くと狭く感じる、置く場所がない、ということが起こります。さらに1年間暮らしてみて、家事がしにくい、収納が足りない、夏の西日が厳しい、近所や通行人からの視線が気になるといった不満も出そうです。

そして数年経ち、子供が思春期になると家族の暮らしに変化があります。部活動や塾で帰宅時間が遅くなり、個室を与えられた子供は就寝も遅くなるので、家族内でのプライバシー確保や音問題が表面化します。

さらに老化や病気、事故などで体が不自由になった場合には、階段や段差があることで暮らしにくくなり後悔につながることも考えられます。

ここまでは家族の変化ですが、近隣環境の変化からも大きな影響を受けます。隣地の建て替えや駐車場が高層マンションになるといったことで、日当たりや眺望が著しく悪化し、資産価値が下がるということもあり得ます。また地震や水害・土砂崩れといった自然災害によって、家が破損し家族の生命が危険に晒《さら》されることもあります。このようになると、後悔ではすまされません。

こういった問題は、数年から数十年間、暮らしてみてわかることですから、とかく「家って暮らしてみないとわからないよね」と一言で片付けられがちです。これは裏を返せば、**「事前に暮らしてみれば間取りの問題点もわかり、後悔も減る」**ということです。少なくとも暮らしの問題点を理解した上で、住宅購入や家づくりができるので、「こんなはずじゃなかった！」という思いをしなくてもすみます。

とはいえ、事前に暮らしてから家を購入することは可能でしょうか？　賃貸住宅なら、暮らしてみて気に入った際には所有者に譲ってもらえるように交渉できそうです。

注文住宅の場合、請負契約してから工事が開始するので事前に暮らすことはできませんが、兵庫県にあるエーアイ株式会社が提供する「間取りを原寸大で再現するサービス」を利用すれば、実際に歩き廻って家の中をイメージすることができます。

ただこれらはお金と時間がかかりますし、再現性が高い方法とは言えません。また数十年間住むという視点で考えた場合、それだけで問題点を発見するのは難しそうです。

じつはもっと簡単でお金がかからない方法があります。手元に間取り図があれば、いつでもどこでも誰でも実践可能です。それは、「間取りで暮らす」という間取りのシミュレーション法です。

間取りを暮らしに変換する

「間取りで暮らす」は私が名付けましたが、これは住宅設計者や間取り好きな人が自然に行ってきたシミュレーション方法です。やり方はとてもシンプルで簡単です。

「家族全員の一日の動き（動線）を間取り上でイメージする」

たったこれだけです。

目の前に間取り図を置いて、ペンなどで家族の動きを書くことで、どのような動線になるのかを可視化できます。また動線だけでなく、そこで何をするのか、何が見えるのか、もイメージするようにします。住宅会社がＣＧパースなどを作製してくれた場合は活用しましょう。

「間取りで暮らす」のにかかる時間は、個人差はありますが、30分から60分程度ですから、それほど大変な作業ではありません。長ければ40年から50年程度は暮らす住宅の購入や家づくりなので、それくらいの時間をかけてシミュレーションする価値はあります。

このように、間取りを暮らしに変換することができれば、納得した上で家を決めることができます。

動線とは暮らしである

「暮らしを理解するために、動線のシミュレーションだけでいいのか？」と疑問に思う方もいるかもしれません。一般的に動線といえば、料理や洗濯などの「家事動線」を思い浮かべる方も多いと思いますが、収納やゴミ捨て、帰宅・出宅、朝の準備、入浴や排泄、介護など様々な場面で人は動きます。これらはすべて動線で表すことができるので、「間取りで暮らす」ことでシミュレーションできます。このように**動線は入居者の暮らしそのものといってよい**でしょう。

また動線だけでは空間の開放感やデザイン、質感などはわかりませんが、それらは実物を確認すればわかりますし、注文住宅なら図面やCGパース等で理解できます。住宅会社や不動産会社は、そういった「目に見える部分の説明」は得意なので、任せるようにします。私たちは、彼らが説明してくれない「動線」を理解することに注力します。

日当たりや近隣環境の変化・災害対策も暮らしに関わる重要な部分ですが、それについては第6章で別途解説しますので、少しお待ちください。

「間取りで暮らす」４ステップ

とてもシンプルで簡単な「間取りで暮らす」ですが、実践するにはコツがあります。以下の４ステップを意識するとよいでしょう。

ステップ1　**家具・家電・モノを間取りに配置する**
ステップ2　**一日を5分割してシミュレーション**
ステップ3　**自宅と比較する**
ステップ4　**子供の成長や家族の変化を織り込む**

現在、検討中の間取りがあれば手元において読み進めてください。

ステップ1　家具・家電・モノを間取りに配置する

私たちの暮らしには家具・家電・モノが必須です。これらは決まった場所に置かれる（収納される）ことが多いので、家の一部と考えます。私たちの暮らしに影響を与えるものばかりなので、間取り図を見て、新居に持ち込む家具・家電・モノが記載されているか確認してください。間取り図に書いたほうがよい家具・家電・モノはこちらです。

・ダイニングテーブル
・ソファ
・ベッド（または敷かれた布団）

・勉強机
・テレビ
・冷蔵庫
・ピアノ
・靴、スリッパ（土間・床に置く場合）

図面を見て、これらの記載がない場合は、自分で間取り図に書き込みましょう。間取り図に書き込む「家具・家電・モノ」は、実際に新居に持ち込むのと同じ大きさにしてください。間取り図の縮尺が、100分の1であれば、定規の1cmが1m（100cm）です。50分の1の場合は、2cmが1mになります。

「家具・家電・モノ」が間取り図に記載されている場合でも、念のため、定規で寸法を測りましょう。住宅会社・不動産会社によっては、空間を広く見せるテクニックとして、あえて「家具・家電・モノ」を小さく表現する場合もあるので要注意です。

「靴、スリッパ」は、間取り図に記載されていないと思います。現状の住まいの玄関を確認して、玄関土間や床上に「靴、スリッパ」が置きっぱなしになっていれば同じものを新居の間取り図にも書き込みましょう。

新居に手持ちの家具・家電を持ち込む場合は、将来的な買い替えも想定します。特にLDKに置かれるダイニングテーブルとソファは、子供の成長や家族の変化に合わせて買い替えする可能性があるため予《あらかじ》めスペースを確保しておくほうがよいでしょう。以下に一般的な大きさを記載しますので参考にしてください。

・ダイニングテーブル
3〜4人家族　150cm×80cm
5〜6人家族　180cm×80cm

・ソファ
2人掛け　150cm×90cm（最低120cm×90cm）
3人掛け　210cm×90cm（最低180cm×90cm）

新居に持ち込む「家具・家電・モノ」の大きさが決まったら、実際に配置してみます。配置のポイントは3つです。

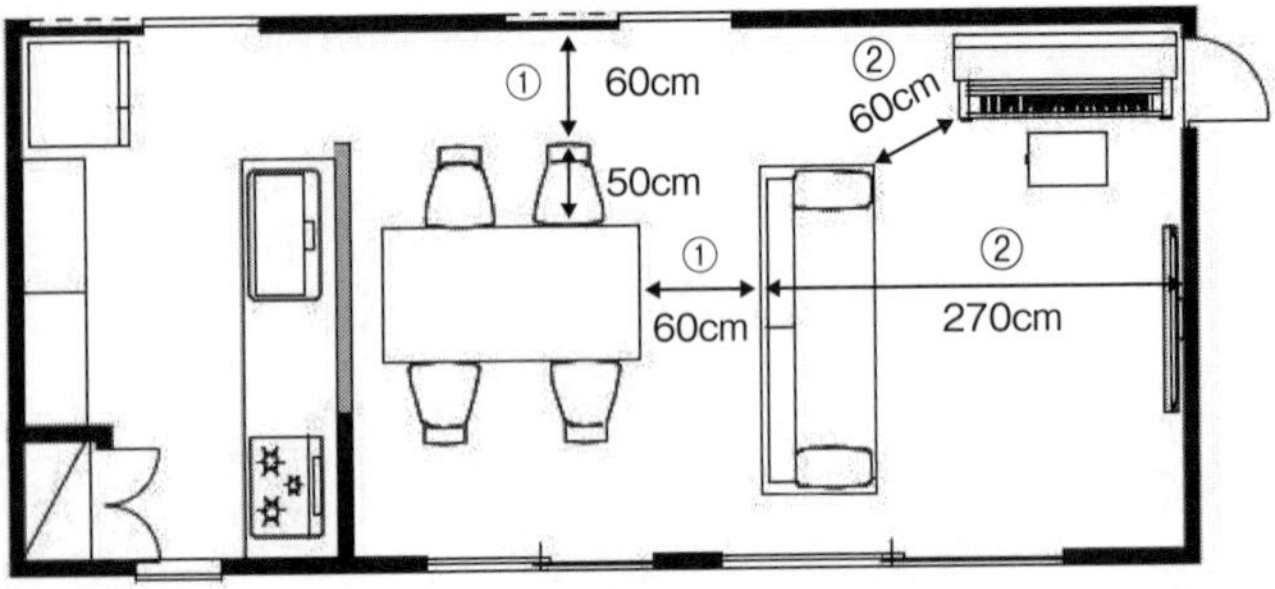

家具配置の最低寸法

①通路幅は、60㎝（推奨70㎝以上）を確保する

図のようにダイニングテーブルとソファの間を通路としても使う部分は、最低、60㎝（推奨70㎝以上）は離します。椅子は座ると50㎝出っ張る想定で、通路幅を確保します。

②ソファは、テレビから270㎝（推奨300㎝以上）程度離す

一般に4Kテレビの視聴距離は、画面高さの1・5倍が目安となりますので、65型なら1・2mあれば十分となります。ただ、書斎やシアタールームならともかく、リビングのソファはテレビを見るためだけにあるわけではありません。くつろいだり、家族でゲームしたりということを考えると、あまりにテレビとソファが近いと余裕がありません。ソファとテレビの距離は、270㎝（推奨300㎝以上）離すことを目安にします。

③ドアが「家具・家電・モノ」にぶつからないか

開き戸や折れ戸を開いた時に、「家具・家電・モノ」にぶつからないかを確認します。特に6帖以下の部屋は、ベッド・布団に開き戸がぶつかりやすいので配置に注意します。

「間取りで暮らす」の準備として家具配置を書き込みましたが、この時点で様々な気付きがあったのではないでしょうか？　いちばん多そうなのが、「思っていたよりも部屋が狭い」ということかもしれません。

引っ越し時、何もなくなった部屋を見て、「こんなに広かったんだ」と感じる経験をした方は多いと思います。「家具・家電・モノ」を配置するとこれと逆の事が起こるのですが、私たちが暮らすのは、あくまで「家具・家電・モノ」がある空間です。

「家具・家電・モノ」をどこに置けばよいのかわからない、ということもありそうですが、これは、設計者が「家具・家電・モノ」を想定して設計していないことが原因です。このような場合は、無理やりでもよいので家具を書き込みましょう。

ソファとダイニングテーブルの両方を置けない場合は、ダイニングソファを選んでもよいです。ダイニングソファは少し低めのダイニングテーブルにソファを組み合わせたもので、ファミレスのテーブル席をイメージするとわかりやすいです。

ステップ2　一日を5分割してシミュレーション

「家具・家電・モノ」が記載された間取り図ができたので、早速、間取りで暮らしてみます。一日を帰宅・洗濯・料理・生活・出宅に5分割して、帰宅から次の日の出宅までの動線を「家族ごと」にたどるようにします。「家族ごと」としたのは、家の中での行動（動線）は家族によって違うからです。性別（生理の有無）や家事分担、部屋着に着替える・着替えない、手を洗うタイミングなどは様々なはずです。

特に、洗濯や料理、子供の世話など家事・育児に関連するものは、その当事者（実際に家事する人）自身がシミュレーションしたほうが「暮らしにくさ」を発見しやすいです。

また晴天で元気がよく活力が漲《みなぎ》っているときよりは、雨天で気分が滅入り疲れている状況を思い浮かべたほうが、「この動線、面倒だな」というポイントがわかります。

「**ポジティブプランニング&ネガティブシミュレーション**」という言葉があります。間取り検討時は楽観的に色々なアイデアを試したほうがよいですが、検証時（「間取りで暮らす」時）は多少、悲観的・現実的なほうが意味のあるシミュレーションになります。

では、まず【**帰宅**】の動線をみていきましょう。

【帰宅】冬の雨天に子連れで買い物して帰る

帰宅してから、リビングに入るまでの動線で、早速、ネガティブシミュレーションをしてみましょう。共働き子育て世代であれば、

「**冬の雨天時、仕事帰りに保育園で子供をお迎えした後、スーパーで買い物して帰宅した**」という状況を思い浮かべてください。子供が小さければ、片手に子供、もう片方の手に買い物袋と傘という状況になりますが、想像するだけで大変そうです。自動車通勤なら駐車場から玄関を通り、手を洗って荷物を置くまでの動線をシミュレーションします。

帰宅してすぐに部屋着に着替えたい、入浴したい、という場合は、そのような動線も書き加えてください。

「家具・家電・モノを間取りに配置する」で、靴・スリッパを記入しましたが、帰宅動線に靴があって邪魔になりそう、玄関ホールのスリッパを蹴飛ばしそう、といったことがないか確認します。

食材宅配サービスを利用している場合は、玄関ポーチに発泡スチロールの通い箱が配達されているかもしれません。この通い箱は、1週間程度、自宅で保管するので置き場所が必要になります。どこに置くかを考えてみましょう。

【洗濯】朝の洗濯を地獄にしないために

洗濯機を回すことから始まり、洗濯物を収納するまでの動線です。洗濯には、外干し、部屋干し、乾燥機利用がありますが、どの場合も「室内干し」の場所は想定すべきです。外干し中心でも雨天は室内干しですし、乾燥機が使えない衣類も同様だからです。

以下に洗濯動線の流れを記載します。

①　洗濯機を回す
②　洗濯物を取り出し洗濯籠に入れる
③　物干し場に行く
④　洗濯物を干す（乾燥機にかける）
⑤　乾いた洗濯物を取り込む
⑥　洗濯物を畳み、家族ごとに仕分ける
⑦　洗濯物を収納する

現在、マンション住まいの人が戸建てに住む場合、①〜⑦の動線が長くなる場合が多いです。特に①〜⑦に階段がある場合、同じ距離でも廊下移動の3倍の労力がかかるので注意が必要です。

人の運動の強さを示す指標にアメリカスポーツ医学会が発表しているMETs《メッツ》（代謝当量）がありますが、日本では厚生労働省が健康づくりのための運動指針として使用しています。これによると、**自宅でモノを持って階段を移動することは、フラットな床を移動する時の3倍ほどの労力がかかる**そうです。

3人の息子がいる友人は「朝の洗濯は地獄だ」と愚痴っていましたが、彼女の家は、1階脱衣室で洗濯機を回し、急な廻り階段を上って2階バルコニーに干す間取りでした。それだけでも大変ですが、1回で洗濯が終わらないので2～3往復しなければなりません。家族が多い場合は、複数回の洗濯を想定するようにします。

外干しの場合、物干し場近くに、室内干しできる場所があると便利です。冬の寒空の下、凍えながら冷たい洗濯物を干すのはストレスですが、暖かい部屋で物干しに掛け、それを外に移すのなら、寒いのは一瞬です。急な雨への対応もしやすいです。

洗濯動線で忘れがちなのが、洗濯物を畳んで仕分けして収納するまでの動線です。割と時間がかかる作業なので、どこで行うと快適なのかも考えてみてください。

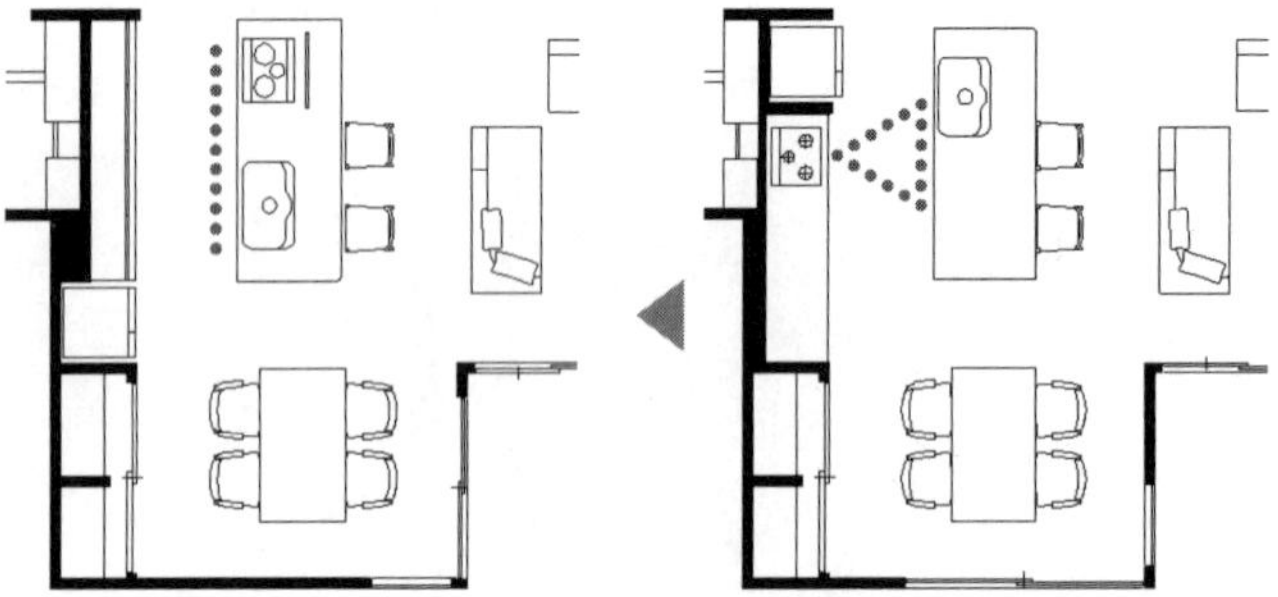

■シンク・コンロ一体型
一直線のシンプルな動線

■セパレートキッチン
通路を挟んだ三角形の動線

Tさんのキッチン配置

【料理】セパレートキッチンは要注意

購入した食材を収納し、料理・配膳・片付けまでの動線です。現在の住居と同じキッチン・ダイニングの配置ならイメージしやすいですが、違う配置の場合は注意深くシミュレーションします。

住宅設備メーカーのショールームには様々なタイプのキッチンが展示されているので、実際に動いてシミュレーションすることができます。私も施主とショールームに同行する場合は、どのような動きになるか、実物を用いて解説しています。

特に気を付けたいのがセパレートキッチン（コンロとシンクが別のアイランドキッチン）です。最近、人気ですが通路を挟んでフライパン・鍋や食材が移動するので動きが複雑になります。

4人家族のTさんのケース（図の右の間取り）で、ラーメンを作ることを想定してみます。鍋を出してシンクで水を入れますが、生麺の場合、最低でも麺の重さの10倍の水が必要になります。125gの生麺が4人分なら500g、水はその10倍の5Lです。水5Lの重量は5kgで麺は500g、鍋自体の重さも考慮すると6kg。その6kgの鍋を持ち上げて、通路の反対側にあるコンロに移動します。コンロに鍋を置いたら火をつけて、湯を沸かす間に野菜や肉の下ごしらえをします。

それらの食材も、調理のためにコンロに移動しますが、水滴が床に落ちないようにボウルに入れる必要があります。またスープ用のお湯も別途、薬缶《やかん》で沸かします。

フライパンで食材を調理している間にお湯が沸いたので、ラーメンを投入します。茹で上がったら、今度は6kgの鍋をコンロから振り返ってシンクに移動しザルでお湯を切ります。

さらにスープ用のお湯を沸かしたやかんやフライパンもシンク側に移動し盛り付ける、という流れになりますが、**シンクとコンロ間を何度も振り返る必要があることがわかります。**握力も必要ですし、こぼさないように注意しなければなりません。

セパレートキッチンは、コンロを壁側に配置できるため、シンク・コンロ一体型のアイランドキッチンより安全で、油や煙がダイニング側に飛散しないといったメリットはありますが、子育て中でワンオペ家事の家庭や、家事をラクしたい人にはお勧めできません。

このように説明した結果、Tさんは収納を充実させたい意向もあり、セパレートキッチンは諦め、左図のシンク・コンロ一体型を採用することになりました。

【生活】今の習慣やルールを適用できるか

家事動線以外の入浴・排泄・歯磨き・テレビ鑑賞・趣味などの動線です。これらは家族の暮らし方によって違いますので、現在の家と同じような動き（暮らし方）ができるかをチェックします。

たとえば、私は食事後、すぐに歯磨きしたいので、ダイニングと同じ階に洗面化粧台があるほうが良いと考えます。また夕食前にお風呂に入ることが習慣なので、家族が効率よく入浴できることが重要です。何しろ全員が入浴するまで食事にありつけないので、「次、お風呂入って！」と催促する必要があります。

性別の違いも影響します。生理中の女性は入浴前に生理用ナプキンを外す場合もあるので、お風呂とトイレが近いほうが楽です。

このように家族ごとの習慣やルール、性差があるので、それらが検討中の間取りで適用できるのかを確認してみましょう。

【出宅】リビング階で準備が整うのが理想

起床してから、通学・出勤するまでの動線です。朝は短時間で様々なことをこなす必要があるので動線は短くしたいところです。

マンションはフラットなので出宅動線も短い傾向にありますが、2〜3階建ての戸建ては階段の上り下りがあります。前述のように階段は廊下の3倍の労力がかかるので、階段の往復がなく「リビング階で準備が整う」ことを目指したいです。

小学校低学年までの子供は親のサポートが必要ですから、リビング近くで着替えたり学校の準備ができると親はラクです。クローゼットや押し入れがあれば利用して、ない場合は、タンスやランドセルラックをリビング近くに置けるかを検討してみましょう。

ステップ3　自宅と比較する

ここまで一日を5分割して間取りで暮らしてみましたが、「動線が長いのか短いのかわからない」という方もいると思います。間取りで想像するといっても実際に動くわけではないので、イメージしにくいですよね。

人間は差分でしか物事の価値を理解できない生き物です。ラーメンの大盛りは、普通盛りという基準があることで、その差分が価値になりますが、動線の善し悪しは、何を基準にしたらよいでしょうか？

比較対象として最適といえるのは、現在住んでいる自宅です。自宅の間取り図を用意して、同じように間取りで暮らしてみます。コピー機の拡大・縮小機能などを使って、新居の間取りと縮尺を合わせて並べるとわかりやすいですね。

賃貸マンション・アパートにお住まいの方が、2階建て・3階建ての戸建てに引っ越す場合は、階段をイメージしにくいかもしれません。階段は廊下を歩くより3倍の労力がかかるので、「3倍の長さの廊下」と考えるようにします。

戸建ての場合、床面積や収納が増え、キッチン・洗面・浴室も広くなりますが、同時に動線も長くなります。特に洗濯・出宅動線は悪化する傾向にあるので、比較した上で違いを理解するようにしましょう。

注文住宅を計画中の場合は、動線が悪いと思った部分を間取り図に書き込んでおくようにします。複数ある場合は、優先順位をつけて住宅会社に間取り改善を依頼します。実際にどのように改善できるかは、第3章以降で事例を解説しますので楽しみにしていてください。

ステップ4　子供の成長や家族の変化を織り込む

ここまでは、現在の家族が新居で暮らすという設定でシミュレーションしてきましたが、家族の状況は日々変化します。子供は成長し私たちは歳をとります。このような家族の変化も織り込んで間取りで暮らしてみると、将来起こりうる「暮らしにくさ」を認識することができます。

まだ体験していない未来を想像するのは難しいですが、子供がいる友人や親戚、両親や祖父母と話す・観察することで、将来をイメージしやすくなります。

「変換」と「改善」を繰り返す

間取りで暮らして判明した問題点はリストアップして、解決したい順に優先順位をつけます。注文住宅やリフォームを検討している場合には、このリストを元に住宅会社の担当者やセカンドオピニオンに相談するとよいでしょう。改善された間取りを提案してもらえたら、再度、間取りで暮らしてみて問題点がないかをチェックします。これを繰り返すことで、間取りを理想に近づけます。

建売住宅や分譲マンションなど間取り変更ができない場合は、家具配置や住まい方の工夫で、問題点をクリアできるかをシミュレーションしてみます。ここまでが、間取りを暮らしに変換する方法の解説です。

第3章からは、私が「間取りのセカンドオピニオン」として間取り診断した25事例に隠された「暮らしにくさ」について解説します。第7章まで読むことで25の間取りのどこに「暮らしにくさ」が潜んでいるのか、その「暮らしにくさ」をどのように解決したのかを理解できるようになります。章ごとに、家事時短・子育て・夫婦関係といったテーマで分けているので、気になる部分から読んでもいいですね。

また各章で1事例、「間取り診断チャレンジ」というコーナーを設け、章末に模範解答を掲載しています。読者自身が「間取りのセカンドオピニオン」になって、本章で学んだ「間取りを暮らしに変換する方法」を実践する場として活用してください。

次章は、私たちが自宅で「暮らしにくさ」を実感しやすい家事についてです。日本人の家事時間は、40年前とほとんど変わっていないことが内閣府の調査でわかっています。

これほど便利になったにもかかわらず家事時短できないのはなぜか？

その秘密を解き明かします。

第3章　家事時短できない日本の間取り

家事時短できない原因は間取り

日曜日の夕方の定番アニメ『サザエさん』では、主人公のサザエさんが、タラちゃんやカツオくん、ワカメちゃんのために裁縫するシーンが見られます。そういえば、私も母に作ってもらった洋服を着ていた時期がありました。

今はカワイイ子供服が安く簡単に手に入りますので、裁縫が必要となるのは、以前に比べるとだいぶ減りました。

料理も楽になりました。食材宅配サービスやデリバリー、テイクアウトもありますし、手軽に美味しく作れるレシピもすぐに手に入ります。ロボット掃除機や洗濯乾燥機など、家事を助けてくれる家電も増えました。このような状況ですから、多くの方が、「昔と比べると、家事は楽になった」と感じていると思います。

確かに、1976年と2016年を比較すると、30代女性の一日の家事・育児・介護時間は36分減少しています。女性の家事負担が減ったことは喜ばしいのですが、実は同じ30代男性の家事・育児・介護時間は34分増えています。（「男女共同参画白書令和2年版」内閣府）

つまり、家庭全体で家事時短になったわけではなく、女性の社会進出の結果、男性が家事負担する割合が増えた、というのが実情です。男性が（多少）家事をすることで、女性の家事負担が（たとえ30分ほどでも）減るのはよいことですが、これだけ便利になったにもかかわらず、家族単位の家事時間が減っていないのは驚きです。世の中にある様々な家事手法は、全体でみると「家事時短」にはほとんど寄与していないことになります。

料理や裁縫のように、個別にみると「家事時短」している部分もありますが、掃除や洗濯は時短できていないようです。日本のロボット掃除機の普及率は1割未満ですし、自動化できるのは床掃除だけなので階段や水廻りなどは自分で掃除しなければなりません。洗濯は部屋干し中心になりましたが、除湿器を使うなどの手間が増えました。またモノが増えているにもかかわらず、収納量は変わらないので片付けしにくいと感じる人が多いです。また、「ゴミ分別」や「通販段ボールの処理」「洗剤やシャンプーの詰め替え」「ミネラルウォーターの購入」など40年前にはなかった新たな家事も追加されました。

このように変化が早い世の中で、家事時間と同じく40年前と変わらないものがあります。それは私たちが暮らす家の間取り、そして家事動線です。**間取りと動線こそが家事時短を阻む根本原因だと私は考えます**。本章では、一見すると「よくできた間取り」に潜む「暮らしにくさ」について、事例を交えて解説します。

事例01　考え抜かれた帰宅動線の盲点

夫婦で公務員の木村さんは、子供が生まれたことをきっかけに注文住宅で家を建てることにしました。妻の祖母が所有している梅林を譲り受け、宅地に転用して建てます。新居では、家事動線の良い間取りにしたいと考え、人気の「内玄関型シューズクローク」や「玄関近くの洗面室」を採用しました。内玄関があることで、表玄関は散らかることがなくなり、帰宅後、すぐに手洗いできれば感染症対策も万全です。

パントリーやファミリークローゼット（家族で共有するＷＩＣ〈ウォークインクローゼット〉）も帰宅動線沿いにあるので、食材収納や部屋着への着替えもでき、リビング到達前にやるべきことを終わらせることができます。また、キッチンの延長線上にダイニングテーブルを配置することで配膳・片付けが楽になり、さらに壁際にはスタディコーナーもあります。

リビングには小上がりの和室があり、子供の遊び場として利用できます。テレビ背面の収納はリビング収納として使うほか、急な来客時にモノを押し込める余裕があります。

またキッチンから見渡せる位置にウッドデッキがあるため、子供の外遊びを見守りながら家事することもできます。気軽に家族でＢＢＱができそうなのもよいですね。

このように、子育て家族にとって理想の間取りに見えますが、じつは大きな問題が３つ隠れていました。

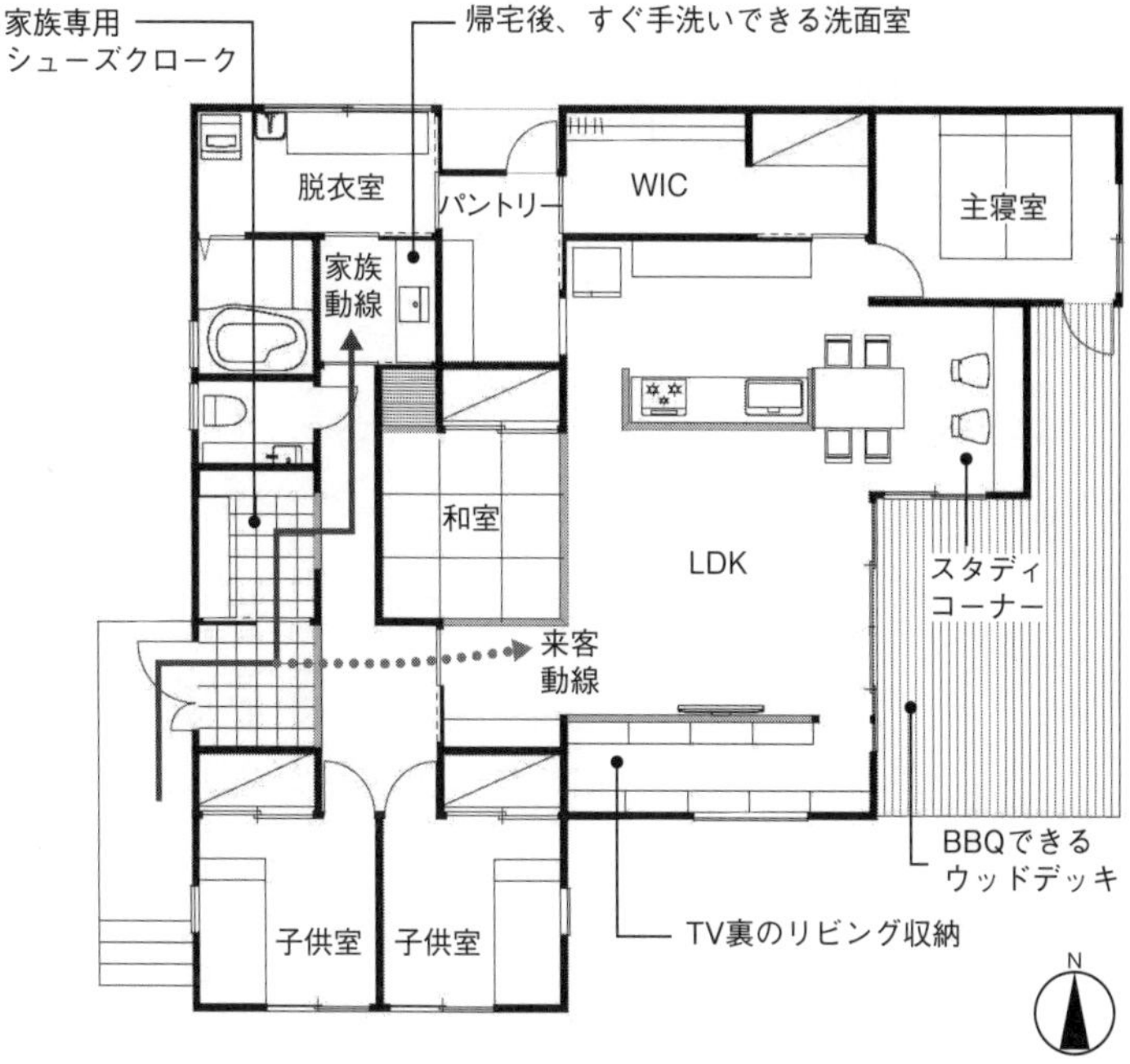

木村さんの家族構成

- 夫：公務員（30代）、妻：公務員（30代）、長女：園児（4）、長男：園児（2）
- 家事分担：掃除は妻、それ以外は夫婦で分担
- 洗濯方法：外干し、部屋干し（雨天や花粉の季節等）
- 帰宅時に、部屋着に着替える

✕ 6回ドアを開けないとリビングに辿り着けない

1つ目は玄関からリビングまでの家族動線で6回も戸を開閉しなければならないことです。シューズクロークや洗面室、脱衣室やパントリーを通過するので仕方ないのですが、手荷物や子供を抱っこしながらの引き戸開閉は面倒です。動線も折れ曲がっていて複雑です。

2つ目は、帰宅時に脱衣室を通ることです。ランドリーを兼ねた脱衣室なので、干してある洗濯物をかき分けながら通過しなければなりません。また家族が入浴中だと通りにくく、玄関に引き返すとかなり遠回りです。ちなみに玄関からキッチンまでの動線は25mです。元々住んでいたアパートは5m程度でしたので、5倍動線が長くなることになります。

3つ目は、靴を蹴飛ばしてしまう帰宅動線になっていることです。靴が雑に置かれていても、表玄関をキレイを保てるのが「内玄関型シューズクローク」のメリットです。ただ玄関框《がまち》近くに入口を作ってしまうと、帰宅した家族が目の前に靴があるので蹴飛ばしてしまいます。靴をよけて入るのも面倒なので入口を手前にずらしたほうがよいです。

この3つの問題は、洗面室・脱衣室・浴室・パントリーの配置を変えることで改善できました。脱衣室とパントリー、WICは、帰宅動線から外し、洗面室だけを経由して一直線でLDKまで到達できるように変更します。この変更により、帰宅動線が短縮し引き戸の開閉数も半分になりました。

BadPoint!　引き戸開閉が6回ある面倒な帰宅動線

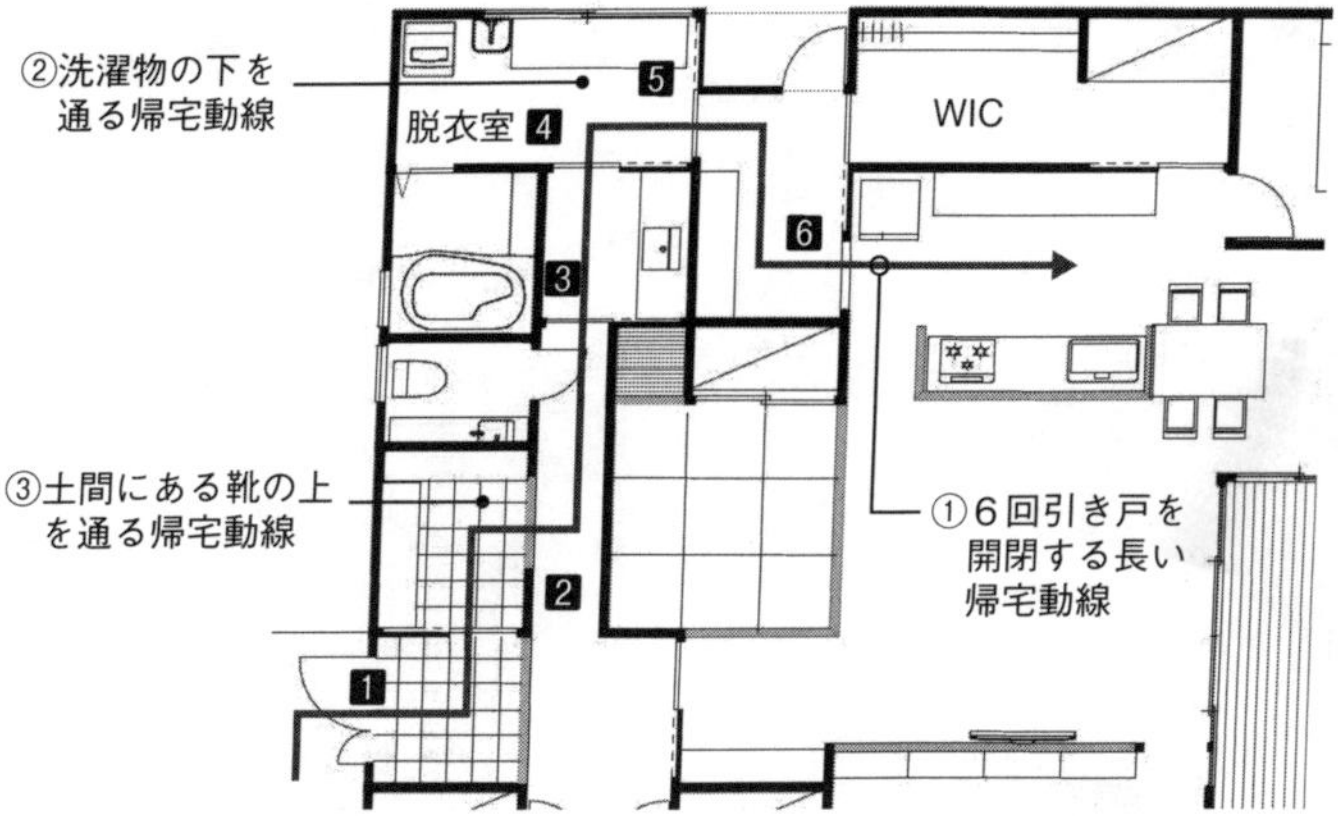

BestPlan!　シンプルでストレスなしの帰宅動線

さらにキッチンから帰宅する家族が認識でき声掛けできる・食事後の歯磨きも洗面室への移動が楽・洗面室やお風呂の混雑状況も把握しやすい、と良いことばかりです。

元の間取りでは、パントリーを通過することで、帰宅時に食材等を収納できるように考えられていましたが、買い物袋を持ったまま収納することはできません。

実際はキッチンに買い物袋を置いてから、冷蔵庫やパントリーに食材を収納するほうがラクなので、パントリーを通過する意味はありません。収納動線を効率化するには、最短でキッチンに行けることが重要というわけです。また内玄関は、靴を蹴飛ばさないよう、玄関に入ってすぐに入れるように変更しました。

入居して1年経過した頃、木村さんの自宅を見学させていただきました。家事動線も良く快適にすごされていて、「船渡さんにお願いして本当に良かった！」とも話して下さいました。

1点だけ想定と違ったのが、買い物後の帰宅動線です。

帰宅してすぐ手洗いする想定でしたが、食料品を買い物した場合、手洗い前に荷物をキッチンまで運ぶことが多いそうです。その後、手洗いとなりますが、改善した間取りでは、**キッチンから手洗いが近いので助かっている**とのことでした。

じつは私もそのような動きになるのではないかと想像していたので、キッチンと手洗いを近くすることを意識して間取り検討しています。「帰宅してすぐ手洗い」というと、「玄関近くに手洗い設置」と考えがちですが、自分たちが普段、どのように行動しているかを見直した上で、間取りで暮らしてみると、暮らしにくさを発見しやすくなります。

間取り診断チャレンジ 1

「間取り診断チャレンジ」とは、読者自身が「間取りのセカンドオピニオン」として「暮らしにくさ」を発見しよう、という企画です。木村さんの事例では、帰宅動線を中心に解説しましたが、他にも3つの暮らしにくさが隠れています。

ヒントは、「トイレまでの距離」「川の字で寝る」「収納効率」です。再度、間取りを見直してみて、「暮らしにくさ」を発見してみましょう。

◀模範解答と解説はP87

事例02　流行りの玄関はアレがしにくい

水沢さん夫婦は、結婚を機に木にこだわった家づくりで人気のハウスメーカーで家を建てました。家づくり当初は、吹き抜けのある2階建てを計画されていましたが、最終的には東西に長いLDKを中心としたとてもシンプルな平屋の間取りとなっています。

近隣環境を考慮した上で日当たりの良い西側にLDKを配置し、主寝室を東側にすることで夫妻のプライバシーを確保、日当たりを必要としない水廻りは北東側ととても考えられた間取りです。廊下もほとんどなく空間を効率的に使い切っているのも良いですね。

また「広い土間がある玄関」も魅力的です。水沢さん自身が希望されたわけではないので、設計者の好みだと思うのですが、玄関の3分の2を土間にした上で、西側外壁には連続した地窓を設けて和モダンを意識したデザインとなっています。

土間をL字形にして玄関ホールを半島のように突き出すデザインは、「映える」こともあり住宅設計者には人気があります。玄関框を長くとれるので来客時の対応がしやすい、というメリットもあるので、私も必要に応じて提案します。私だって住宅設計者の端くれですから「映え」は意識したいんです。

ただ水沢さんの間取りの場合は、このタイプの玄関では暮らしにくいので通常の形を採用するようにアドバイスしました。暮らしにくさのポイントは2つです。

水沢さんの家族構成

■ 夫：会社員（30 代）、妻：会社員（30 代）、長女（0）、子供はもう１人欲しい

■ 家事分担：すべて夫婦で行う

■ 洗濯方法：室内干し

■ 南東隣地に建物があるため、東側の日当たりが悪い

✕ 靴の出し入れで土間に降りる玄関

1つ目は、ホール部分が狭いことです。一見、ホールが長く見えるのですが下駄箱前の空間の奥行きは40㎝程度しかありません。極端に狭いので大人が使うには支障があります。この部分を差し引くと、玄関ホールの幅は80㎝しかありません。単身者用の賃貸アパートならこの幅でも問題ないですが、家族4人で暮らす注文住宅としては狭すぎます。

2つ目は、靴の出し入れがしにくいことです。靴を出し入れするには、40㎝の奥行き部分に立つしかないのですが、ここに立って扉を開けるのは至難の業です。現実的にはサンダルを履いて土間に立った上で靴の出し入れを行うことになりますが、私のような面倒くさがりには、耐えられない間取りです。

間取り改善した結果、一般的な戸建て住宅の玄関幅を確保できました。お子さんが小さいので、靴の脱ぎ履きのサポートもしやすいです。下駄箱も半分は床上になったので、普段履く靴は、土間に降りなくても出し入れができます。

玄関を出た位置にアルコーブと扉付きのクローゼットを追加できました。アルコーブはリビングを広く見せる効果があり、クローゼットはコート掛けや食材宅配サービスの通い箱、避難リュックなどを収納できます。定番の玄関形状ではありますが、暮らしやすさという点では「間違いない」といえます。

BadPoint!　**ホールが狭くて使いにくい**

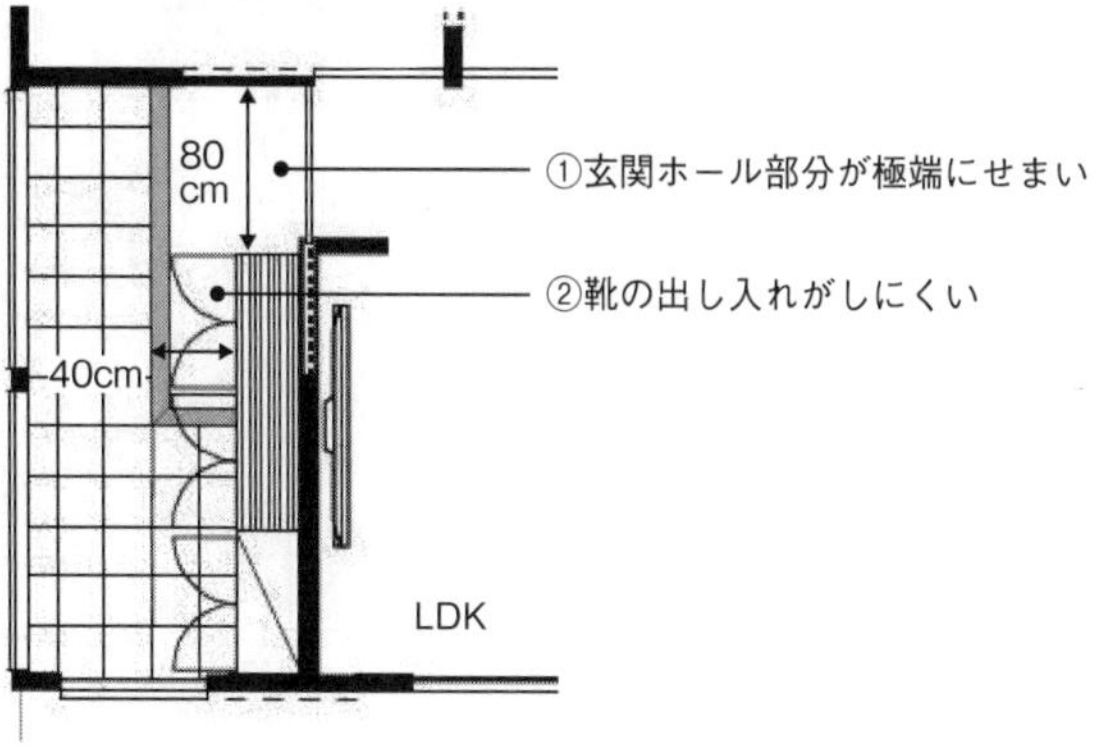
80
cm
①玄関ホール部分が極端にせまい
②靴の出し入れがしにくい
40cm
LDK

BestPlan!　**定番の玄関にして収納力もアップ**

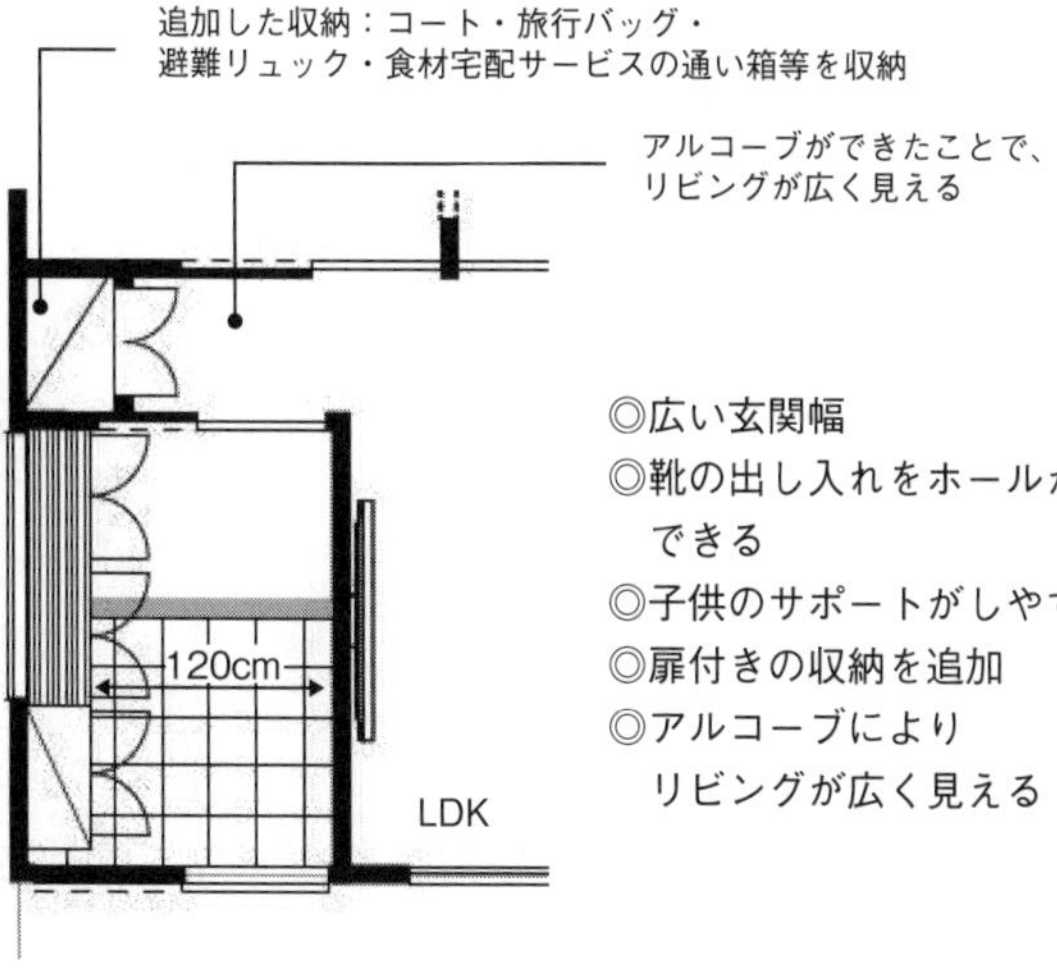
追加した収納：コート・旅行バッグ・
避難リュック・食材宅配サービスの通い箱等を収納
アルコーブができたことで、
リビングが広く見える
120cm
LDK

◎広い玄関幅
◎靴の出し入れをホールからできる
◎子供のサポートがしやすい
◎扉付きの収納を追加
◎アルコーブによりリビングが広く見える

事例03 大容量パントリーで家事効率はアップする？

新婚の山中さん夫婦（2階・子世帯）は、高気密高断熱住宅を得意としている工務店で、1・2階で完全分離型の二世帯住宅を建てることにしました。夫は会社員、妻は保育士の共働きで子供はいませんが、将来的には2人欲しいと考えています。妻は料理が好きなので、キッチン廻りの収納にはこだわりたいと考えています。

雑誌『レタスクラブ』が行ったアンケート調査によると、家の中で収納が少ないと感じる場所の1位はキッチンでした。また大手建材メーカーのLIXILが行った調査でも、キッチン収納が十分と回答しているのは、26％だけです。この結果はキッチンに収納したいものが増えているにもかかわらず間取りがアップデートされていないことが原因です。

キッチンには食器や食料品だけでなく、分別回収のためにゴミ箱も複数必要ですし、防災意識の高まりから食料や水をローリングストックする家庭も増えています。その上、セカンド冷蔵庫やホットクックなどの家電を利用したいと考えると、明らかにキャパオーバーです。

そうならないように、山中さんは、キッチン背面に3畳のパントリーを計画しました。大きさ3・64m×1・35mで、食器や食料品、調理家電や独立した冷凍庫も置けます。ローリングストックで重要になる飲料水も家族分を余裕で確保できますし、週末に食料品を買い出しして大量にストックする、ということもできそうです。

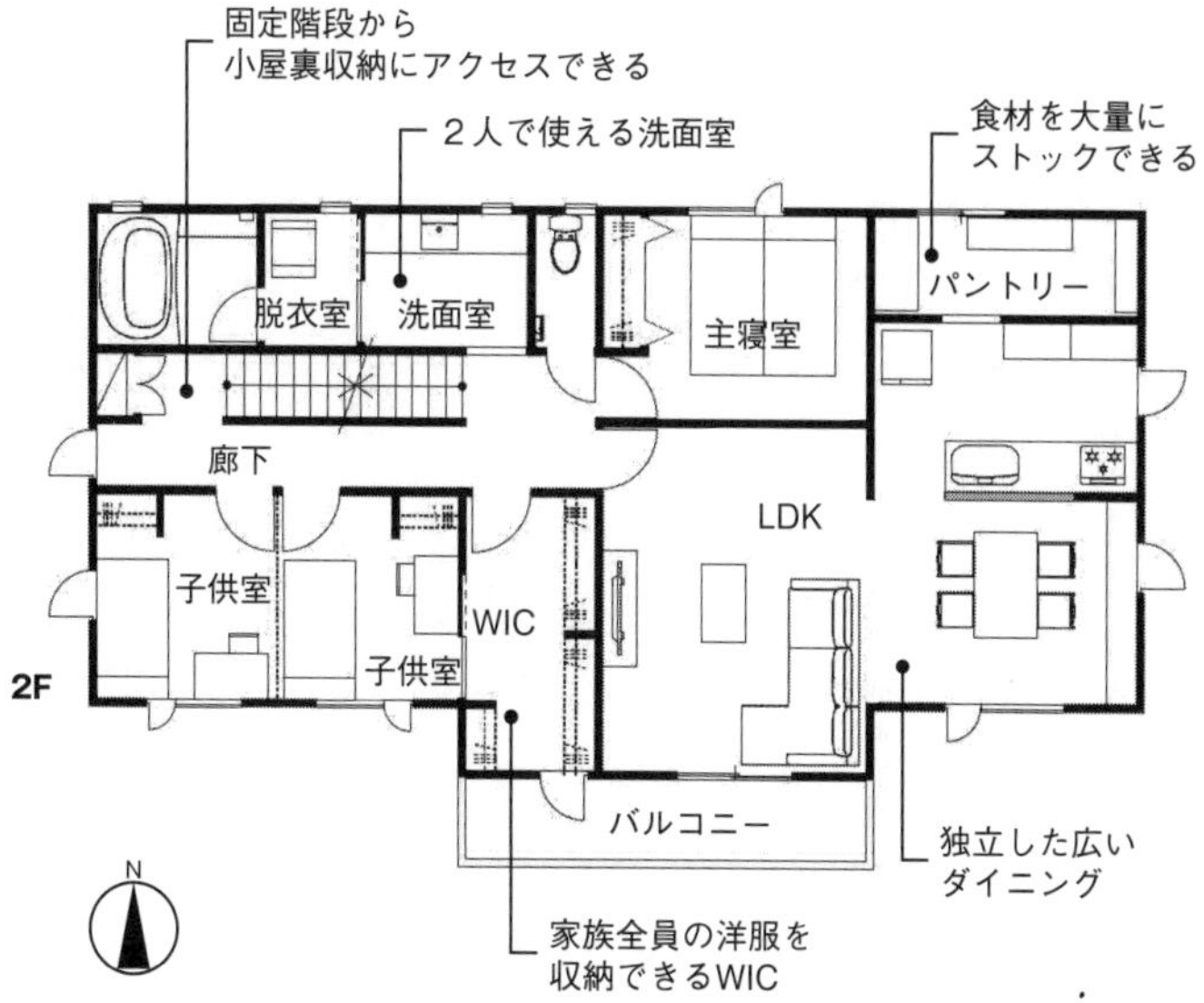

山中さん（子世帯）の家族構成

■ 夫：会社員（30代）、妻：保育士（20代）、
子供は２人欲しい

■ 家事分担：すべて妻が行う、食器洗いは夫

■ 洗濯方法：乾燥機、室内干し

■ 二世帯住宅の子世帯（２階）

ダイニングも広くリビングには3人掛けのカウチソファを置けます。テレビ裏にはWICがあり、階段で小屋裏収納にもアクセスできるため収納は十分に見えます。ただこのように暮らしやすく見える間取りでも、3つの暮らしにくさが潜んでいました。

✕ キッチン廻りに収納が少なく、家族の様子もわからない

1つ目は、キッチン廻りが収納不足で片付けにくいことです。大容量のパントリーはありますが、キッチンから手が届く場所ではないため、頻繁に使う調理家電や食器の収納には不向きです。

そしてキッチンの背面収納は、冷蔵庫と1・8m分のカップボードしかありません。4人家族の場合、2・7m分は欲しいところですが、パントリーへの動線確保のためキッチン背面の収納90cm分を犠牲にしているのはイタイです。

頻繁に使うものはキッチンから1m以内に配置できるようにしないと収納が億劫になりますので、パントリーがあるけど片付かないということが起こりえます。

2つ目は、これから子育てするにもかかわらず、LとDKを区画する壁があるため、キッチンからリビングの様子や家族の帰宅がわからないことです。現状、子供が帰宅して自室に直行した場合には、「帰宅したことすら」認識できない可能性があります。

BadPoint!　**キッチン背面収納が少なくリビングに死角あり**

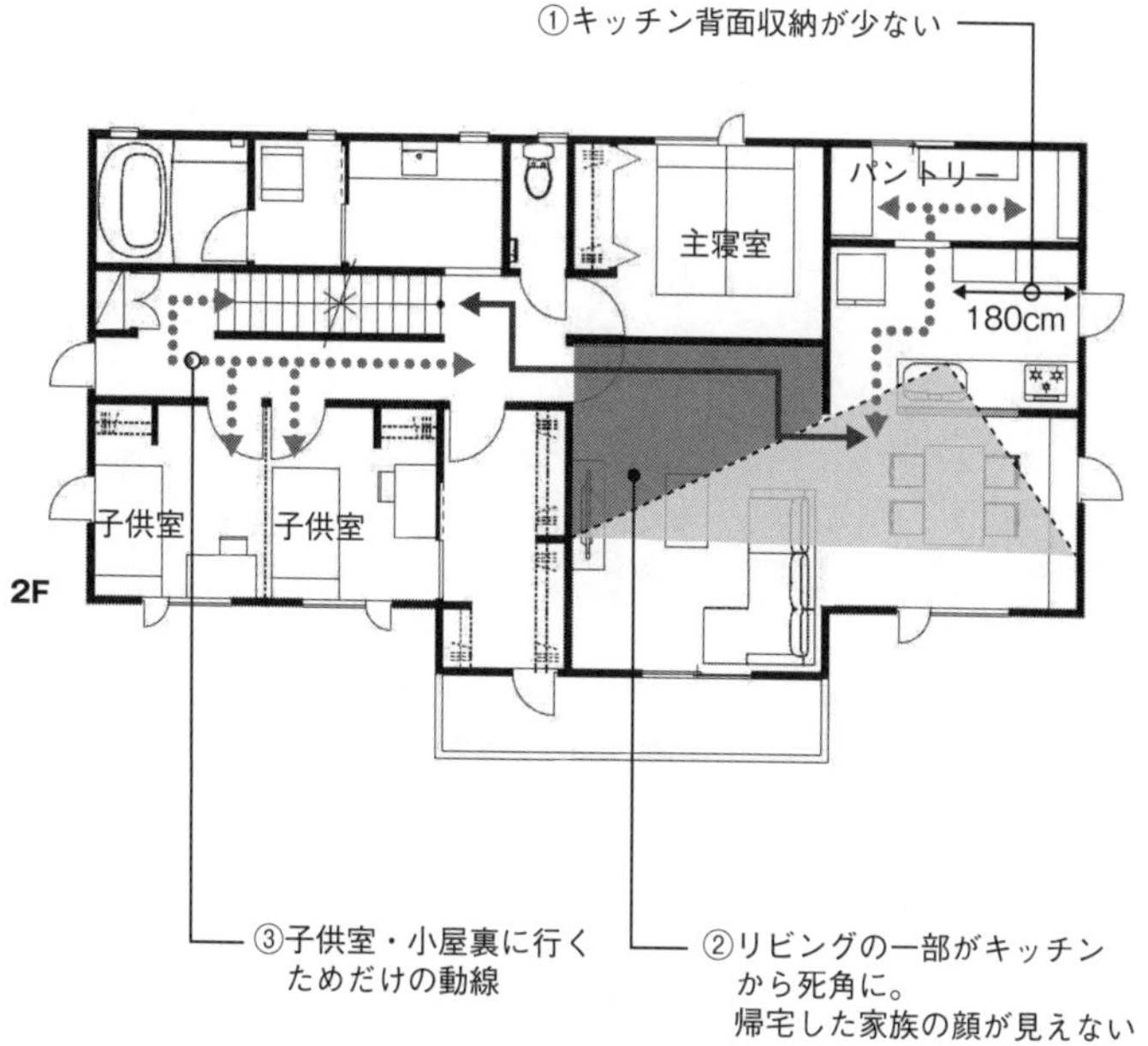
①キッチン背面収納が少ない
パントリー
180cm
主寝室
子供室
子供室
2F
③子供室・小屋裏に行くためだけの動線
②リビングの一部がキッチンから死角に。
帰宅した家族の顔が見えない

3つ目は、廊下が長く目的が単用途であることです。階段廻りに廊下がありますが、子供室に行く以外には、小屋裏収納に行く用途しかありません。そのためだけに、この長い廊下は、面積の配分的に「モッタイナイ」といえます。

これらの問題は、**キッチンとパントリーを横並びにし、子供室と寝室を入れ替えることで解決**しました。パントリーの収納量を3畳分キープしたまま、キッチン背面収納を1・5倍の270㎝にできました。キッチン周辺の収納量を確保した上で、パントリーとキッチンの動線をシンプルにしました。

キッチンからリビングや廊下を一望できるので家族の様子も一瞬で把握できます。リビングに入ってから子供室に入る計画なのも子育て世代には魅力かもしれません。リビングから子供室にアクセスしやすくなったので朝の準備のサポートが楽になりました。

この新しい間取りで懸念されるのは、リビングの音が子供室に伝わりやすいことです。たとえば、深夜に帰宅してリビングで音を出してテレビを見たい、といった暮らし方には不向きです。

ただワイヤレスヘッドホンを使うことで解決できるので、山中さんはこの案を採用されました。ちなみに小屋裏収納への階段をテレビ裏に変更したことで、リビングの開放感の演出に貢献しています。

BestPlan!　**キッチン収納が増え、家族の帰宅もわかる**

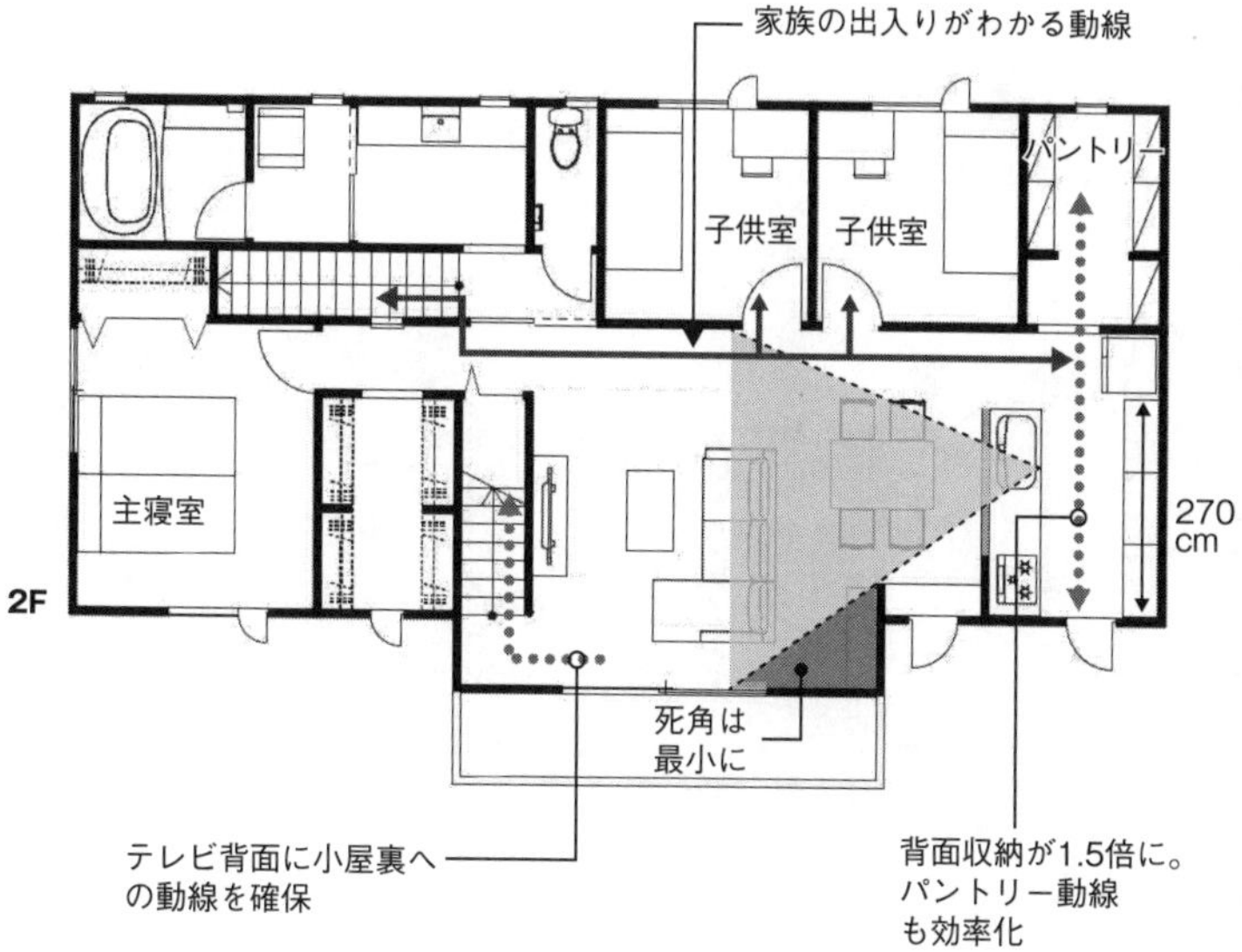
家族の出入りがわかる動線
パントリー
子供室
子供室
主寝室
2F
270 cm
死角は最小に
テレビ背面に小屋裏への動線を確保
背面収納が1.5倍に。パントリー動線も効率化

事例04 キッチンの生活感、引き戸で隠せばすべて解決？

共働きで、長男が大学院生の佐藤さん夫婦は、ガレージ付きの注文住宅を計画しています。現在、入居中のマンションが、将来、大規模修繕で揉めそうで、戸建てのほうが面倒なことが少ないと考えたのが家づくりのきっかけです。夫婦で山登りが趣味のため神奈川の丹沢山系近く、かつ仕事場にも支障のない場所ということで、土地を選びました。

工務店から提案されたのは、ガレージ・リビングの平屋部分に、45度に振られたDKが挿入されるという特徴的な間取りで、他社にない提案に佐藤さんは一目ぼれでした。

車好きで複数台所有する佐藤さんは、その中でもとっておきの愛車をリビングから眺められるよう350cm幅のFIX窓を入れています。南側の日当たり・見晴らしが良い場所に吹き抜けのあるDKを配置、気持ち良く食事ができるように計画しています。キッチン通路の延長線上に大容量の収納、東側には水廻りをまとめており、家事動線も効率的です。

キッチンの背面収納は、冷蔵庫も含めて4枚引き戸で隠すことにしました。妻は綺麗好きで、現在の住居もしっかり片付けられていますが、新居では生活感をなくしたい、という思いがあります。

ユニークでありながら暮らしやすさも考慮された間取りといえますが、この4枚引き戸で収納を隠すアイデアには、3つの暮らしにくさが潜んでいます。

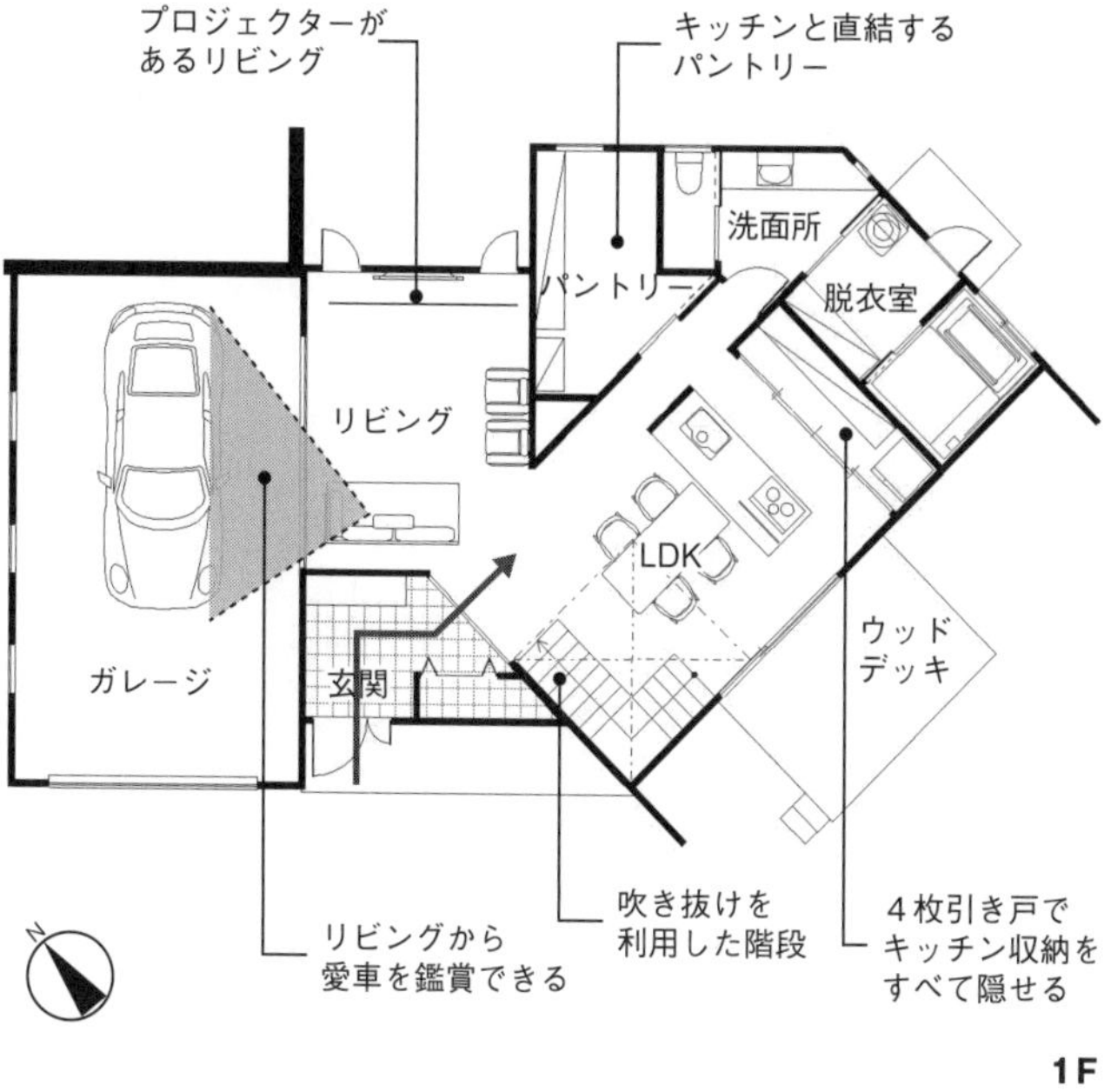

佐藤さんの家族構成

■ 夫：会社員（50代）、妻：自営業（50代）、
長男：大学院生（23）

■ 家事分担：夫はゴミ捨て、風呂掃除、それ以外は妻

■ 洗濯方法：室内干し、浴室乾燥機

■ リビングからガレージの愛車が見えるようにしたい

✕じつは生活感丸出しで、家事がしにくいキッチン

1つ目は、食品や食器、調理道具を収納する・取り出す、家電を使うという調理で必要な動作に、余計なアクションが追加されることです。最もわかりやすいのが冷蔵庫で、普通は冷蔵庫のドアを開けば良いだけですが、事前に引き戸を引く必要があります。

ならば普段は引き戸を開けておけばよいとなりますが、4枚引き戸は、最大の開口が160㎝（1間分）しかなく、半間分は冷蔵庫に使われてしまいます。残り半間は、電子レンジやトースター、炊飯器といった調理家電やゴミ箱で埋まってしまうので、食器などを置く収納を使うには、2枚から4枚の引き戸を引く必要があります。

2つ目は、2人で使いにくいことです。現状では、1人が炊飯器でご飯を盛り付けている時に、他の人が引き戸を引いて他の収納を使うといったことができません。

3つ目は、そもそも生活感を隠せないということです。4枚引き戸を完全に閉じると、放熱スペースが確保できないため、冷蔵効率が悪くなります。また来客時、お茶出しでコップをとるために引き戸を引くと、床から天井までの収納がすべて見えることになります。

これらは、冷蔵庫を隠すのはやめ3枚引き戸を採用することで解決しました。3枚引き戸は、引き戸全幅の3分の2（1間分）は開けるので、常に開口できる収納は倍になります。冷蔵庫は壁内にビルトインできるため、見た目もスッキリします。

BadPoint!　家事効率が悪化し、生活感も隠せない

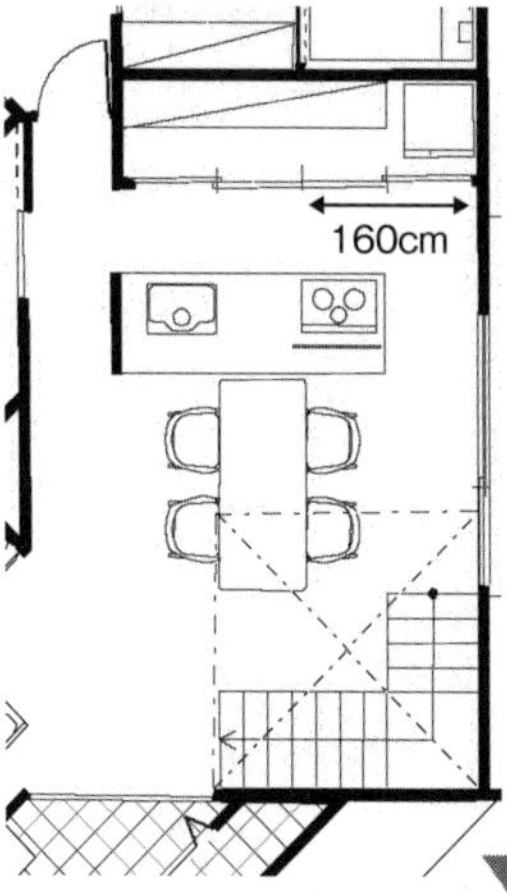

①冷蔵庫の利用時、引き戸を引くので面倒
最大開口幅160cm
（収納80cm+冷蔵庫80cm）

②２人での利用がしにくい
③冷蔵庫は放熱できないと効率が下がるため、引き戸を閉めっぱなしにできない

BestPlan!　３枚引き戸を採用し、開口幅を最大に

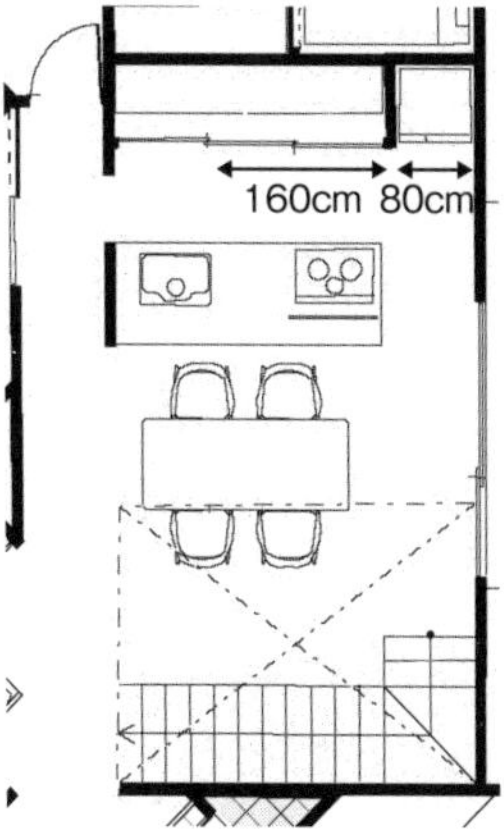

最大開口幅240cm
（収納160cm+冷蔵庫80cm）

◎冷蔵庫は通常利用できる
◎160cmは常時開放できる
◎すべて隠してDKを、スッキリさせることが可能

事例05 洗濯動線とクローゼットの収納量、どっちが大事?

夫がシステムエンジニア、妻が自営業の平野さん夫婦は、妻の実家近くに土地を購入し、2階建て住宅を建てることにしました。南側は隣地建物が迫っていますが、接道している東側は広く見晴らしが良いため、その眺望を活かす間取りにしています。当初は1階リビングを検討しましたが、玄関がある分、狭くなるので2階リビングにしました。

1階の書斎1は妻が仕事の打ち合わせスペースとして使うため、玄関から直接、入室できるようにしています。書斎2は、夫が在宅勤務時に利用します。2階の子供室1、2は、当面1室として利用して家族全員が川の字で就寝します。2階のWICには家族全員の衣類を収納できるので、季節ごとに服を入れ替える必要はなく朝の身支度も2階で完結します。

またドアで廊下を仕切っているので、テレビの音が子供部屋に聞こえるということも防げます。妻は映画好きなので、子供が寝た後に気兼ねなくテレビを楽しめます。

この間取りで特徴的なのは、1階に浴室・脱衣室、2階にランドリーがあることです。1階浴室で入浴後に2階のランドリーで洗濯する、という流れになります。天気が良ければバルコニーで外干し、雨天時はガス乾燥機や室内干しです。ランドリー近くにWICもあるため、衣類の収納動線も問題ありません。しっかりと検討されているように見えますが、この間取りにも3つの暮らしにくさが隠れています。

平野さんの家族構成

■ 夫：システムエンジニア（30代）、妻：自営業（30代）、長男（3）、子供はもう1人欲しい

■ 家事分担：夫はゴミ捨て、妻は料理・掃除、洗濯は夫婦。それ以外はできるほうがやる

■ 洗濯方法：外干し中心、ガス乾燥機、室内干し

■ 1階脱衣室で脱いだ服は、2階ランドリーで洗濯する

✕家族4人で寝られないし、洗濯も大変

1つ目は、洗濯です。1階脱衣室の汚れた衣類を2階ランドリーに運ぶ、というのはやはり面倒です。最後に入浴した人が2階に衣類を運び洗濯機に投入、朝、洗濯が完了するようにタイマーをセットする、というのが効率的ですが、お風呂でサッパリした後に汚れ物を運ぶ、というのはあまり気持ちの良いことではありません。

2つ目は、1階脱衣室への収納動線です。各家族の衣類は2階のWICに収納すればよいのですが、タオルは（場合により下着やパジャマも）1階脱衣室にしまう必要があります。洗濯は夜、畳んで収納することになりますが、そのため1階に下りることになります。

3つ目は、子供室に布団が2組しか敷けないことです。ドアを開くと当たってしまうので、布団を川の字に敷くことができません。

これらの問題は、間取り全体を見直すことで解決しました。まず2階に浴室・脱衣室を移動します。2階のWICが小さくなったので、1階に共用のWICと納戸を配置しました。**季節ごとの衣類の入れ替えは必要ですが、毎日の家事効率は大幅にアップ**します。

子供部屋は引き戸にし、布団を4組並べられるようにしました。収納はなくなりましたが、子供部屋の仕切り壁設置工事の時に、ハンガーパイプも追加する予定です。

大きなWICは魅力的ですが、そのために家事時間が長くなるのは本末転倒ですね。

BadPoint!　洗濯動線に階段が入り面倒な間取り

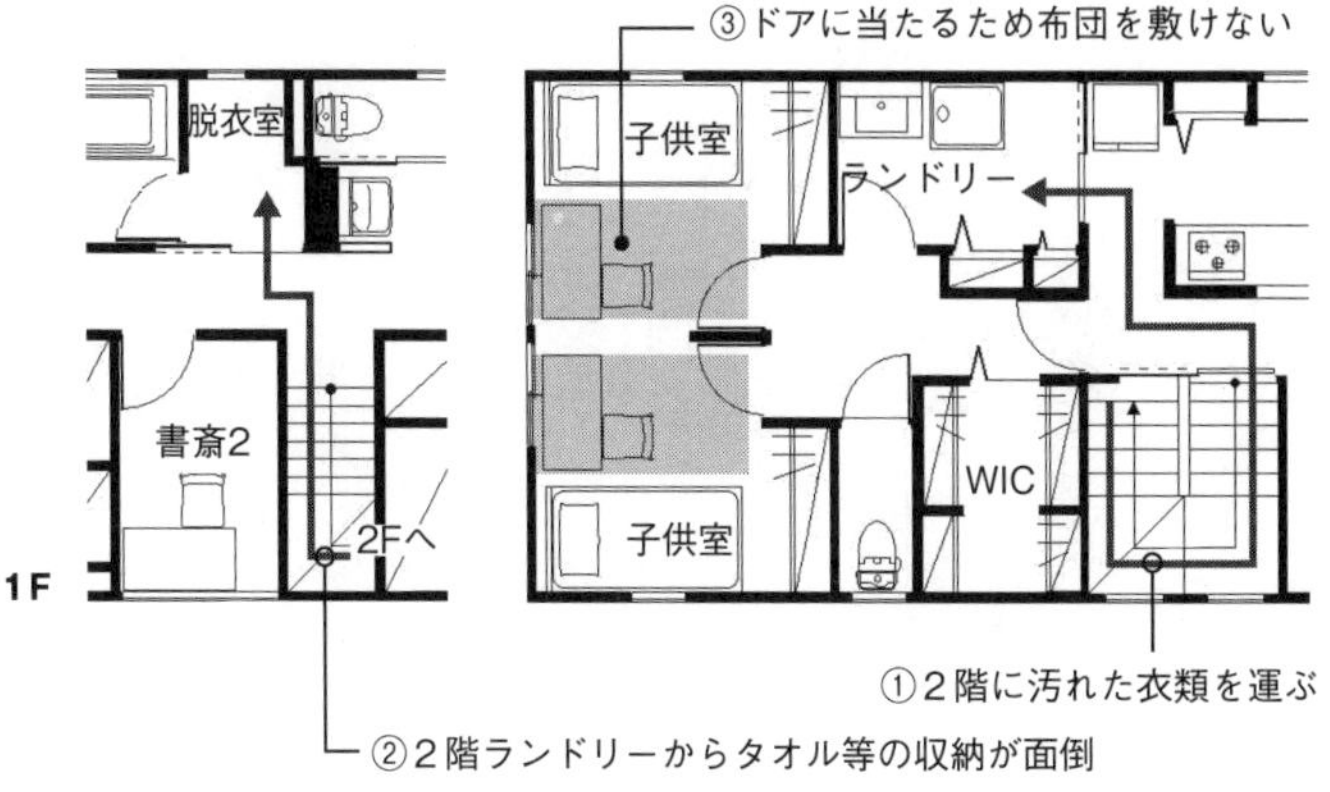

BestPlan!　洗濯が２階で完結する動線に改善

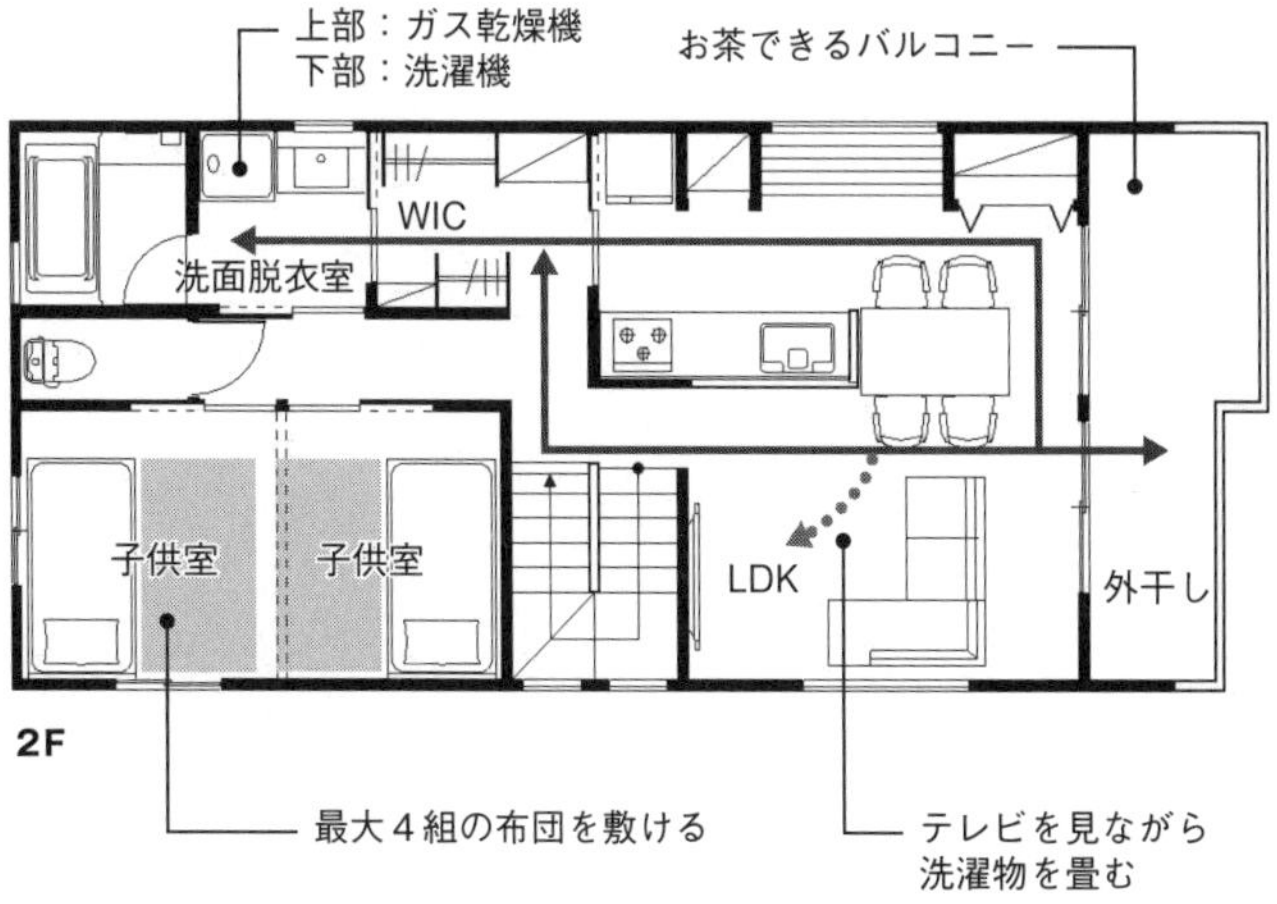

事例06　「ぐるぐる回れる回遊動線」というキラーワード

夫が大学職員で、妻が営業事務をしている林さん夫婦は、日当たりの良い南東の角地を購入し、2階建ての家を建てる計画です。

「大きな吹き抜け・南面の窓・開放感」がこだわりのポイントで、工務店から提案された間取りは、ほぼ希望が叶えられています。こだわりの吹き抜けは建物の中心に配置されていますので、日照時間が短い12月でも一日中、光が入ります。吹き抜けの奥行きも十分あるので、キッチンから空を見上げることができます。

1階に水廻りと和室、WICがあるので、生活が完結するのも良いですね。工務店が作製した図面にはところどころに暮らしについての解説が記載されていました。

・南側の和室は、アイロン掛けやゴロ寝をしてもらえるようにしました
・ダイニング・リビング・テレビが全て見渡せるキッチン
・子供がぐるぐる回れる回遊動線

など、設計者の思いが伝わってきて好感が持てます。ただ残念ながら、この間取りにも暮らしにくいポイントが5つありました。

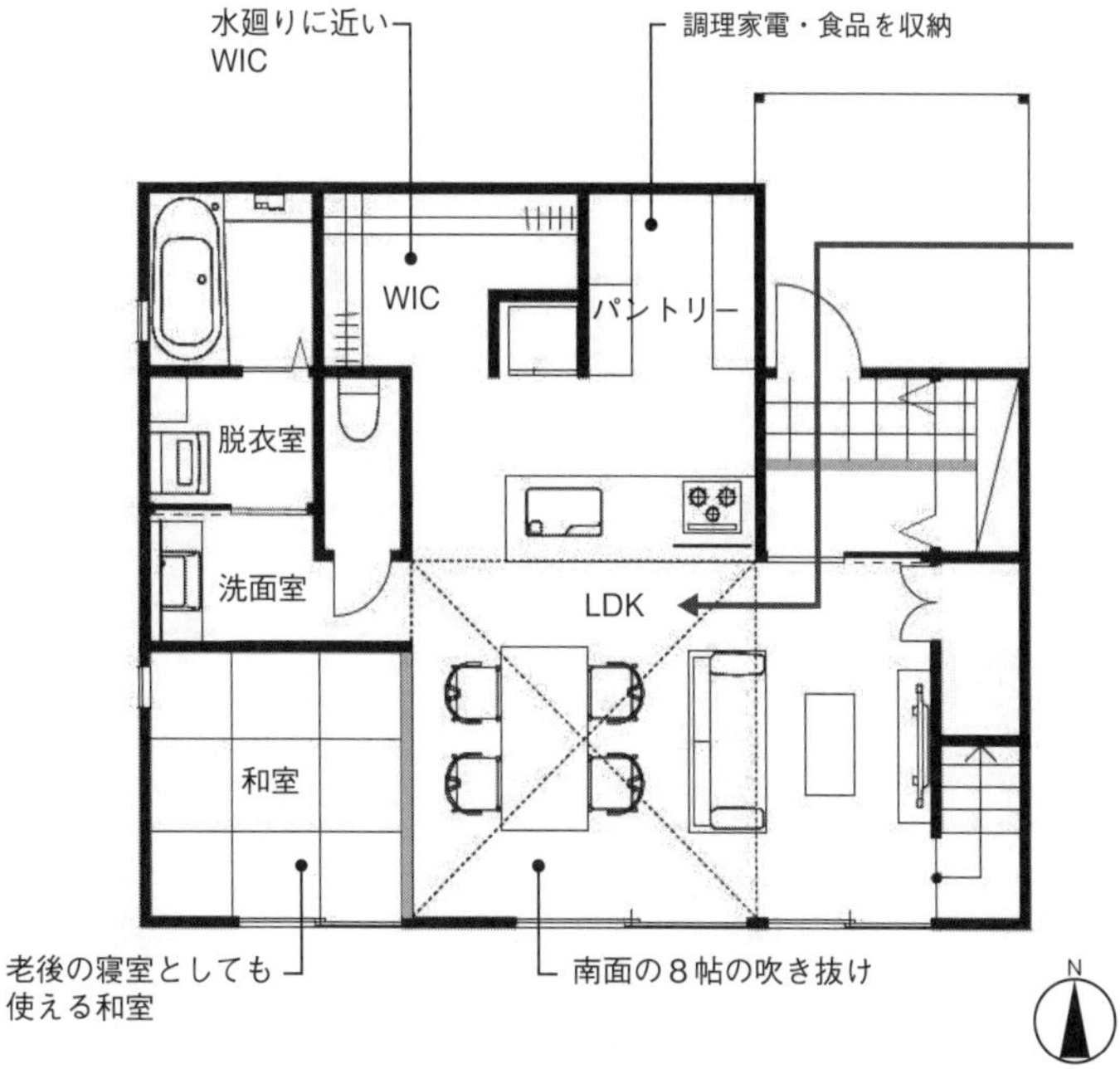

林さんの家族構成

■ 夫：大学職員（30 代）、妻：会社員（30 代）、長男（３）

■ 家事分担：夕食・掃除は妻、洗濯と朝食は夫

■ 洗濯方法：風呂場・脱衣室で室内干し

■ 敷地に余裕があり、日当たりは良好。
リビングに開放感を出すために吹き抜けを採用

✕ 動線が複雑でリビングで寛げない

1つ目は動線が複雑なことです。工務店は「ぐるぐる回れる回遊動線」と表現していますが、テーブルやソファ廻りの狭い空間を動き回られたら他の家族は寛げません。

2つ目は、キッチンから1m以内の背面収納が冷蔵庫しかないことです。3〜4歩歩けばパントリーがありますが、よく使う食器や家電置き場としては少し遠いです。

3つ目は、キッチンのにおいがWICに入ってしまうことです。から揚げやてんぷら、焼肉などにおいがする料理の場合、衣類ににおいがついてしまい大変なことになります。

4つ目はトイレの音問題です。ダイニングに近いため排泄音等が気になりますし、ドアを開くとトイレが丸見えです。また水廻りへ行く家族にドアがぶつかる危険性があります。

5つ目は、ダイニングテーブルが邪魔して、和室からリビングにいる子供やテレビが見えないことです。子供の様子やテレビを見ながら洗濯物を畳んだりアイロンをかけるといった家事ができません。リビングと一体化して利用できる間取りのほうが和室のよさを活かしやすいです。

これらの問題点を一気に解決したのが改善案です。和室とキッチンの位置を入れ替えることで、東西に長いLDKの型を採用しました。階段の位置も南北で反転しテレビの前を通ら

BadPoint!　**動線が複雑で他の家族の邪魔になるリビング**

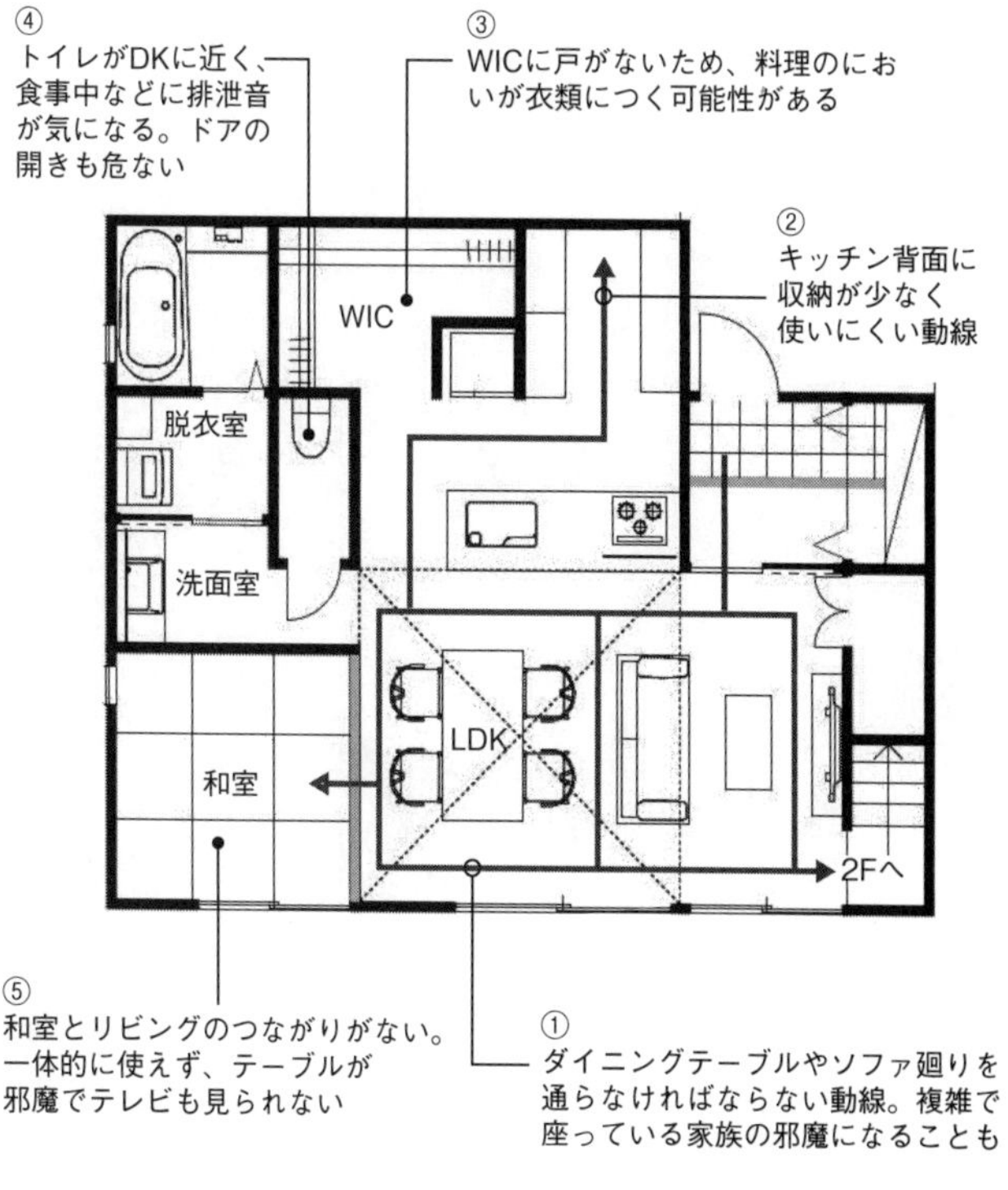
④
トイレがDKに近く、食事中などに排泄音が気になる。ドアの開きも危ない
③
WICに戸がないため、料理のにおいが衣類につく可能性がある
②
キッチン背面に収納が少なく使いにくい動線
WIC
脱衣室
洗面室
和室
LDK
2Fへ
⑤
和室とリビングのつながりがない。一体的に使えず、テーブルが邪魔でテレビも見られない
①
ダイニングテーブルやソファ廻りを通らなければならない動線。複雑で座っている家族の邪魔になることも

ずに2階に行けるようにしています。このように変更することで、住宅の中心にメインストリートというべき動線を通すことができました。このメインストリートからは、他の家族の邪魔にならずに、2階・リビング・ダイニング・キッチン・和室・洗面室・脱衣室に移動できます。和室では、洗濯物を畳みながら家族と話したりテレビを見ることができます。

「この和室とWICの洗濯動線は、ママ友がみんな良いといいます」

と奥様が話してくれました。家事をラクしたいならオススメの間取りです。

和室は3・6帖と小さくなりましたが、布団を2組敷けるように寸法を決めたので、客室や将来の寝室として利用できます。また和室の窓はなくなりましたが、吹き抜けからの太陽光で十分すぎるほど明るいです。

トイレは、洗面所の奥に配置したため排泄音は聞こえにくくなりました。またキッチンには、2・7mの背面収納を確保しています。

入居して2年経過しお招きいただいた際に林さんからは、「工務店とまったく違う提案で最初は驚きましたが、とても暮らしやすくて快適」という感想をいただきました。コロナ禍の工事でしたが、ミスもなく、とても良い工務店で家づくりができたと満足されています。

BestPlan!　**シンプルな動線で家事効率をアップ**

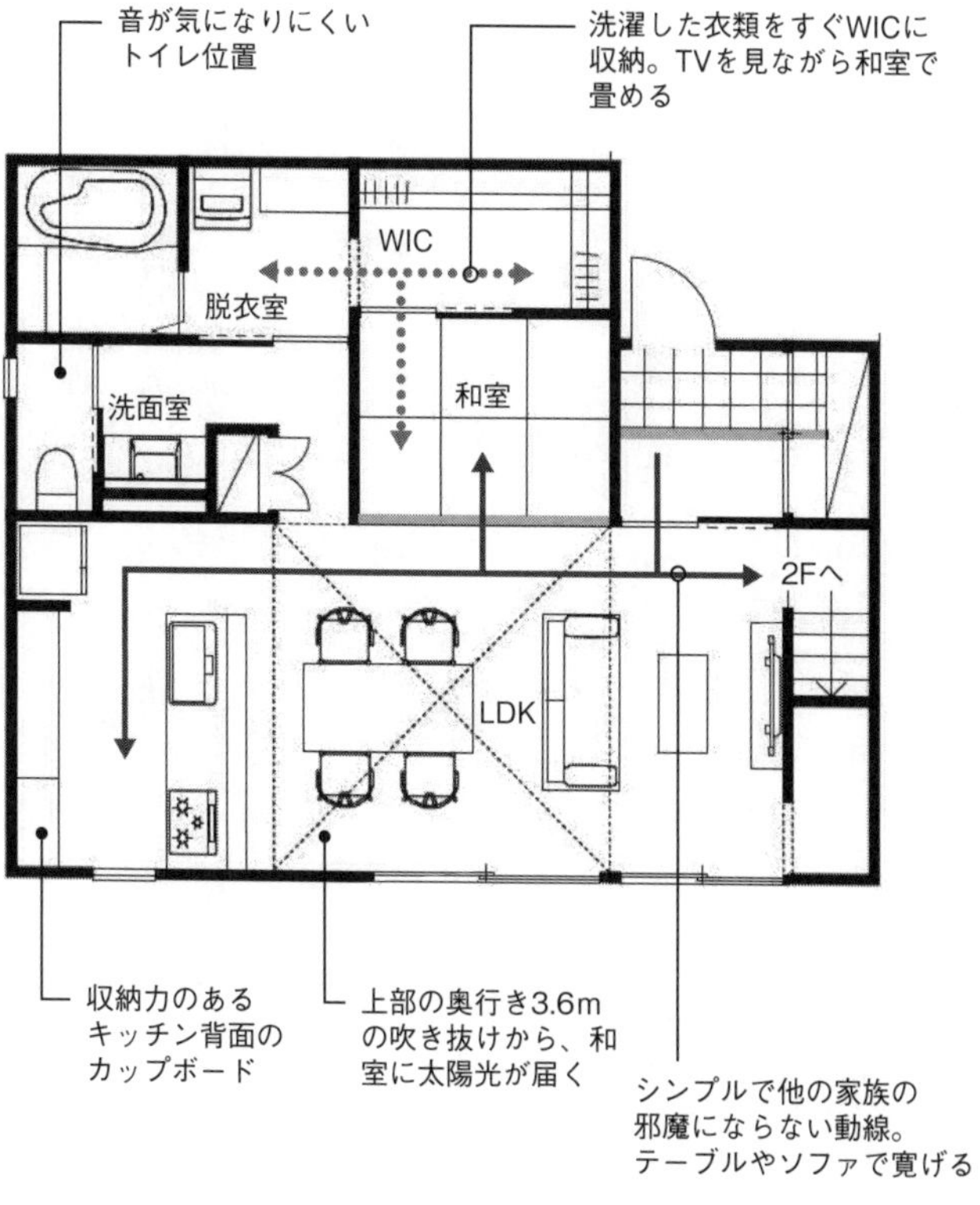
音が気になりにくい
トイレ位置
洗濯した衣類をすぐWICに
収納。TVを見ながら和室で
畳める
WIC
脱衣室
洗面室
和室
2Fへ
LDK
収納力のある
キッチン背面の
カップボード
上部の奥行き3.6m
の吹き抜けから、和
室に太陽光が届く
シンプルで他の家族の
邪魔にならない動線。
テーブルやソファで寛げる

家事時短できる間取りの5原則

これから紹介する5原則を知った上で「間取りで暮らす」ことで、家事しやすく時短な間取りなのかを判断でき、改善点も見つけやすくなります。検討中の間取りがあれば、手元に用意してから読み進めてみましょう。

原則1 動線は最短にこだわる

「動線にこだわった家」など動線という言葉には何かしらポジティブな印象があり、「回遊動線」は住宅業界ではキラーワードとして使われています。ただ動線とは、平たく言うと「廊下」のことです。動線という言葉を使う時に、すべて「廊下」と置き換えると（廊下にこだわった家、回遊廊下など）、言葉の魔法が解けて冷静に間取りを見ることができます。

建築において必要不可欠な廊下ですが、特別な意図がない限り、短くするのが建築設計の鉄則です。同じ床面積の場合、廊下が短いほうがより重要な部屋を大きくできますし、なにより移動時間を短縮できます。動線も同じように「最短」を目指すことで暮らしやすい間取りになります。

また「階段」は要注意です。マンション・アパート住まいで、自宅で階段を使うことがない方は、階段の労力を低く見積もってしまう（または気にしない）傾向にあるので、前述のように階段は実際の長さの3倍あると考えるとよいです。

またドアの開け閉めも地味に面倒な作業（無駄な労力）です。特に、買い物帰りで両手が荷物でふさがっている場合、帰宅動線にドアの開閉が何度もあるのは嫌ですよね。**ドアの数は最低限に絞ったほうが暮らしやすい間取りになる**ので、「このドアは本当に必要か？」という視点で間取りを見直してみるとよいでしょう。

原則2　メインストリートを設定する

道路は都市の中に張り巡らされた動線といえますが、道路計画でまずやるべきは、「国道」というメインストリートを通すことです。その上で、県道・市道と分岐していきます。このように体系的に計画することで、無駄のない移動が可能になります。

規模は違いますが、住宅の動線にも同じことがいえます。まずはシンプルなメインストリートがあり、そこから分岐して主要な部屋や2階に入れるようにすると、他の家族の邪魔にもならず移動のストレスも減ります。

事例06の元間取りと改善間取りの比較

○メインストリートを設定している　×動線が複雑で他の家族の邪魔になる

事例06の右の元間取りは、一見、メインストリートがあるように見えますが、各部屋や2階に行く動線が複雑で他の家族の邪魔になります。左の改善案のようにすればシンプルな動線になります。手元に間取り図があれば、玄関からキッチン・ダイニング・リビング・手洗い・2階（主寝室がある場合）への動線を書いて確認してみましょう。

原則3　収納と動線はトレードオフ

動線以上に間取りで注目されるのが「収納」です。じつは、収納と動線はトレードオフの関係にあります。トレードオフとは、何かを得ると、別の何かを失うことを言います。動線が長くなる（または複数の動線がある）ことで収納（または他の用途に使える空間）を失う、ということです。

特に「回遊動線」は、1つの場所に行くために2つの動線（廊下）を用意する、ということですから、失うものも大きいです。「**その回遊動線は、失った収納以上の価値があるのか？**」という視点を持つことが重要です。

原則4　動線に2つ以上の目的を持たせる

ローマ帝国の礎を築いた政治家ユリウス・カエサルは、1つの行動に2つ以上の目的を設定し限られた時間を有効に使っていました。私たちの時間も有限なので、暮らしの中で「1つの行動」に「2つ以上の目的」を持たせることは多いと思います。

たとえば、1階に洗濯機、2階に物干し場がある間取りの場合、洗濯物を干すためだけに2階に行くとなると大変ですが、その後、2階のクローゼットで朝の着替えを行うといった目的もあれば、1つの行動で2つの目的を達成できます。

一見、暮らしにくそうな（動線が長い）間取りでも、**普段の家事や行動の順番を変えることで、2つ以上の目的をこなすことができる場合がある**ので、検討してみてください。

原則5　ながらで時間を有効活用する

最近、高校生になった娘が洗濯物畳みと仕分けを手伝ってくれます。彼女が選んだプレイリストをBGMに洗濯物を畳むのですが、この時間は父娘の貴重なコミュニケーションの時間です。妻よりも先に娘の最新情報を聞き出せた時は、私はかなり得意気です。

このように「家事をしながら」他の目的も果たせると、時間を有効に使えます。他にも、
・テレビを見ながら、食器を洗う
・家族と会話しながら洗濯物を干す
・夫婦で会話しながら、料理を作る
・子供の様子を気にしながら、掃除する
といったことが自然にできると、家族との時間も確保できる上に時短にもなります。

また「ながら」を意識すると、家族が見ているところで家事をするので、「感謝の言葉をかけやすい・かけられやすい」というメリットもあります。

たとえば、独立したランドリールームで一人、洗濯する場合、家事をしていることを他の家族が認識しづらく大変さもわからないので、「ありがとう」と言いにくいです。

家政婦が仕事として家事をするなら効率重視でよいですが、**家族のために家事をする私たちは、ある程度「承認欲求」が満たされないと不満が蓄積**します。特に子供が小さく育児・家事が大変な時期は、「ながら」ができることで、精神的にも時間的にも余裕を持てます。

間取り診断チャレンジの模範解答と解説① 事例01

事例01（木村さん）のヒントは、「トイレまでの距離」「川の字で寝る」「収納効率」でしたが、見つかったでしょうか？

では、「3つの暮らしにくさ」をそれぞれ解説します。

① 寝室からトイレに行くのが大変

就寝中にトイレに行きたくなった場合、現状の間取りでは、キッチン通路・パントリー・脱衣室・洗面所を通過しないとトイレまで辿りつけません。距離もあり5回も曲がるし、帰宅動線と同様に、干してある洗濯物の下を通らなければなりません。

これでは、玄関経由で遠回りしたほうが楽かもしれません。

当面は主寝室に家族全員で寝るので、「トイレが遠い」ことは、子供が1人でトイレに行くハードルが高くなることも意味します。**いつまでも「親同伴」でないとトイレに行けないというのもツライ**ですね。

マンション・アパート暮らしだと、トイレが遠いということは少なく、不満に思うこともないため「主寝室とトイレが遠い問題」に気付かないことが多いです。また病気の時や老後にも「トイレまでの距離」は負担になるので、近いに越したことはありません。

改善間取りでは、パントリー・脱衣室を動線から外したので一直線でトイレに行けるようにしています。

②　家族全員で寝られない主寝室

日本では、子供が小学生までは家族で川の字になって寝ることが多いです。木村さんも主寝室で川の字で寝ることを希望していますが、内開き戸のためドアが布団に当たり敷けません。また布団をしまう押し入れ収納が近くにないため万年床になります。

ファミリークローゼットがある場合、主寝室に収納を設置しない場合がありますが、貴重品や子供に触れて欲しくないものをしまうため、1ヵ所は収納を設置したほうが無難です。

改善間取りでは開き戸を引き戸にした上で、1間の押し入れ収納を設置しました。これにより布団3組を敷けますし、片付けも容易です。

③　収納効率の悪いＷＩＣ

キッチン背面のＷＩＣは、家族共用のファミリークローゼットにする予定です。パントリー側とキッチン・主寝室側の2つの出入り口があり便利ですが、その分収納に使えるスペー

BadPoint!　**主寝室とトイレが遠い・布団が３組敷けない**

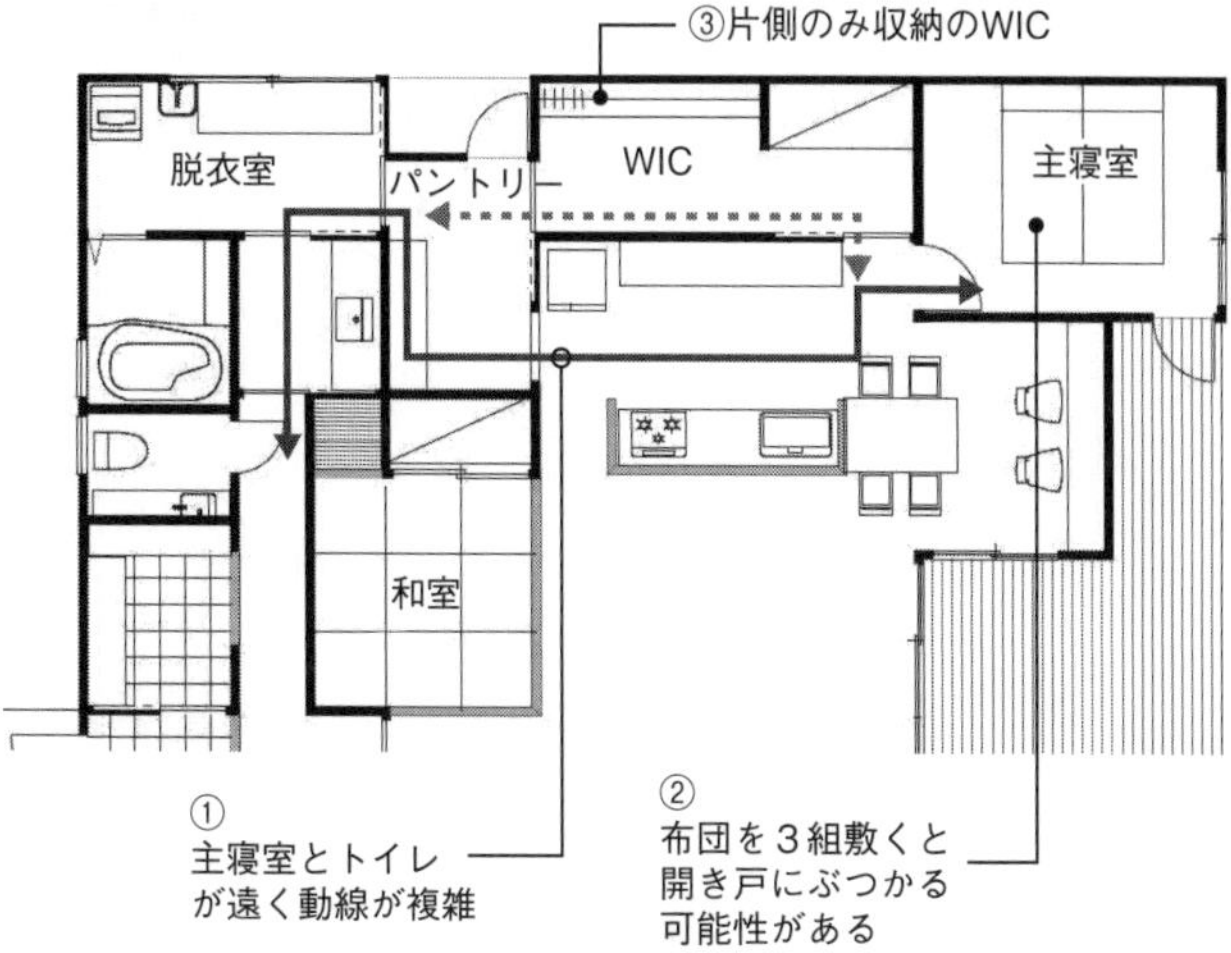
③片側のみ収納のWIC
脱衣室
パントリー
WIC
主寝室
和室
①
主寝室とトイレが遠く動線が複雑
②
布団を３組敷くと開き戸にぶつかる可能性がある

BestPlan!　**動線・ドアを最適化し暮らしやすく**

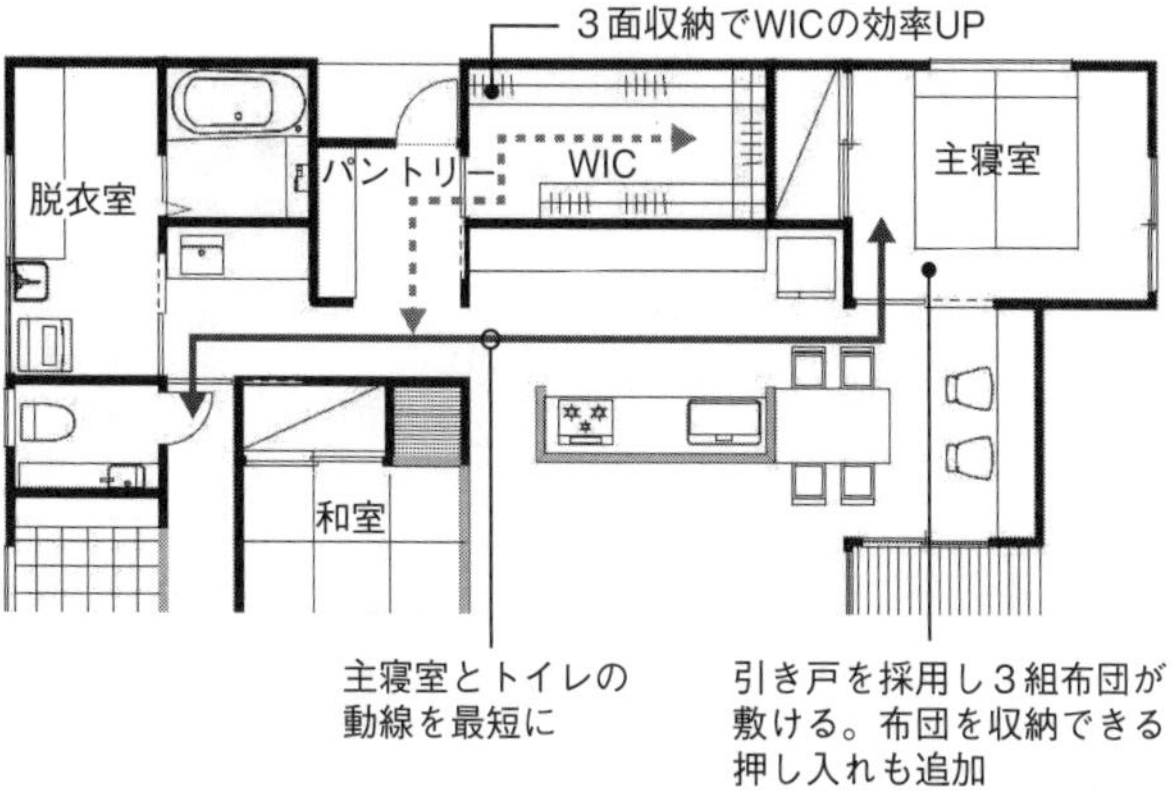
３面収納でWICの効率UP
脱衣室
パントリー
WIC
主寝室
和室
主寝室とトイレの動線を最短に
引き戸を採用し３組布団が敷ける。布団を収納できる押し入れも追加

スが狭くなります。

動線と収納量はトレードオフの関係にあります。動線を良くすれば収納は減り、動線をなくせば収納は増えます。どちらを優先するかは間取り全体をみて判断しますが、この事例では洋服のための収納が少ないので、必要な収納量を確保できないと判断し、入り口は1ヵ所にしました。さらに3面にハンガーパイプを設置することで、収納量を大幅にアップしています。なお、ＷＩＣ内には布団を仕舞うための固定棚がありましたが、前述のように主寝室に同じ大きさの押し入れ収納を設置し、布団等を収納できるようにしています。

ここまで家事時短について解説しましたが、次章で注目するのは子育てと間取りの関係です。「子供が生まれた」ことをきっかけに家を建てる・購入する夫婦が多いのですが、だからといって「子育てしやすい間取り」を目指してしまうと、うまくいかない場合が多いです。

「子育て世代はどんな間取りを目指すべきなのか?」

について詳しく解説していきます。

第4章　子育てで不機嫌になる間取り

「子育てしやすい間取り」は目指さない

日本では既婚者の約91％は持ち家という調査結果があります（「令和元年版高齢社会白書」内閣府）。60歳以上を対象とした調査のため、現在の子育て世代にそのまま当てはめることはできませんが、既婚者の持ち家率は高いという実感はあるのではないでしょうか。

購入のタイミングで最も多いのが「妊娠・出産」と「子供の入園・入学」です。アパート住まいだと子供の泣き声や足音で迷惑になる、入園・入学後の引っ越しは学区が変わるのでカワイソウ等が理由となります。

このように子供をきっかけとした住宅購入が多いため、注文住宅・リフォームの施主が、「子育てしやすい間取り」にしたいと思うのも当然と言えます。

では「子育てしやすい間取り」は何を参考にすればよいでしょうか？　私たち夫婦もお世話になった保育園・幼稚園には「子育てしやすい間取り」のヒントがたくさんありました。

- 園児の様子がわかる開放的なトイレ
- 園児が使いやすい高さの手洗い器

・園児が上りやすい階段
・園児が楽しめる秘密基地

これらを採用すれば子育てしやすくはなりますが、その消費期限は極めて短いです。身長は1歳児から小学1年生になるまでに1・5倍程度、伸びます。2歳時でアンパンマンが大好きだった男の子が、4歳時で仮面ライダーにハマり、小学生でユーチューバーに夢中になります。子供は心身ともに日々成長・変化し、確実に大人に近づきます。

家づくり期間中など一時期の子供にフォーカスして計画すると、入居後数年は快適だとしても、成長した子供にとっては「暮らしにくい間取り」になることもあり得ます。

では、子育てをまったく考慮しなくてよいのかというと、そんなことはありません。子育てはかけがえのない経験ですが、負担やストレスを感じるのも事実です。それによって夫婦・家族関係に悪い影響を与えてしまう、といったことは避けたいですよね。

「子育てしやすい間取り」というと「（一時期の）子供にとって快適な間取り」と考えがちですが、そうではなく**「親が機嫌よく子育てできる間取り」**を**目指すべき**だと私は考えます。親の機嫌がよければ、子供にしっかり向き合う精神的な余裕を持てます。

本章では、**子育ての負担とストレスを減らす間取り**について、事例を交えて解説します。

事例07 幼児ファーストな玄関は子供にやさしいか

ディズニーが大好きな大谷さん夫婦は、2人目の妊娠をきっかけに外観はシンデレラ城、インテリアは『ふしぎの国のアリス』をイメージした家を建てたいと思いました。

選んだ住宅会社は、高気密高断熱や住宅性能に定評がある大手の住宅会社です。営業担当者や設計者と時間をかけて検討した外観は、シンボリックな八角形の塔と切妻屋根を組み合わせた近所の目を引くとても素敵なデザインです。

インテリアにもこだわりがあります。リビングには、子供しか入れない高さの部屋があり、ドアの取っ手には、海外通販で購入したドアノブ（ふしぎの国のアリスのキャラクター）を設置、大谷さんの2人の娘さんが遊んでいる様子が目に浮かびます。

デザインだけでなく、暮らしやすさについても細かく検討されています。キッチンは、リビング・ダイニングを見渡せる位置に配置していますし、収納も十分確保しています。

そして特徴的なのが、玄関は子供が使いやすいよう2段ステップにしていることです。ステップは、角がアールに面取りされており子供が安全に使えそうに見えます。また玄関奥には、大きな収納庫を設置しました。玄関土間の高さを通常よりも下げ、地面に近づけ段差を減らし、外遊びの道具や買い物を台車でそのまま搬入できる想定です。

とても考えられた設計に見えますが、この間取りにも3つ大きな問題がありました。

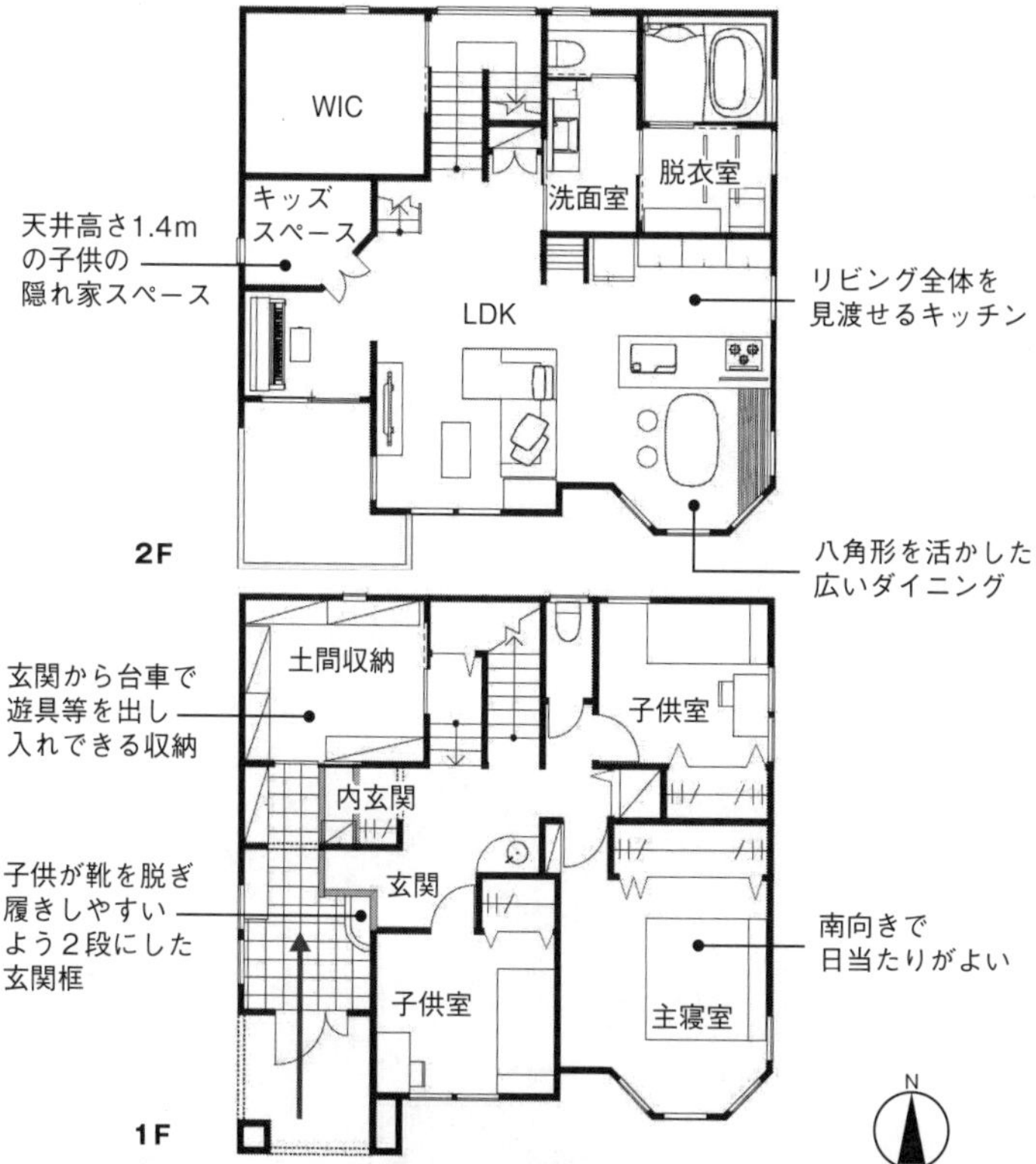

大谷さんの家族構成

■ 夫：会社員（30代）、妻：専業主婦（30代）、長女（4）、次女（0）

■ 家事分担：すべて妻が行う

■ 洗濯方法：乾燥機付き洗濯機、室内干し

■ 子供が靴を脱ぎ履きしやすいように玄関框を２段に

✕ 数年で子供も使わなくなる玄関ステップ

1つ目は、「子供のために」と考えた玄関のステップです。確かにステップをつけることで小さい子供が上りやすくはなりますが、子供が小さいのは「ほんの一時期」です。またステップを付けることによって、玄関框の形状が複雑で大人が使いにくいです。15年もすれば、子供も大人と同じ身長になりますから、その時「使いにくい」と感じます。

2つ目は、土間収納への搬入動線です。玄関から台車を押して荷物を運ぶ想定ですが、土間には家族の靴が置かれているので、動線の邪魔になります。靴を使うたびに下駄箱にしまう習慣があるならよいのですが、それなら内玄関を設置する必要がありません。

3つ目は、玄関から靴が丸見えであることです。靴を隠す目的で内玄関を作ったのに、これでは意味が半減します。

これらの問題を解決するため、内玄関やステップはやめて広い玄関ホールにしました。アイデアを諦める形になりましたが、アーチの玄関框や飾り棚、構造的に必要となった柱はドーリア式に装飾され、この家の顔としてふさわしいデザインで暮らしやすくなりました。

一つだけ想定と違ったのは、建築中に奥様が3人目（男の子）を妊娠したことです。嬉しい誤算ですが、2部屋しかない子供部屋をどうするかがこれからの課題です。

BadPoint! **玄関ステップは大人になると使いにくい**

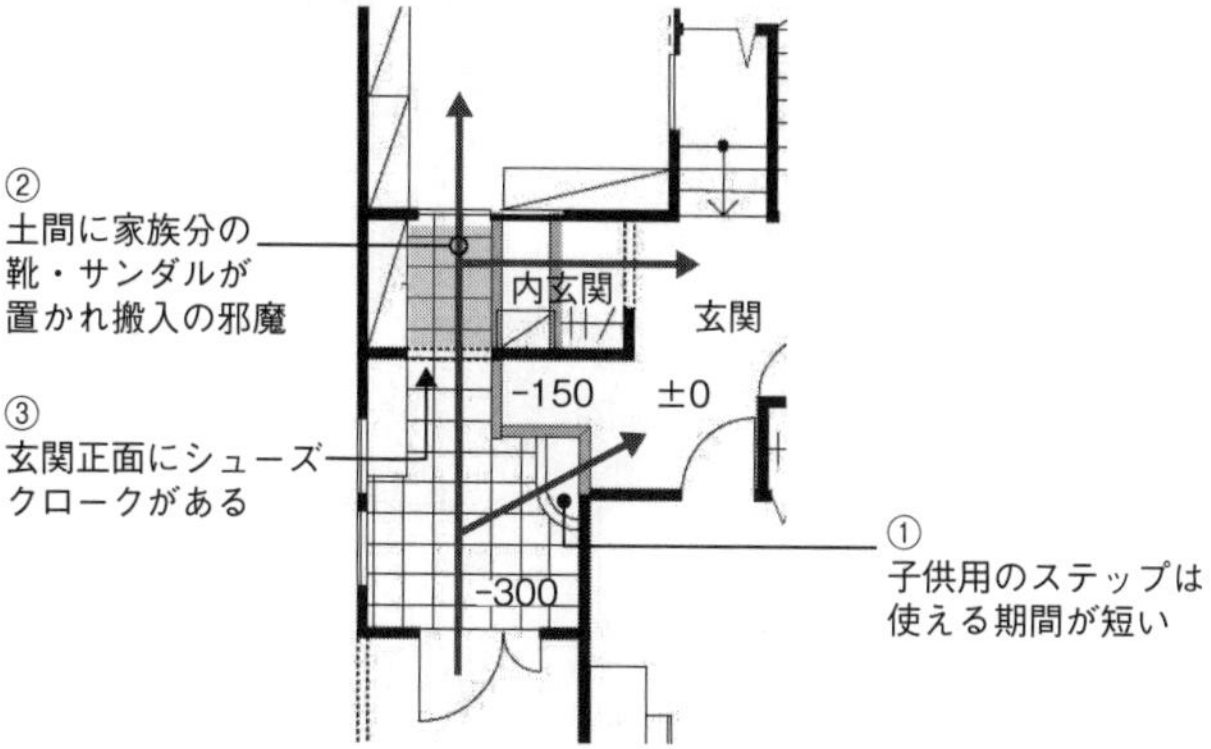
②
土間に家族分の
靴・サンダルが
置かれ搬入の邪魔
内玄関
玄関
-150
±0
③
玄関正面にシューズ
クロークがある
-300
①
子供用のステップは
使える期間が短い

BestPlan! **みんなが使いやすい広い玄関**

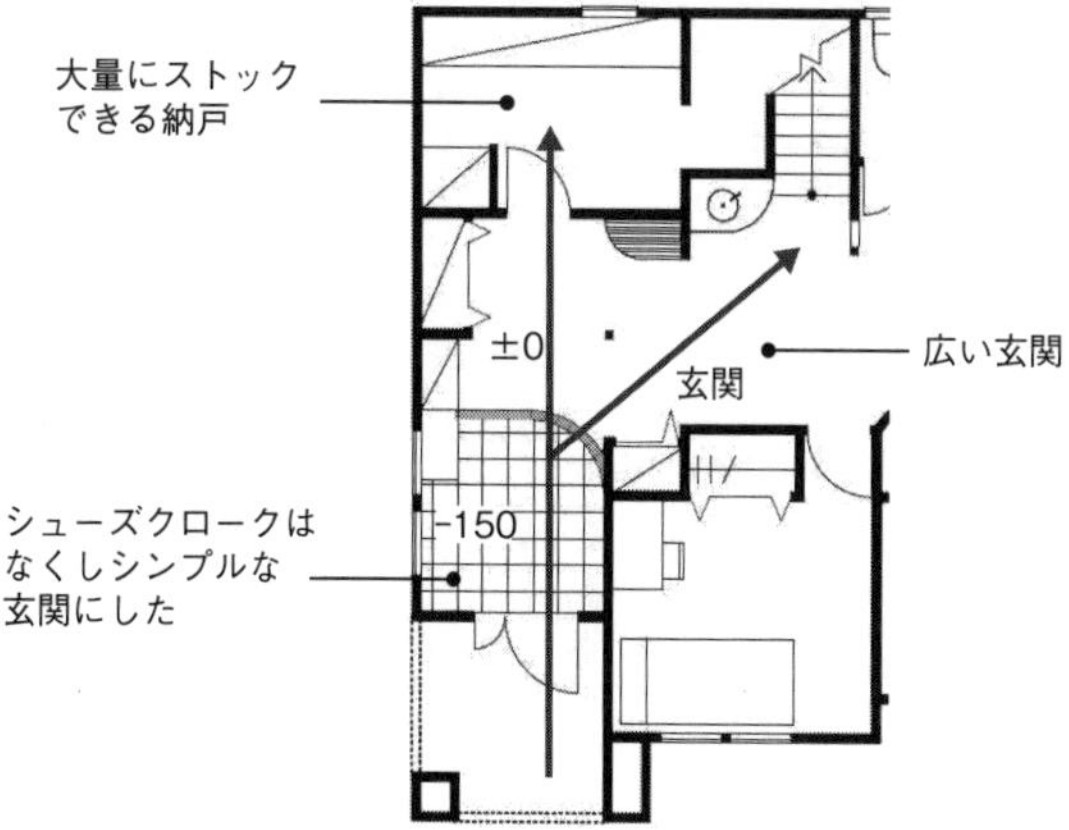
大量にストック
できる納戸
±0
玄関
広い玄関
-150
シューズクロークは
なくしシンプルな
玄関にした

事例08　勉強好きなら集中できそうですが

動物病院を経営する獣医の石井さん夫婦は、子供が成長し子供部屋が必要になったため家を建てることにしました。10年前に建てた動物病院併用住宅の2階に住んでいますが、夏暑くて冬寒いのがストレスです。そのため、高気密高断熱にこだわった地元の工務店で建てることにしました。

文武両道の石井さん家族は、子供たちは朝5時30分に起床して勉強、朝食後には、親子でバドミントンや筋トレをします。計画間取りでもダイニングに隣接して4・2帖のスタディスペースがあります。スタディスペースには造作カウンターを設置し3人同時に使え、子供だけでなく親が趣味や仕事で使うこともできます。

ダイニング上には吹き抜けがあり開放感を演出、リビングの南にある予備室は、子供の遊び場や筋トレ、宿泊用に使うために用意しました。パントリーや内玄関もあり収納量も確保できています。玄関の近くに洗面所もあり、帰宅後、すぐ手洗いもできます。

石井さんの希望をすべて満たしているように見えるのですが、じつは多くの「暮らしにくさ」が隠れています。まずはスタディスペースに注目して解説します。

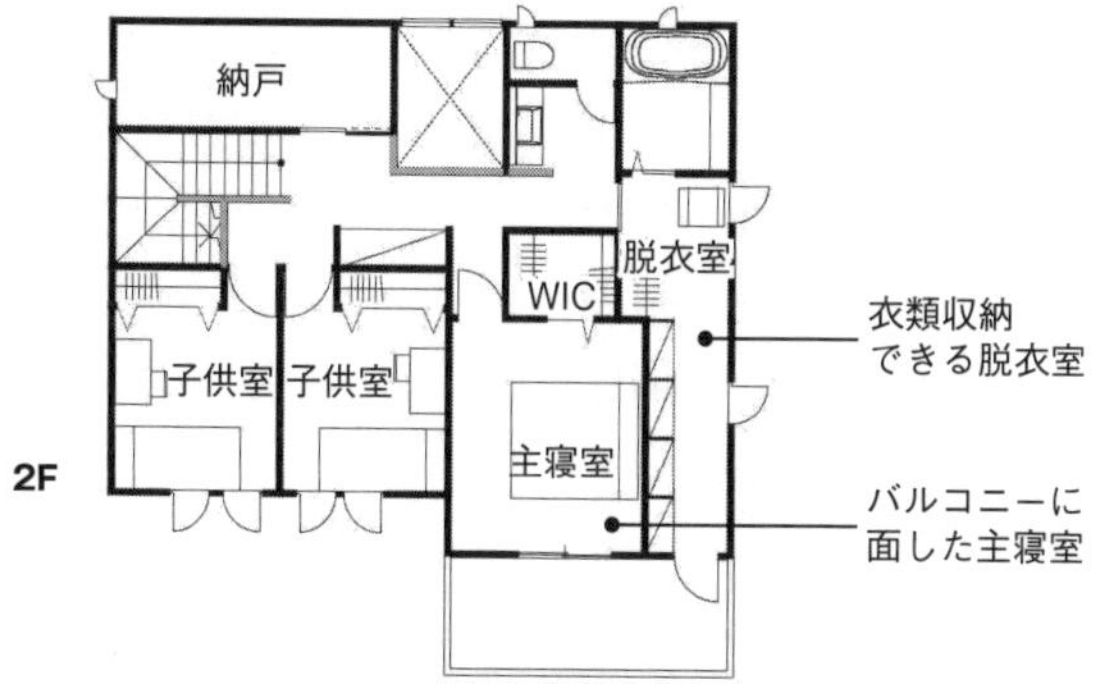

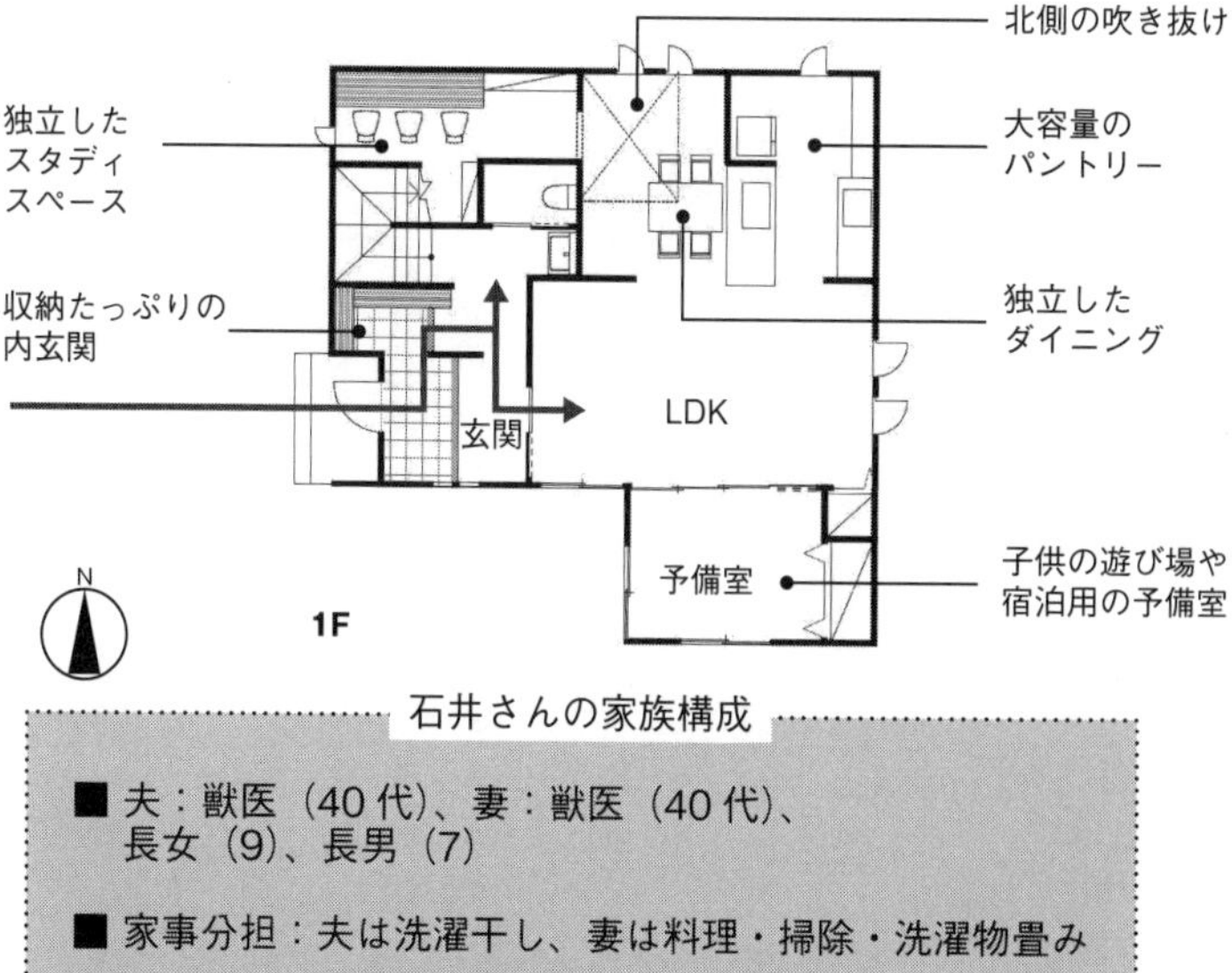

石井さんの家族構成

- 夫：獣医（40代）、妻：獣医（40代）、長女（9）、長男（7）
- 家事分担：夫は洗濯干し、妻は料理・掃除・洗濯物畳み
- 洗濯方法：外干し、室内干し
- 出勤前に子供と勉強や運動を行うのが日課

✕ 親が子供の勉強をサポートしにくい

スタディスペースですが、キッチンから遠く視線が届きにくいためサポートがしにくいです。自分で集中して勉強できる子供には向きますが、それなら2階の子供室で十分です。

また多くの小学校で教科書の音読を宿題にしていますから、親は子供の音読を聞いて評価する必要があります。そのための時間として、夕飯の準備や片付けをしながら聞く親も多いのですが、この位置では声も聞こえにくくお互いの顔も見えません。その結果、ダイニングで音読、となりそうですが、それなら他の宿題もテーブルでしたくなります。

スタディスペースは、キッチンで家事をする親との関係を考えて配置しないと使えません。実際、配置が悪いために、スタディスペースが物置になっている事例はたくさんあります。理想は、改善案のようにキッチン延長線上の配置です。これなら家事をしながら子供の様子がわかりサポートしやすいです。また勉強道具だけでなく食品等も収納できそうです。

間取り診断チャレンジ 2

この間取りには他にも5つの暮らしにくさが隠れています。ヒントは「内玄関」「帰宅動線」「予備室」「吹き抜け」「トイレ」です。間取りを見直して、「暮らしにくさ」を発見してみましょう。

◀模範解答と解説はP121

BadPoint!　**遠くて様子がわからないスタディスペース**

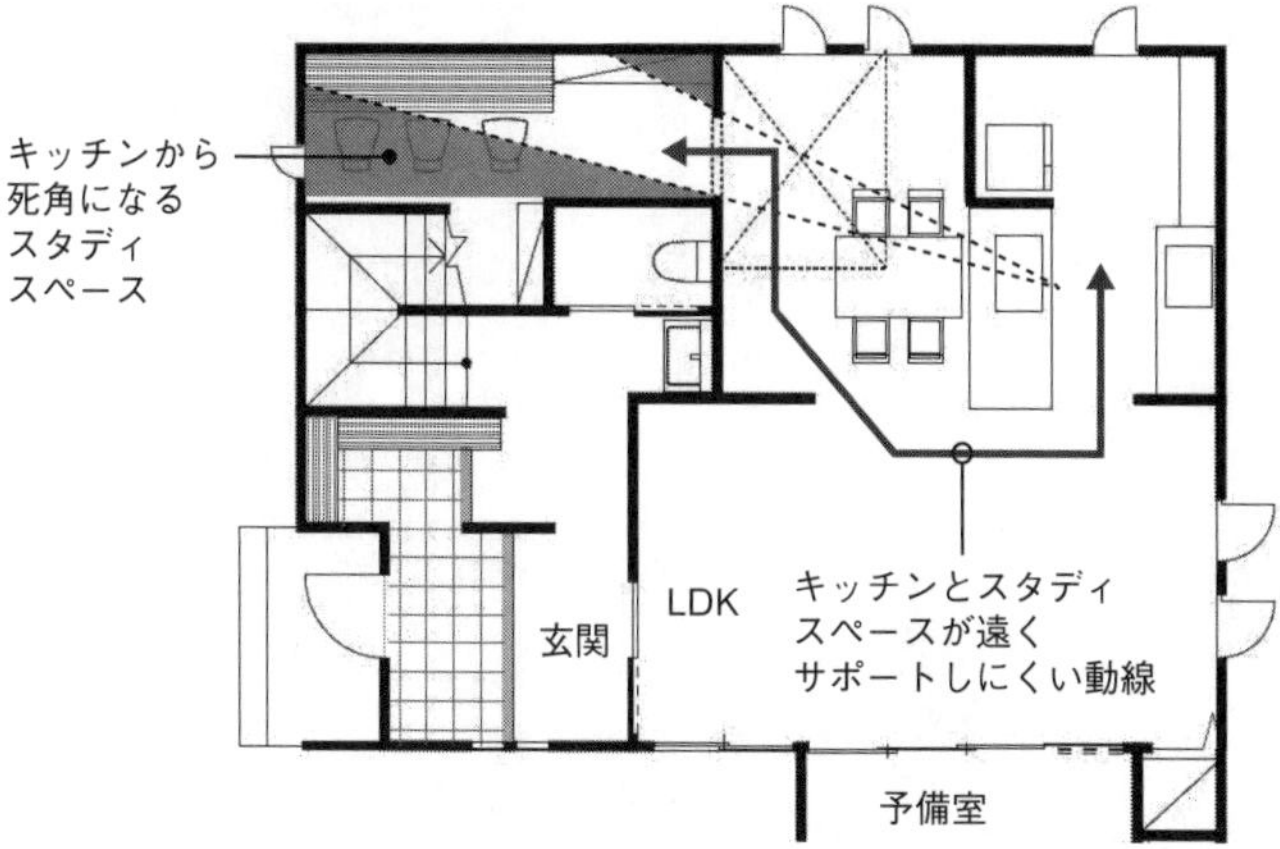

BestPlan!　**近くてサポートしやすいスタディスペース**

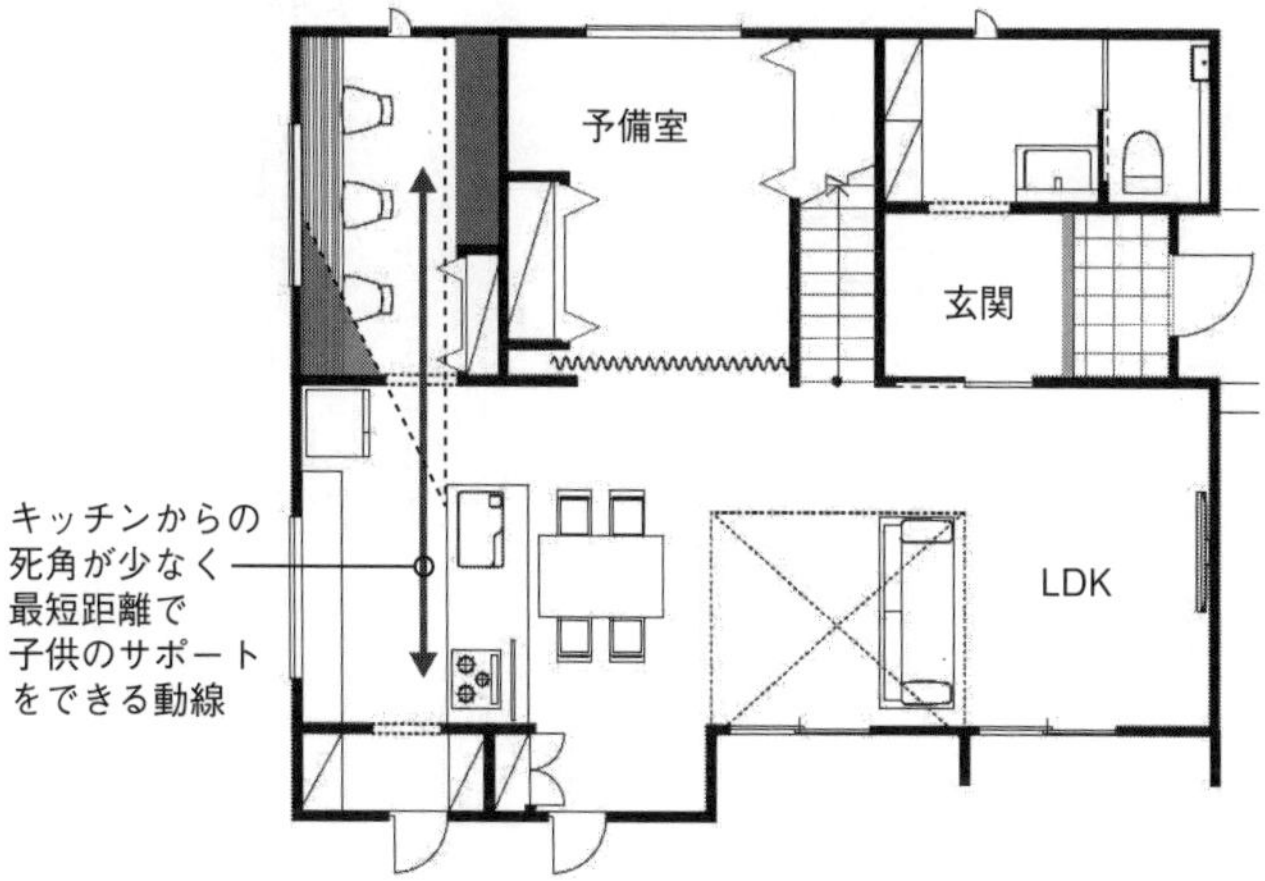

事例09 開放的。ただし子供と朝、右往左往します

子供が小学生になる前に家を持ちたいと思っていた桐山さん夫婦は、土地を購入し大手ハウスメーカーで注文住宅を建てることにしました。北側に公園が見える北東の角地です。

計画では、老後のことも考えて、1階北側に水廻りを集中させ、リビングにベッドを置けばワンフロアで暮らしが完結できるようにしています。

また南側隣地との距離が4mしかないため11月から1月までの日射取得ができないという問題を、中央に吹き抜けを設けることで解決しています。

東西に長い23帖のLDKと吹き抜け、スケルトン階段を組み合わせることで、日当たりもよく開放的な間取りになっていますね。2階の主寝室と子供室はどちらも南向きですし、吹き抜けと一体のホールからは、北側の公園が眺められます。

よく考えられているように見えますが、この間取りにも4つの問題が潜んでいました。

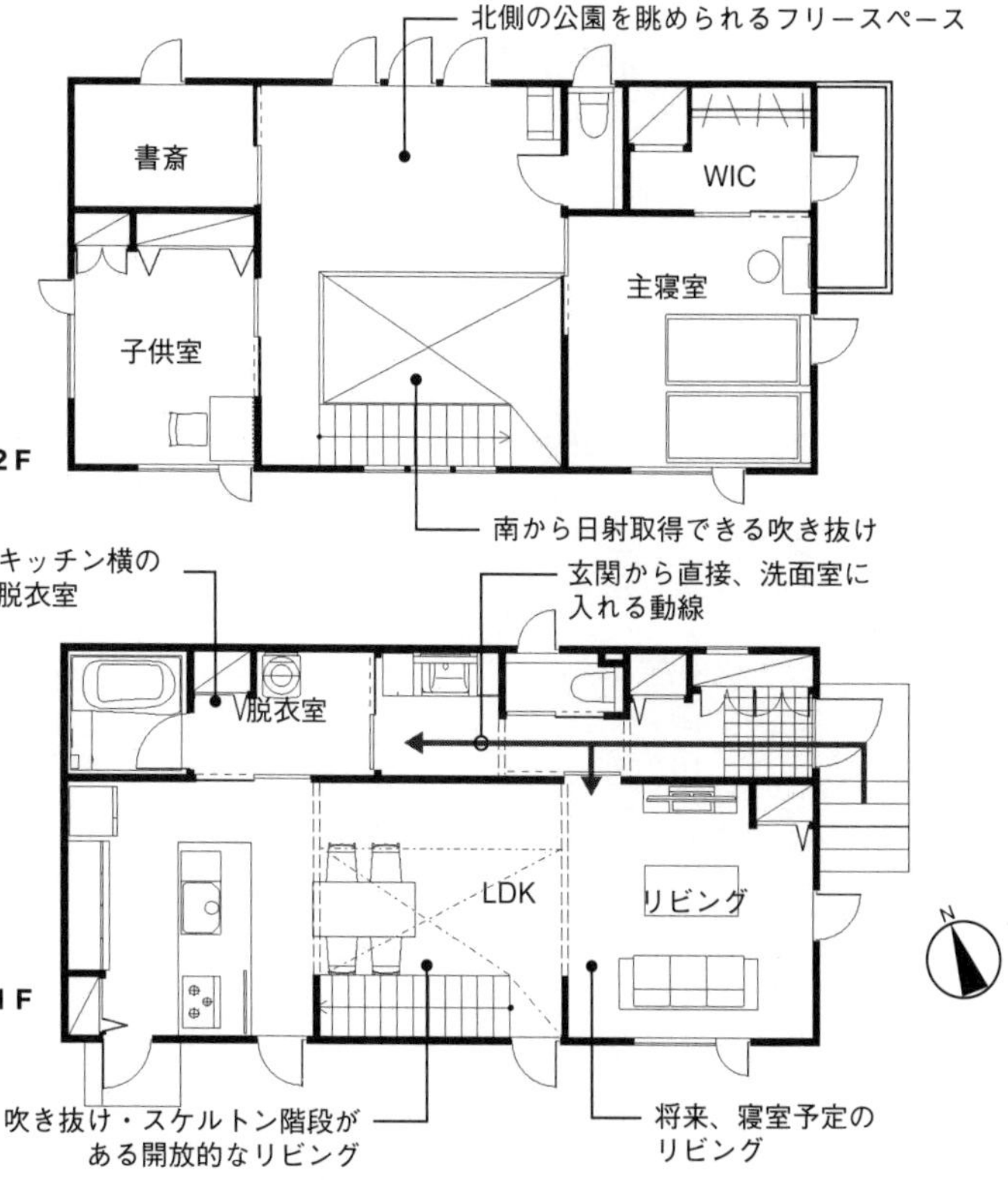

桐山さんの家族構成

■ 夫：会社員（40 代）、妻：医療関係（40 代）、長男（5）

■ 家事分担：夫は洗濯・掃除、妻は料理・掃除

■ 洗濯方法：室内干し、乾燥機

■ 夫は 2F の書斎でリモートでの仕事あり

✕ 歯磨きや朝の準備時に親のサポートが大変

1つ目は朝の出宅動線です。朝食後に歯を磨き2階のクローゼットで着替え、1階に下りて出宅となりますが、かなり長い動線となり子供のサポートを考えると面倒です。

2つ目は帰宅動線が脱衣室を通ることです。他の家族が利用中は使えないですね。

3つ目は、リビング経由の帰宅動線。将来、寝室にする予定なのでこちらもNGです。

4つ目は、ダイニングの狭さです。面積だけなら階段を除き6帖ありますが、北側に動線（70㎝）があるためダイニングテーブルと椅子を置ける幅は190㎝しかありません。また食事中に家族でテレビを見ることができません。子供の勉強道具も置けないですね。

改善提案では、脱衣室東側に2帖のWICを配置しました。これで洗濯や朝の身支度は1階で完結します。階段も北側に移動しダイニングに余裕ができました。

小学生までは、リビングでの勉強が多くなりますが、そこで必要となるのが教科書やランドセル等の収納スペースです。そのため南側に勉強道具の収納スペースを確保しました。勉強が終わったら広げた勉強道具を近くの収納にしまいやすいので散らかることへのイライラも減ります。リビングは西側に移動して主要な動線から外すことで、将来、寝室として転用しやすくなります。

全体的に、家事効率を重視し、子供をサポートしやすい間取りになりました。

BadPoint!　**朝の着替えが２階なので出宅動線が長い**

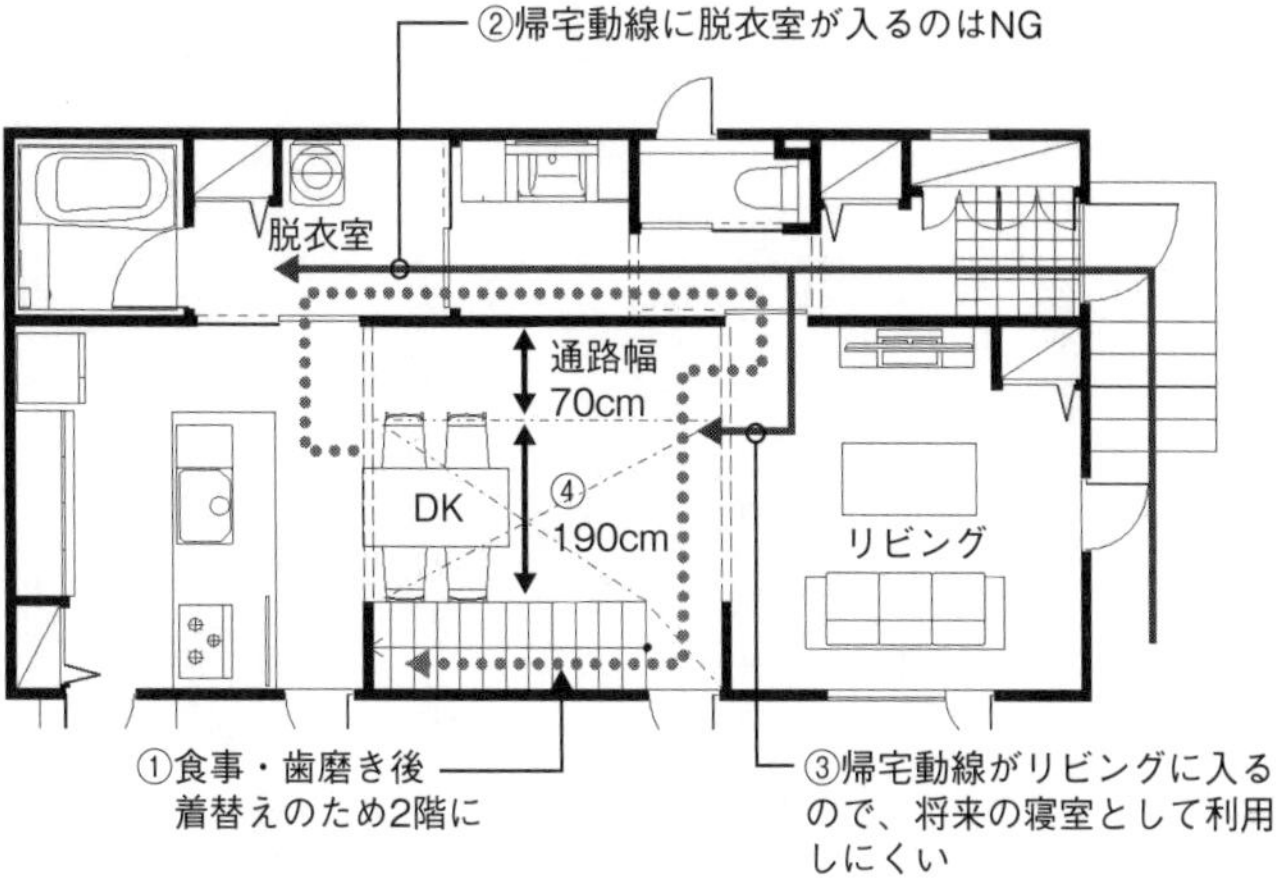
②帰宅動線に脱衣室が入るのはNG
脱衣室
通路幅
70cm
④
190cm
DK
リビング
①食事・歯磨き後
着替えのため2階に
③帰宅動線がリビングに入るので、将来の寝室として利用しにくい

BestPlan!　**階段位置を変え、WICを１階にして効率化**

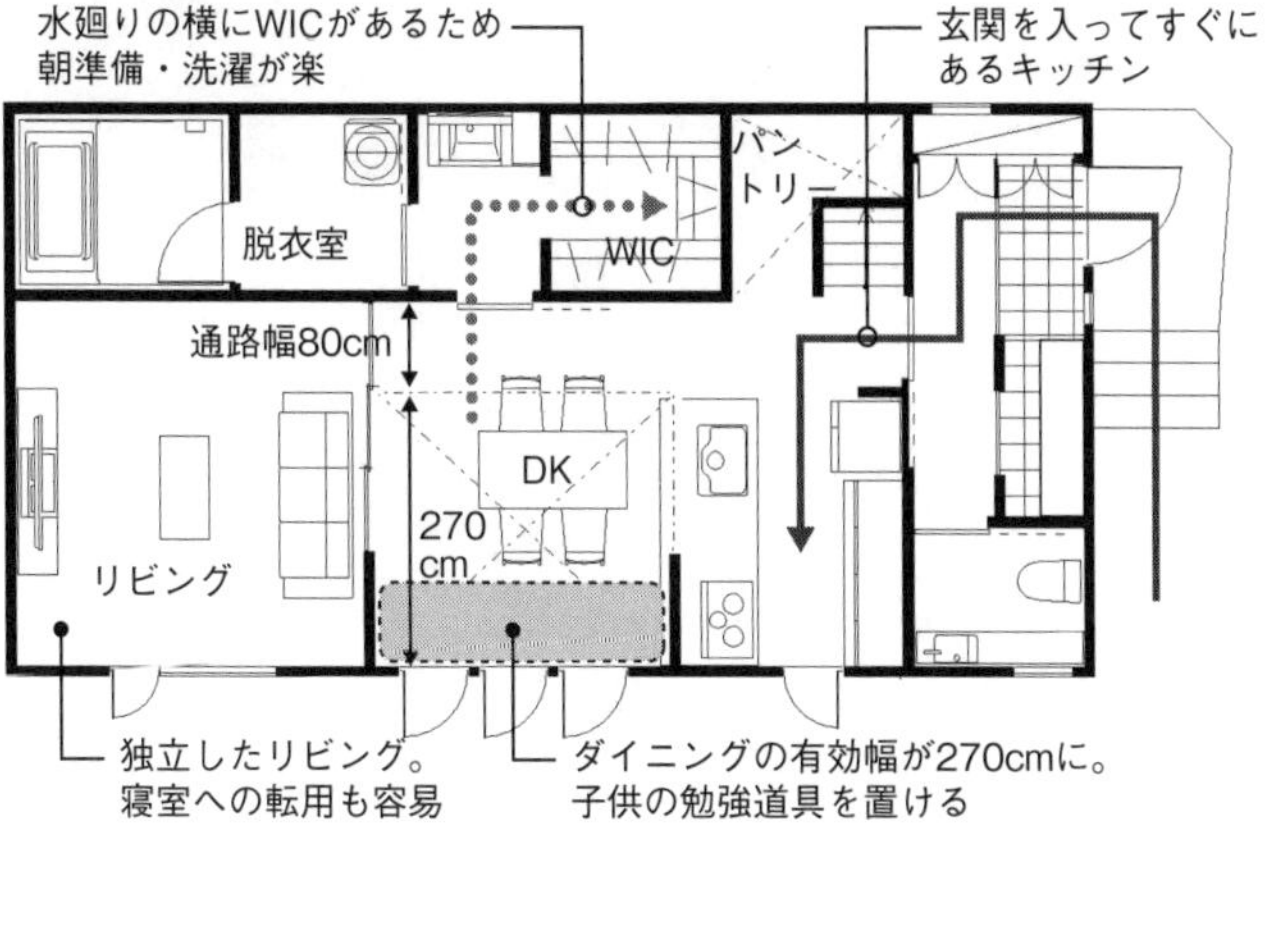
水廻りの横にWICがあるため
朝準備・洗濯が楽
玄関を入ってすぐに
あるキッチン
パントリー
脱衣室
WIC
通路幅80cm
DK
270
cm
リビング
独立したリビング。
寝室への転用も容易
ダイニングの有効幅が270cmに。
子供の勉強道具を置ける

事例10 「食事中はテレビ見ない派」も知ってほしい

夫が公務員、妻は専業主婦の岸さん夫婦は、1階を親世帯、2・3階を子世帯（本人たち）とした二世帯住宅を計画しています。ワンフロアをなるべく広く見せるために、主寝室とLDKの間は3枚引き戸で仕切り、普段は開け放して開放的に過ごすのが希望です。

この間取りでは広い主寝室とLDKが一体的に使えるように計画されており、岸さんも気に入っていました。

テレビは、リビングと主寝室からしか見えない位置に配置されていますが、食事中は家族で会話を楽しみたいので、テレビは見られなくてよいと考えています。

子供は、テレビを見ながらだと食事に集中できないことが多いですし、私たち家族も平日は食事中にテレビを見ないようにしています。

そう考えるのであれば、特に問題はなさそうですが、じつは4つの問題点があります。

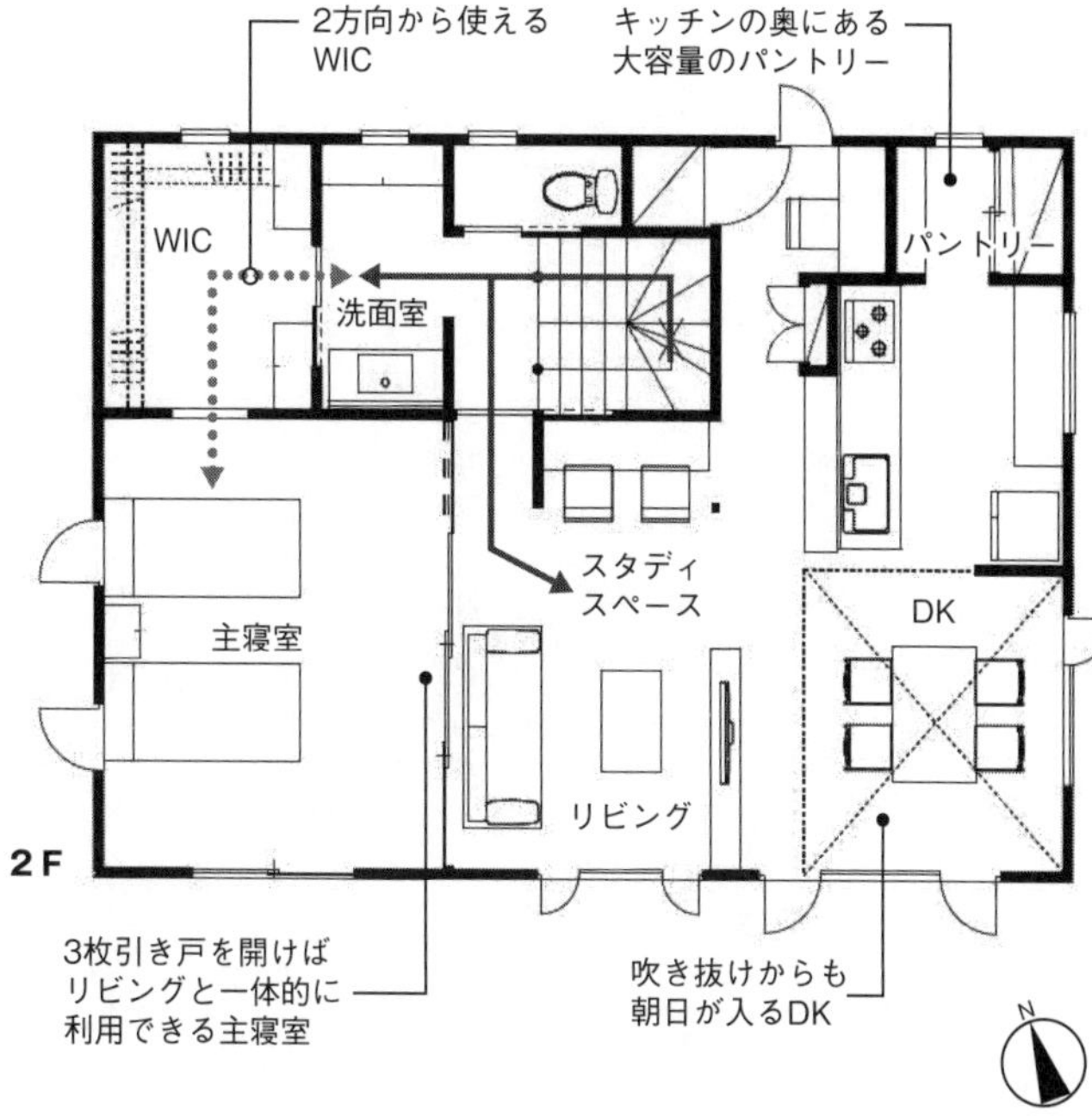

岸さん（子世帯）の家族構成

■ 夫：公務員（40 代）、妻：専業主婦（30 代）、長男（2）、次男（0）

■ 家事分担：夫は洗濯・食器洗い、妻が料理・掃除

■ 洗濯方法：乾燥機、室内干し

■ 浴室・脱衣室・玄関は１階の親世帯と共用。３階に子供室

✕ 家族の会話に入れない孤独とストレス

1つ目は、キッチンからテレビが見られないことです。料理や食器洗いのタイミングにもよりますが、食事前後に他の家族がテレビを楽しんでいる（お笑い番組を見て大笑いしている・スポーツの日本代表を応援している）時に、一人で料理や食器洗いをするのは疎外感があります し、他の家族も気を使います。家族がいない時にするならその心配はないのですが、それではプライベートの時間を削ることになります。第3章で話したように「ながら」で家事のできる間取りのほうが家事時短ができます。

2つ目は、リビングとダイニングにいる家族が会話しにくいことです。LDは独立した部屋にすることもありますが、岸さん自身は会話できることを希望していました。

3つ目はスタディスペースまでの廊下が無駄（用途がない）に見えることです。

4つ目は、LDKから主寝室のベッドが丸見えであることです。毎日、ベッドメイキングするならいいですが、普通はベッドが見えると雑然とした印象になります。

改善提案では、東西に長いLDKを採用し、北東側に主寝室を設けました。この位置なら、開放感を演出しながらもベッドは見えにくくなります。

もちろん、テレビを見ながらキッチンで料理を作ったり片づけすることもできます。

BadPoint!　**ＴＶが見えず料理・食器洗いが孤独に**

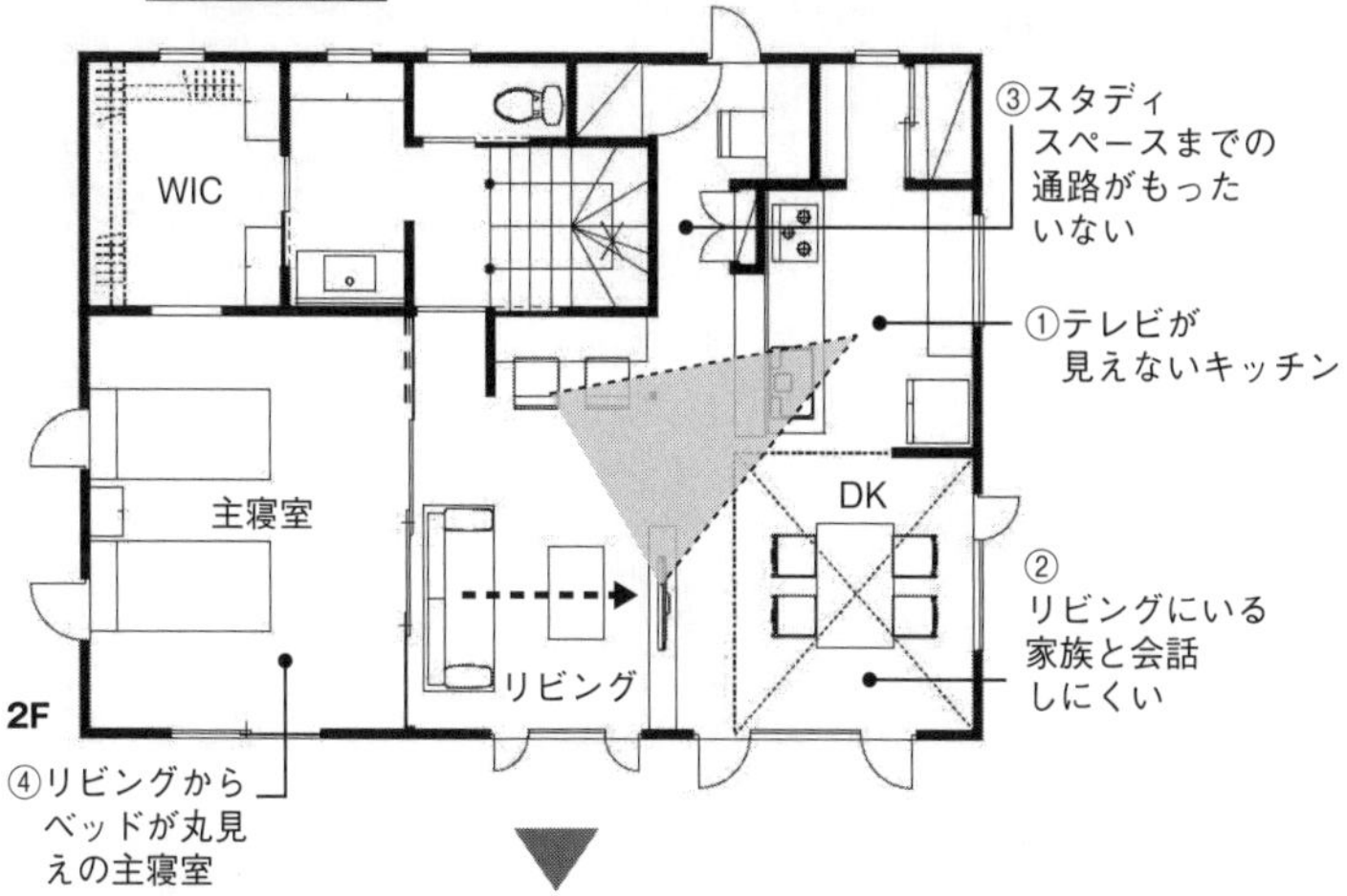
WIC
主寝室
リビング
DK
2F
③スタディスペースまでの通路がもったいない
①テレビが見えないキッチン
②リビングにいる家族と会話しにくい
④リビングからベッドが丸見えの主寝室

BestPlan!　**キッチンからリビング・寝室を見渡せる**

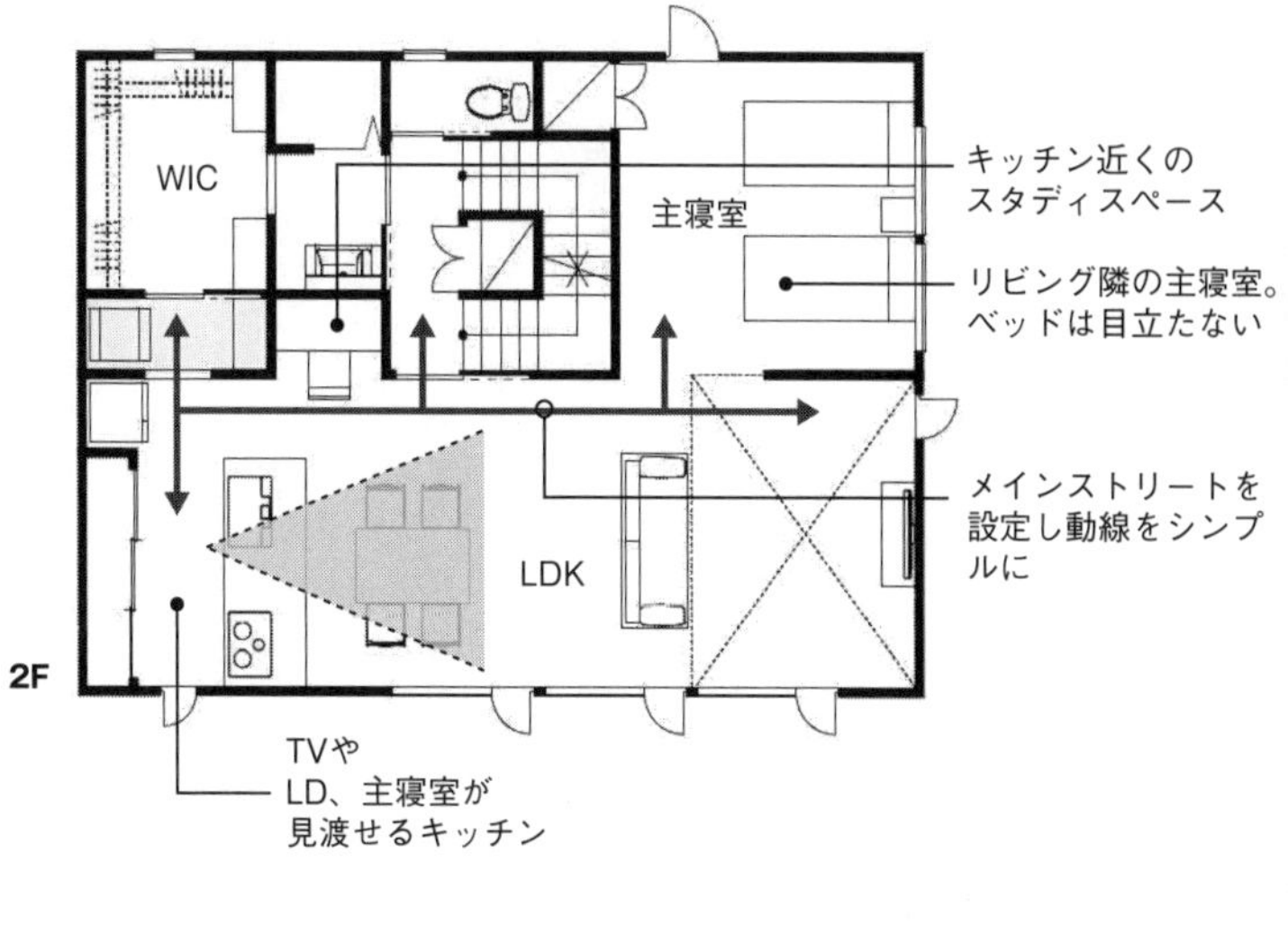
WIC
主寝室
LDK
2F
キッチン近くのスタディスペース
リビング隣の主寝室。ベッドは目立たない
メインストリートを設定し動線をシンプルに
TVやLD、主寝室が見渡せるキッチン

事例11　効率重視の間取りが生む口喧嘩

堺さん夫婦は、夫が医療関係者、妻が専業主婦で、第1子が生まれたばかりです。妻の妊娠をきっかけに、実家にある蔵を解体して2階建ての戸建て住宅を建てることにしました。

計画敷地の北側には実家があるので、日当たりを考慮する必要があり制約も多いのですが、気に入らない部分がない「効率的に優れている」と思われる間取りにすることができました。

玄関からは、リビングと水廻りの2方向にアクセス可能です。お客様はリビングに、家族は手洗いのために水廻りのドアを開きます。

買い物をしてきた場合は、ダイニングを経由してキッチンに行けます。

また1階にWICがあるため、洗濯動線もシンプルです。ドラム式洗濯機で乾燥させた洗濯物は、家事室で畳み・仕分けをして、隣にあるWICに収納します。

一見、とても効率的に見える間取りですが、子育て世代が暮らす上での問題が3つ隠れていました。

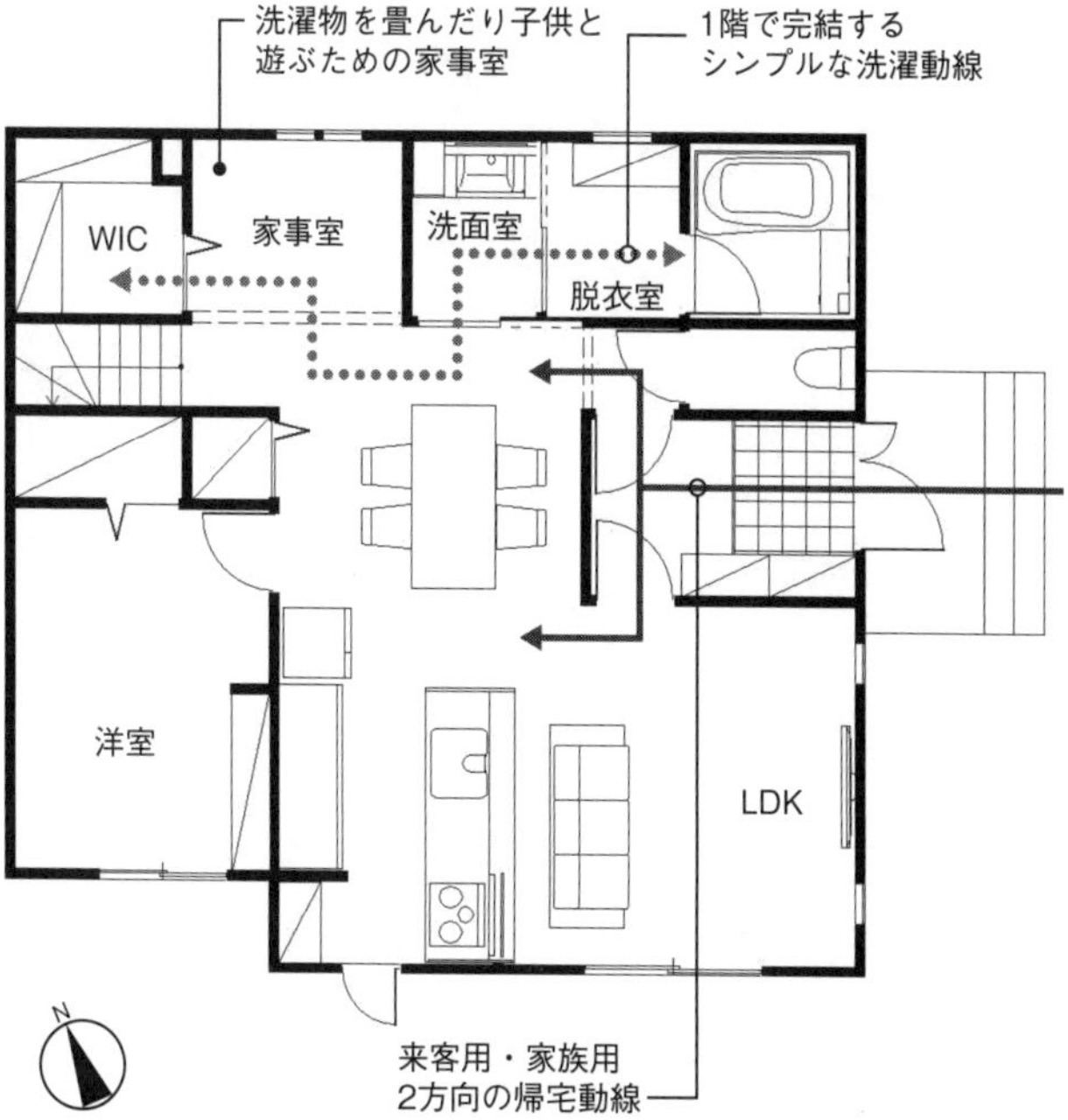

堺さんの家族構成

- 夫：医療関係（30代）、妻：専業主婦（30代）、長女（0）
- 家事分担：すべて妻が行う
- 洗濯方法：乾燥機付き洗濯機、室内干し
- 夫婦ともに、効率・合理性を大事にしている

✕ 小言が増える暗いダイニング

1つ目は、ダイニング廻りの通路幅が狭いことです。効率性を重視するあまり、ダイニングを通路として使っていますが、テーブルに家族が座っていると通りにくくなります。ダラッとリラックスして座っていると狭くなるので「邪魔だから、ちゃんと座ってよ！」「また椅子をしまってない！」など、普通の間取りなら起こらない小言が増えそうです。

2つ目は、ダイニングが暗いことです。南側の家との距離が狭いためリビングも日当たりが良いとは言えないのですが、家の中心付近にあるダイニング廻りはほとんど光が入りません。また眺望も悪いです。ダイニングに座った時に見えるのは、キッチンや洗面所のドア、階段だけで外の景色が見えません。お世辞にも「居心地の良いダイニング」とは言えません。

3つ目は、玄関が危ないことです。2つある開き戸は内開きなので同時に開いた場合、玄関にいる人にぶつかります。今後、40年住むと考えると、ドアの開閉数は軽く10万回を超えます。ドアを開ける度に「気を付ける」というのはストレスです。

このような理由から、東西に長いＬＤＫに改善しました。玄関から手洗いへの動線は長くなりましたが、明るく寛げるＬＤＫになったことを気に入ってもらえたようです。

効率的な動線は大事ですが、家族が安心して寛げるＬＤＫにすることが大前提です。

BadPoint!　**家族が邪魔になる暗いダイニング**

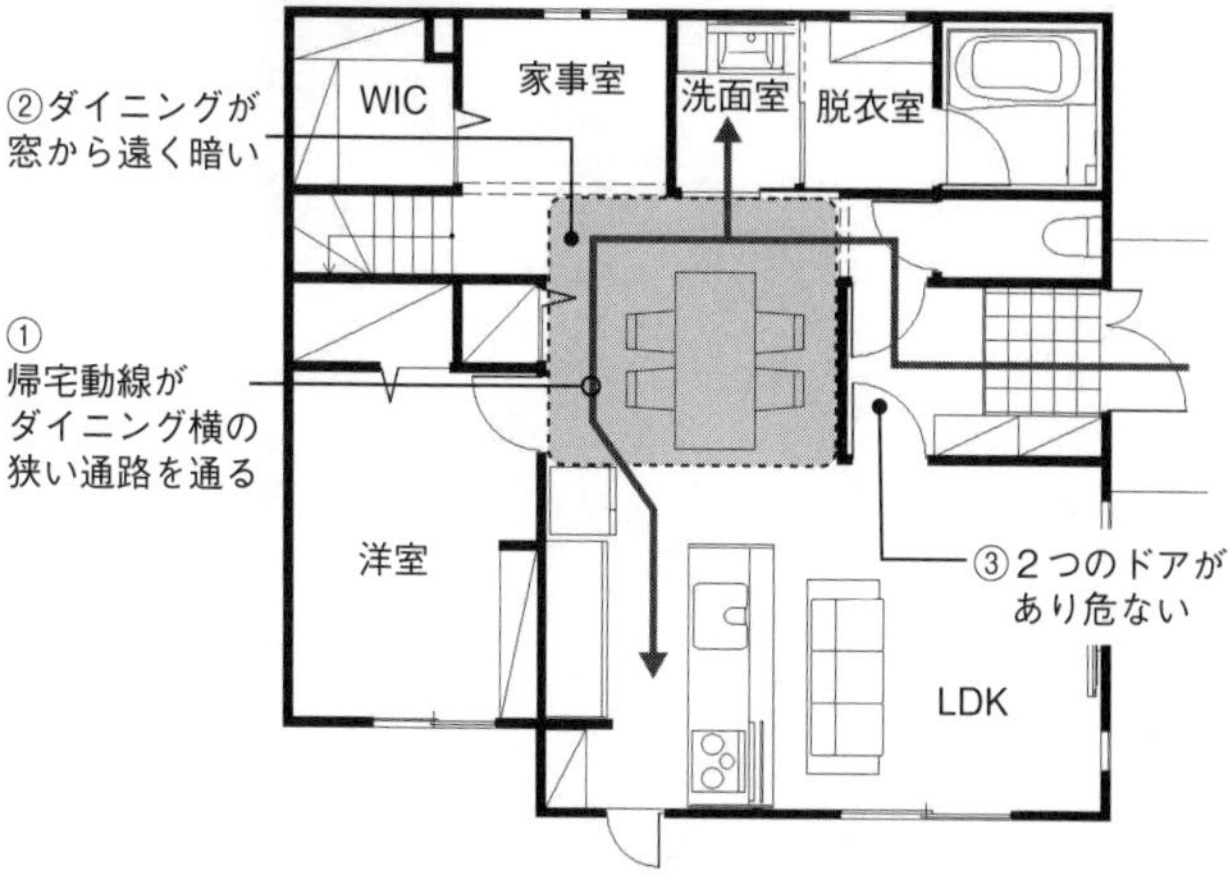

BestPlan!　**シンプルで短い帰宅動線と明るいLDK**

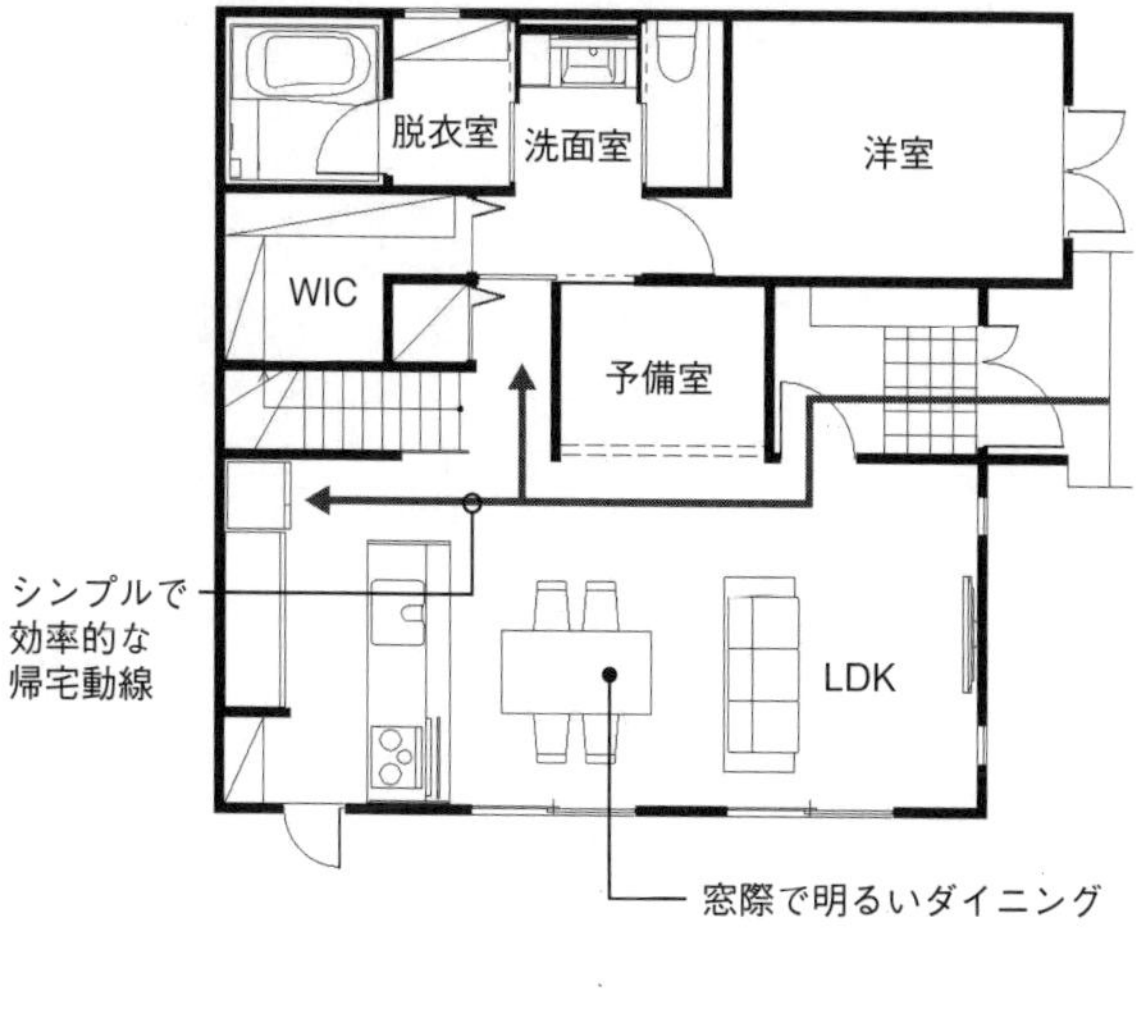

事例12　将来、揉めそう。広い子供部屋の分割

夫が会社員、妻が専業主婦の高橋さん夫婦には、男女3人の子供がいます。長男5歳、長女3歳で、次女は生まれたばかりです。

新居は、独自の換気システムを開発しテレビCMも行っている大手の住宅会社で計画中で、屋上や小屋裏収納のある2階建て住宅です。2階に浴室と脱衣室を配置し、洗濯がラクなようにルーフバルコニーや部屋干しスペースも確保しています。

きょうだいで仲良く遊んでほしいと思い、東側に12帖の大きな子供室を計画しました。当面は、主寝室で川の字で寝るので、子供室は、フリースペースとし、おもちゃなど子供関係の収納にも使います。子供だけで寝られるようになったら、3分割し、個室として利用します。

初めは大きく空間を確保し、思春期になったら分割する、というのは子供室の定番の手法です。この間取りの場合、ドアは、引き戸と引き違いで開口部が3つあることになるので、これなら部屋を3分割できそうです。

高橋さんとしては、細かい部分は、子供たちが相談して決めてくれればと考えていました。ただ、このままですと、将来、子供たちの間でどの部屋にするかで揉め事が起きそうです。何しろ、北側の部屋はベッドを置くことができないのですから。

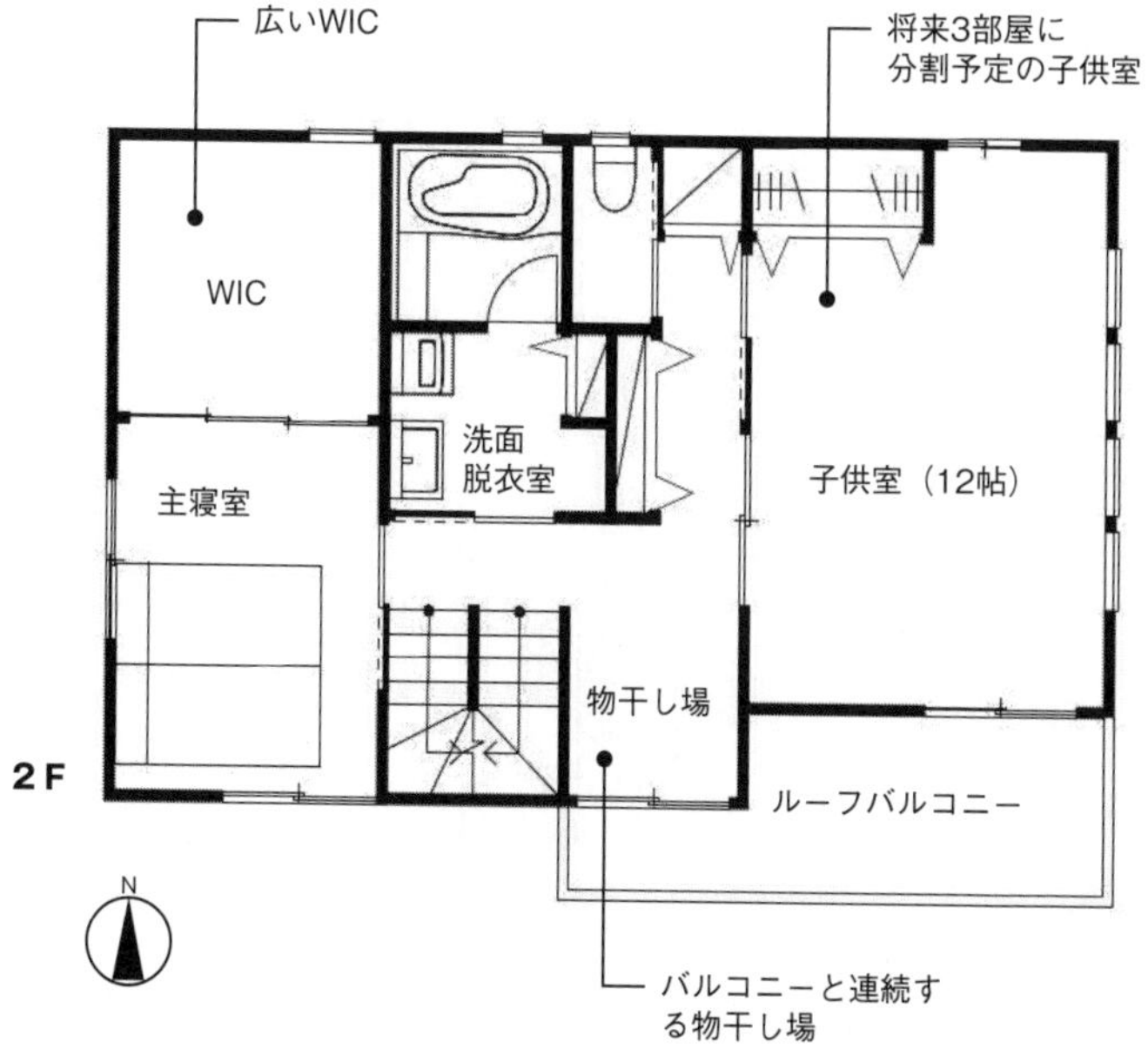

高橋さんの家族構成

■夫：会社員（30代）、妻：専業主婦（30代）、長男（5）、長女（3）、次女（0）

■家事分担：妻がすべて行う

■洗濯方法：外干し、室内干し

■子供部屋は将来、壁を設置して分割予定

✕ ベッドが置けない子供室

左ページ上図のように子供室を3分割すると、北側の部屋は収納が邪魔でベッドを置くことができません。また北側以外の部屋には、収納がないため、3分割時に新たに収納を作る必要がありました。

そのため、下図のように最初からベッドを配置できるように計画しました。勉強机を置くスペースはないので、下部に机が置けるロフトベッドを購入してもらうことにしています。

水廻りを変更しているため、北側と中央の部屋の入り口は1つですが、ベッド廻りはプライバシーを確保できます。

このように将来的に部屋を分割したいと考える場合には、**最初に分割時の壁や家具配置を検討の上、壁を取っ払うように計画するのが大事**です。また照明やスイッチも分割時に問題がないようにすべきですね。

広い部屋があると、なんでもできそうな気になりますが、最初から考えておかないと、「なぜこの位置に壁がある？　邪魔なんだけど！」ということになるので要注意です。

BadPoint!　**3分割しにくい子供室**

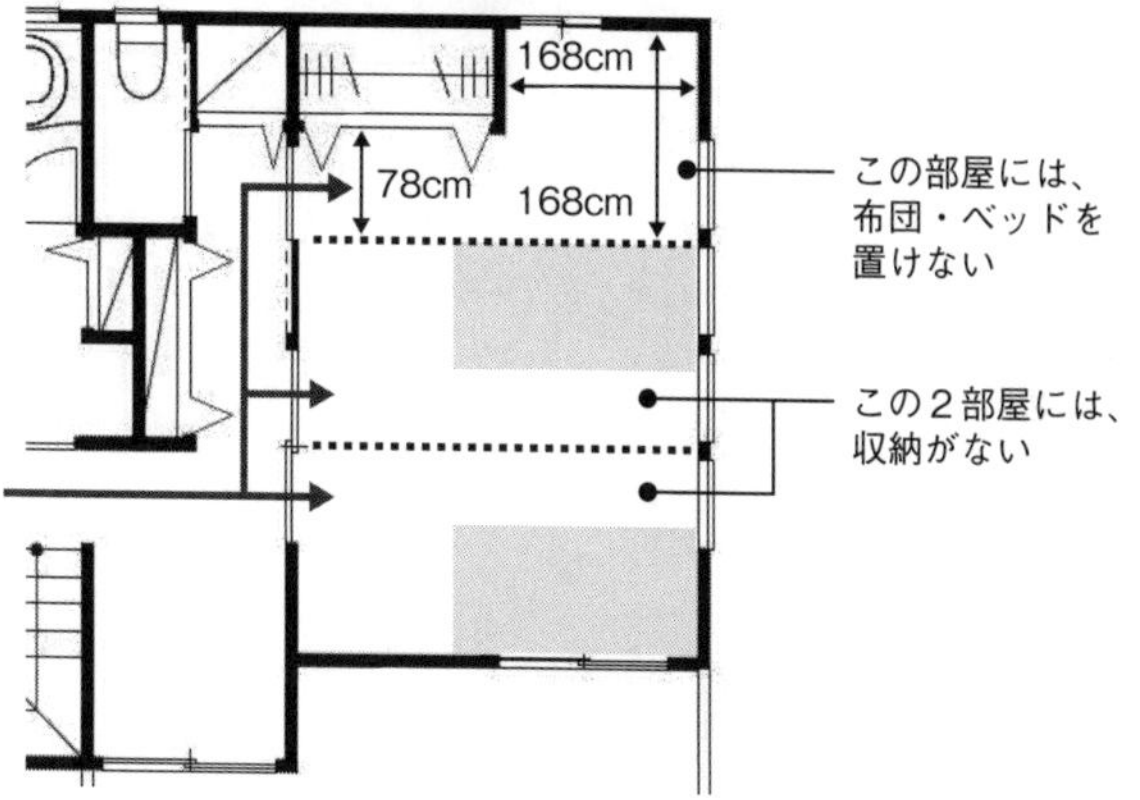
168cm
78cm
168cm
この部屋には、
布団・ベッドを
置けない
この２部屋には、
収納がない

BestPlan!　**3分割を想定して計画**

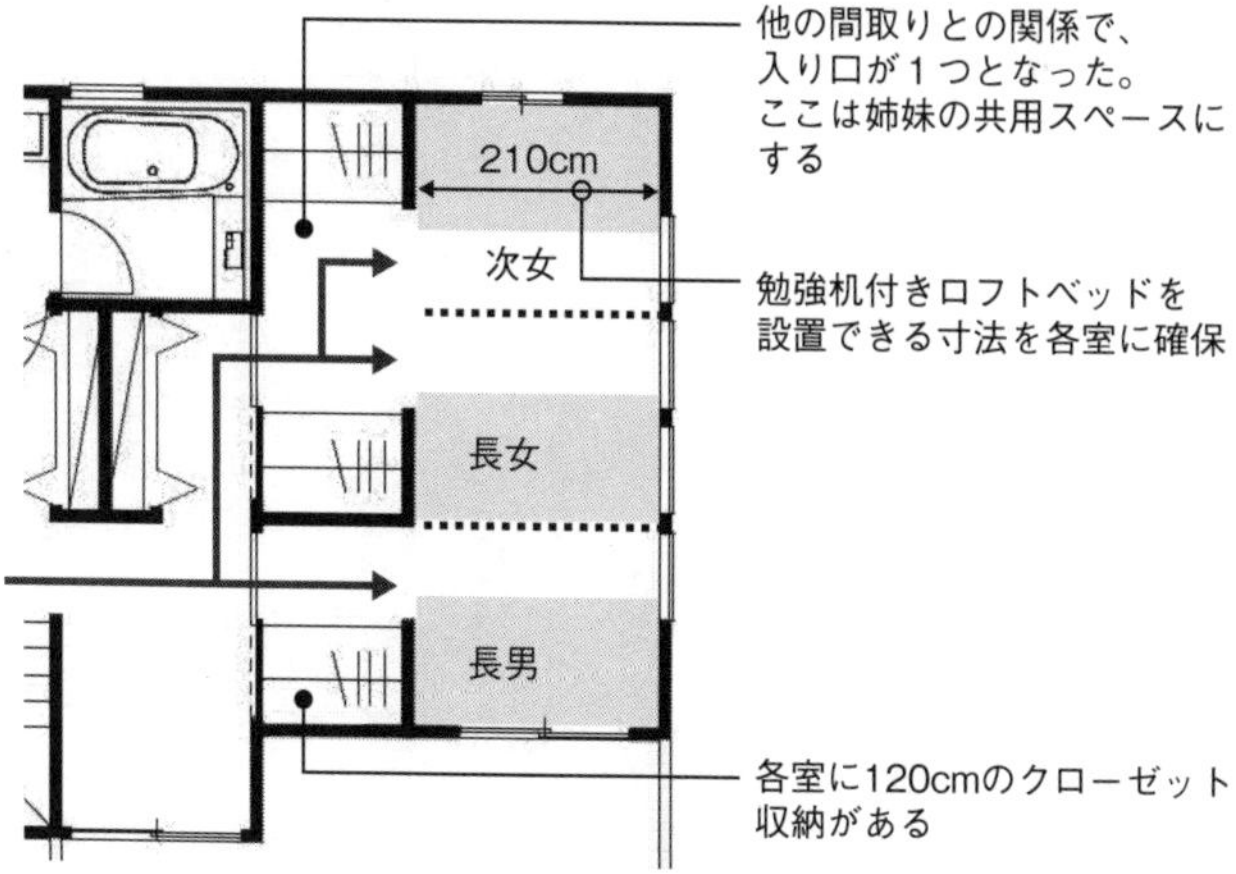
他の間取りとの関係で、
入り口が１つとなった。
ここは姉妹の共用スペースに
する
210cm
次女
勉強机付きロフトベッドを
設置できる寸法を各室に確保
長女
長男
各室に120cmのクローゼット
収納がある

リビング階段は引きこもり対策にはならない

ここからは、子育てと間取りについて、いくつか補足していきます。

引きこもりが社会問題として注目されていた時期、「子供が自室に引きこもらないためにリビング階段にしたい」と要望される方が結構いました。ただリビング階段が引きこもりを防ぐために役立つというエビデンスは何もありません。

リビング階段とは、言葉通りリビングに階段を配置した間取りのことで、子供が帰宅時に親に顔を見せたり、挨拶をしやすくなるメリットがあります。それによって挨拶ができる子供に育ち、親子関係も良好になるので、引きこもりにならない、という図式です。

ただ少し考えればわかることですが、親との会話は帰宅時だけ交わすものではなく、食事中やリビングでテレビを見ている時のほうがずっと多いです。

また挨拶は、リビング階段でなくても帰宅時に「ただいま」、出宅時には「行ってきます」と言えばいいだけですし、そもそも共働き世帯の場合、子供が帰宅する時間に親がいないことも多いです。

家族の出入りをリビングから認識できることは重要ですが、必ずしもリビング階段である必要はありません。

家で子供の能力は伸ばせない

「子育てしやすい間取りにしたい」という言葉には、「親が育児をしやすい」という以外に、「子供の能力を伸ばしたい」「引きこもりになってほしくない」といった子供の才能や性格等に対する良い影響やリスク回避への期待も含まれていると思います。

確かに「子供を親が期待する才能・性格にできる間取り」が実現できるなら凄いことですが、残念ながらそのようなものはありません。有名大学に合格した子供の家を紹介した本はありますが、これは成功例だけを集めた再現性が限定されるものといえます。

それだけでなく、子育て自体も子供の「認知能力・性格・才能・発達障害」への影響があまりないことが、一卵性双生児の研究によって明らかになっています。

安藤寿康氏の著書『遺伝マインド』によると私たちがどのような人間になるかは、遺伝と家庭環境（共有環境・家や子育て）、家庭外環境（非共有環境・学校や塾、友達）で決まるそうですが、この３つの中で**最も子供への影響が少ないのが**「**家庭環境**」です。

つまり親が「子供の将来」のためにできることは、居住地域・学校・塾といった家庭外環境を整えることくらい、ということのようです。

建築関係者としては、残念な事実ですが、「子供の将来を良くするための子育て」という視点では、家自体にお金をかけてもあまり意味がないことがわかります。

「親（私たち）が機嫌よく過ごせる」間取りにする

「家や子育て（共有環境）が子供の能力にあまり影響を与えない」という事実は、成人した子供がいる親には思い当たる節があると思います。

生まれた時は、「とにかく元気に育ってくれればよい」と思っていたにもかかわらず、子供の成長に合わせて、親も欲張りになって期待値も上がります。子供がその期待値を超えることができればいいですが、そうでない場合も多いです（期待通りになることのほうが少ないかもしれません）。

子供がどのような人間になるかは、子育てや間取り（共有環境）ではコントロールできませんが、「親自身が機嫌よく子育てできる」ように工夫することはできます。

「親が機嫌よく」と書くと、子供はどうでもいいのか、と思われるかもしれませんが、まだ自立できず選択肢が少ない子供にとって親の機嫌は超重要です。

また余裕がなく、いつも不機嫌な親よりは、機嫌よく接してくれるほうが子供にとってはありがたいはずです。**親が不機嫌なことほど、子供にとって迷惑なことはありません。**

子供たちに「楽しく快適な子供時代」を提供したいのなら、親（私たち）がいつもゴキゲンに暮らせる間取りにしていきましょう。

事例08

間取り診断チャレンジの模範解答と解説②

事例08（石井さん）のヒントは「内玄関」「帰宅動線」「予備室」「吹き抜け」「トイレ」でしたが、見つかったでしょうか？　早速、5つの暮らしにくさについて解説します。

①　内玄関が狭くて使いにくい

内玄関としてのシューズクロークを通る帰宅動線ですが、玄関幅が80㎝程度と狭いので靴の脱ぎ履きがしにくいです。また事例01でも解説したように、並んだ靴を蹴飛ばす横方向からの動線になってしまうのも問題です。石井さん自身は内玄関を希望していないので、改善案では中止して、一間幅の玄関にしています。

②　複雑で長い帰宅動線

帰宅した家族は、シューズクロークで靴を脱ぎトイレ横の手洗いで手を洗い、ホールに戻ってからリビングに入るというかなり遠回りをすることになります。この動線、遠いだけでなく、家族の帰宅もわかりにくいです。家族がリビングに入ってくれればいいですが、そのまま2階に上がってしまった場合には、キッチンから誰が帰宅したのかを認識できません。

改善案ではリビング階段を採用することで、家族の出入りがわかるようにしています。

③　特等席にある予備室

モッタイナイ！　という印象を受けるのが、予備室の位置です。南東の明るい位置に配置されていますが、家族が集まるリビングには、南面開口は部屋の角に一間の掃き出し窓（1・6m×2・0m）しかありません。一間の掃き出し窓は、26帖のLDKにしては小さいです。

またダイニングキッチンは北東側にあって朝日は入りませんので、朝食時は暗いため照明を点けなければなりません。このようになるのは、部屋ごとの優先順位が明確ではないからです。通常は、玄関や予備室よりLDKのほうが日当たりの優先順位が高いので、改善案では、南側に東西に長くLDKを配置して、玄関と予備室は北側にしました。

④　日射取得できず開放感の効果も少ない吹き抜け

北側の吹き抜けがあることで、2階の様子がわかったり、「ごはんできたよ！」という声掛けはしやすいですが、冬場の直射日光を入れることは期待できません。またデザインとしても、ダイニングの端なのでLDK全体の開放感をアップさせるような効果は限定的です。

BadPoint!　**帰宅動線が長い・LDKの日当たりが悪い**

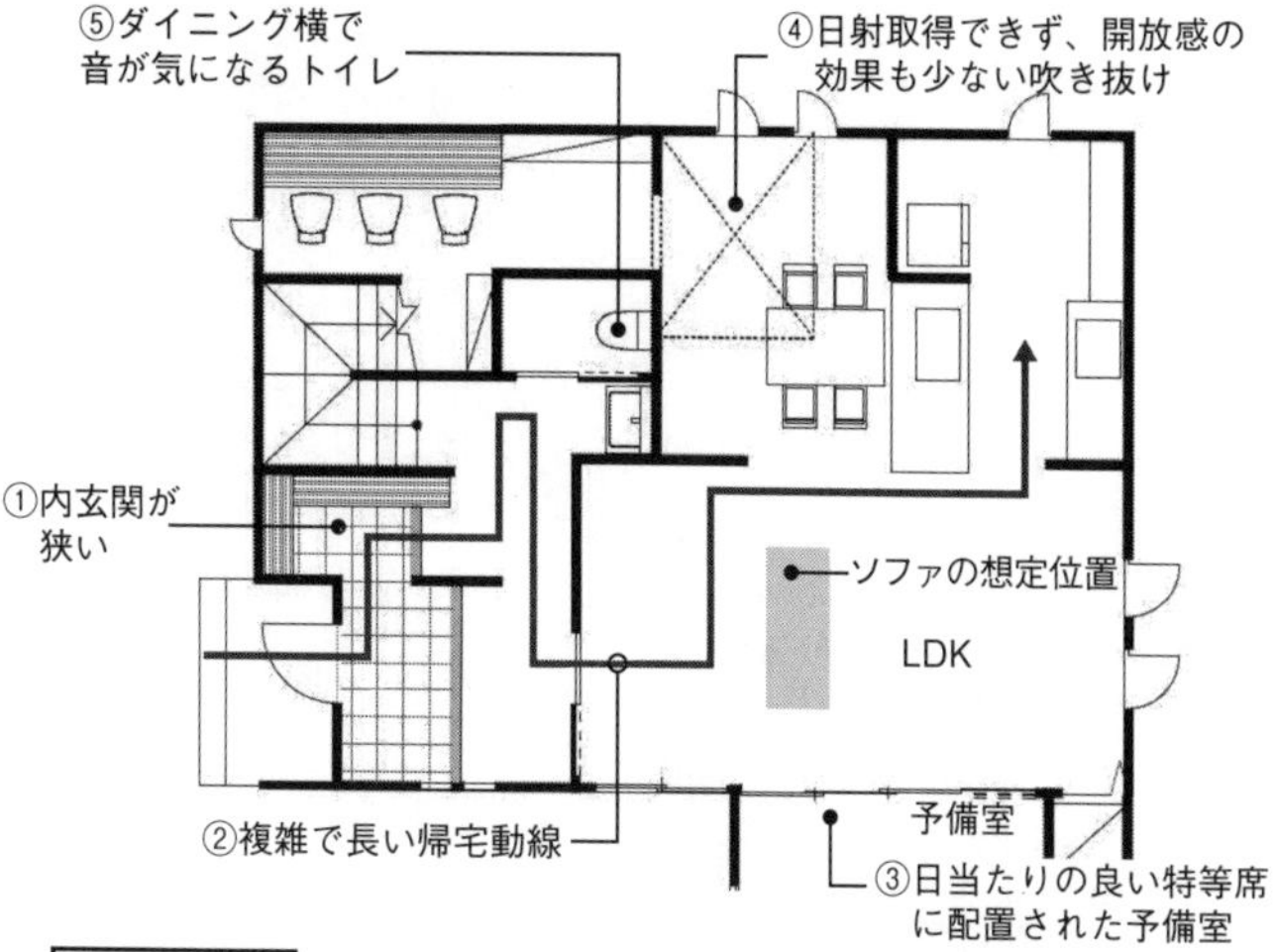
⑤ダイニング横で
音が気になるトイレ
④日射取得できず、開放感の
効果も少ない吹き抜け
①内玄関が
狭い
ソファの想定位置
LDK
予備室
②複雑で長い帰宅動線
③日当たりの良い特等席
に配置された予備室

BestPlan!　**合理的な帰宅動線・明るいLDK**

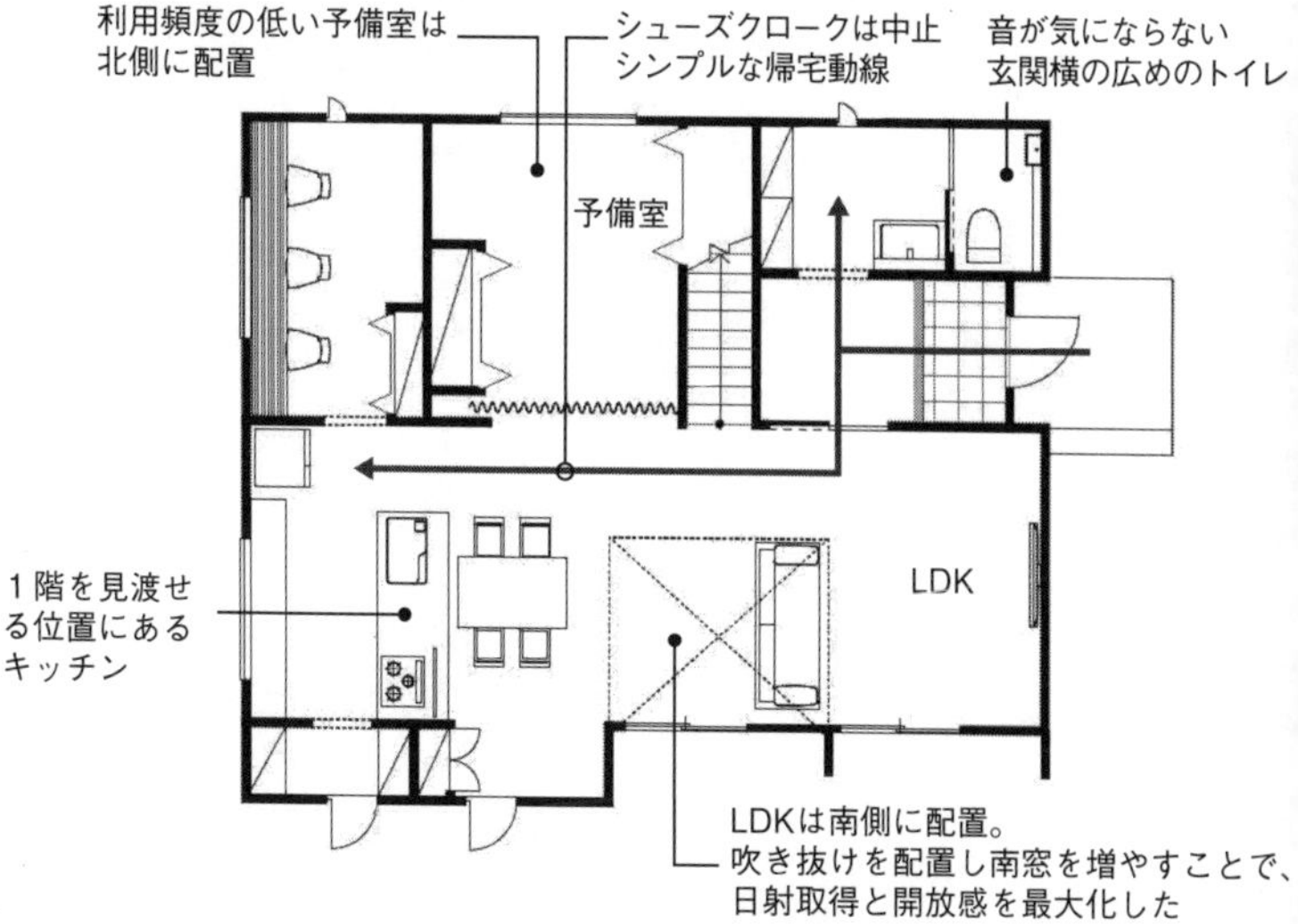
利用頻度の低い予備室は
北側に配置
シューズクロークは中止
シンプルな帰宅動線
音が気にならない
玄関横の広めのトイレ
予備室
１階を見渡せ
る位置にある
キッチン
LDK
LDKは南側に配置。
吹き抜けを配置し南窓を増やすことで、
日射取得と開放感を最大化した

改善案では、南側に吹き抜けを設置し、冬期でも一日中、太陽光がリビングに入るようにしています。またリビング中央なので部屋全体の開放感にも寄与しています。

⑤　トイレがダイニングに近い

1階のトイレは、玄関脇にあって独立していますが、スタディスペースとダイニングに接する形なので、使用中の音が気になるかもしれません。壁を遮音にすることでも解決できますが、改善案では、他の部屋から離れた、音が気にならない位置にしました。

ここまで子育てと間取りについて話しましたが、次章のテーマはズバリ「夫婦関係と間取り」です。いくら家事ラクで快適に子育てできても、夫婦円満でなければ（多くの人にとって）理想の暮らしとは言えないでしょう。

どこに「夫婦生活のしにくさ」があるのか、どうすれば改善できるのか、について詳しく解説していきます。

第5章　セックスレスになる間取り

この家のどこでセックスするの？

大学2年生時の住宅設計の授業での会話です。非常勤講師の（当時の）若手建築家が学生の戸建て住宅のプレゼンを見て質問しました。

「この家の夫婦はどこでセックスするの？」

学生が考えたのは、どの部屋に行くにも、夫婦の寝室を通らなければならない、という間取りでした。つまり、子供や同居の母親など他の家族がトイレやリビングに行く時、夫妻の寝室を通らなければならないので、気になってセックスなんかできないではないか、という指摘です。この言葉、21歳の私には衝撃的でした。

当時、建築学科で学んでいたのは、光の入り方や空間の見え方、コンセプトの作り方や新しい家族像を考え直すといった概念的なことばかりでした。

家族で食卓を囲んだり、洗濯物を畳んだり、夫婦で愛し合ったりといった「家族がどのように暮らすのか？」という住宅設計の本質を、それまでの授業では誰も教えてくれなかったのです。

そのため、その言葉を聞いて、「プロの建築家はすごい！」と思ったものです。

卒業後、一級建築士として設計経験を積んだ私は、家づくりコンサルタントという立場でハウスメーカーや工務店、建築家の間取りを診断するようになりました。すると今度は私自身がこのセリフを言うことになりました。


「この家の夫婦はどこでセックスするの？」


さすがに夫婦の寝室を通らないと他の部屋に行けない、という家はありませんが、主寝室のプライバシーが守られていない間取りは多くみられます。学生の時は、「プロの建築家はすごい！」と思ったものですが、そこまで暮らしを考えてくれる建築家や設計者は少ないのが現状のようです。

ただ「(子作りも含めた）子育て」のために家を建てる夫婦が多いことを考えると、家事動線や子育てと同様に「夫婦の営み」についても住宅設計では考えるべきです。

本章では、間取りが原因で「セックスレス」になりやすいポイントと改善案を解説していきます。

事例13 気配がわかるのは素晴らしいけれど

三男が生まれたことをきっかけに、安部さん夫婦は同じ市内で土地購入の上、平屋戸建てを建てることにしました。知り合いが勤務する工務店が「自由度の高い高気密高断熱住宅を建てられる」と聞き、その会社に依頼することにします。

南側に計画された庭をL字形に囲む計画で、LDKの日当たりが良さそうです。またダイニングキッチンを中心とした回遊動線が採用されており、水廻りへの動線も良いですね。

子供3人に対して、子供室は2室ですが、長男と三男は12歳の年齢差があるので、三男に個室が必要となる頃には、長男は就職・独立して部屋を空けてもらう予定です。

長男がいるうちは、和室を三男の部屋として利用します。

全体的によく考えられた間取りに見えますが、大きな問題が4つありました。

✕ 音が気になり安心してできない

1つ目は、主寝室と子供室の配置です。南側の日当たりの良い位置に主寝室がありますが、壁一枚を挟んで北側に子供室が隣接しています。2018年に「家でセックスしにくい理由」について弊社メルマガ会員向けにアンケート調査を行いましたが、理由の第2位が「子供部屋が夫婦の寝室の隣」でした（第1位は「子供と川の字で寝ている」）。

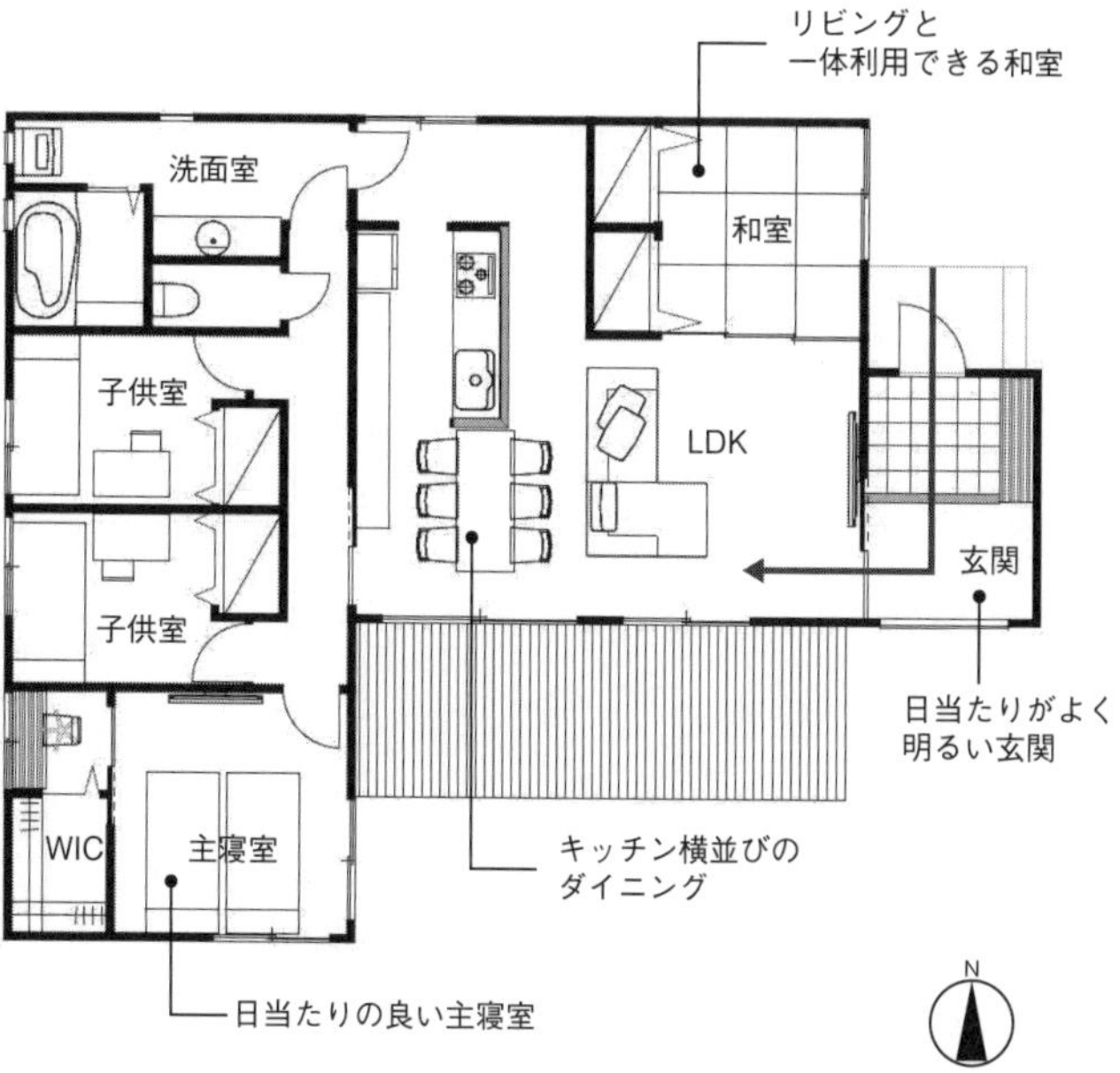

安部さんの家族構成

■夫：公務員（30代）、妻：会社員（30代）、長男（12）、次男（7）、三男（0）

■家事分担：妻は料理・掃除、夫は洗濯

■洗濯方法：乾燥機付き洗濯機、室内干し

■三男の部屋は、長男が家を出た後の洋室を利用する

また、子供室とドアが近いのも問題です。24時間換気のため、ドアと床との間に15㎜程度の隙間があるのですが、これは10㎝角と同程度の面積のため、音漏れが気になります。

2つ目は、水廻りへの動線です。シャワーを浴びる場合、子供室の前の長い廊下を通りますが、子供が起き出したらどうしようと考えて心理的なハードルが上がります。

3つ目は、和室が北側にあることです。当面、三男の部屋として使う予定のため日当たりは必要です。逆に日当たりが必要ない玄関が南東の角になっています。

4つ目は、玄関と洗面室が遠く、帰宅後、すぐに手洗いしにくいことです。


これらの問題を解決するために、改善案では子供室2部屋を2階に移動しました。最初、安部さんは平屋希望でしたが、子供室以外は1階で完結できるので主寝室のプライバシーを優先させ、主寝室から水廻りへの動線も短くなりました。

2階に上がった子供室は日当たりと眺望を確保、建築面積も減ったので敷地にも余裕があります。日当たりが不要な玄関は北側に配置、和室を南に移動することで日当たりを確保し、リビングと一体的に利用できるようにしています。

そして玄関が北東に配置されたため、手洗い動線も改善しました。子供の帰宅動線中に洗面室があるため、手洗いを習慣化しやすいのも利点です。

BadPoint!　**主寝室の音が子供室に筒抜け**

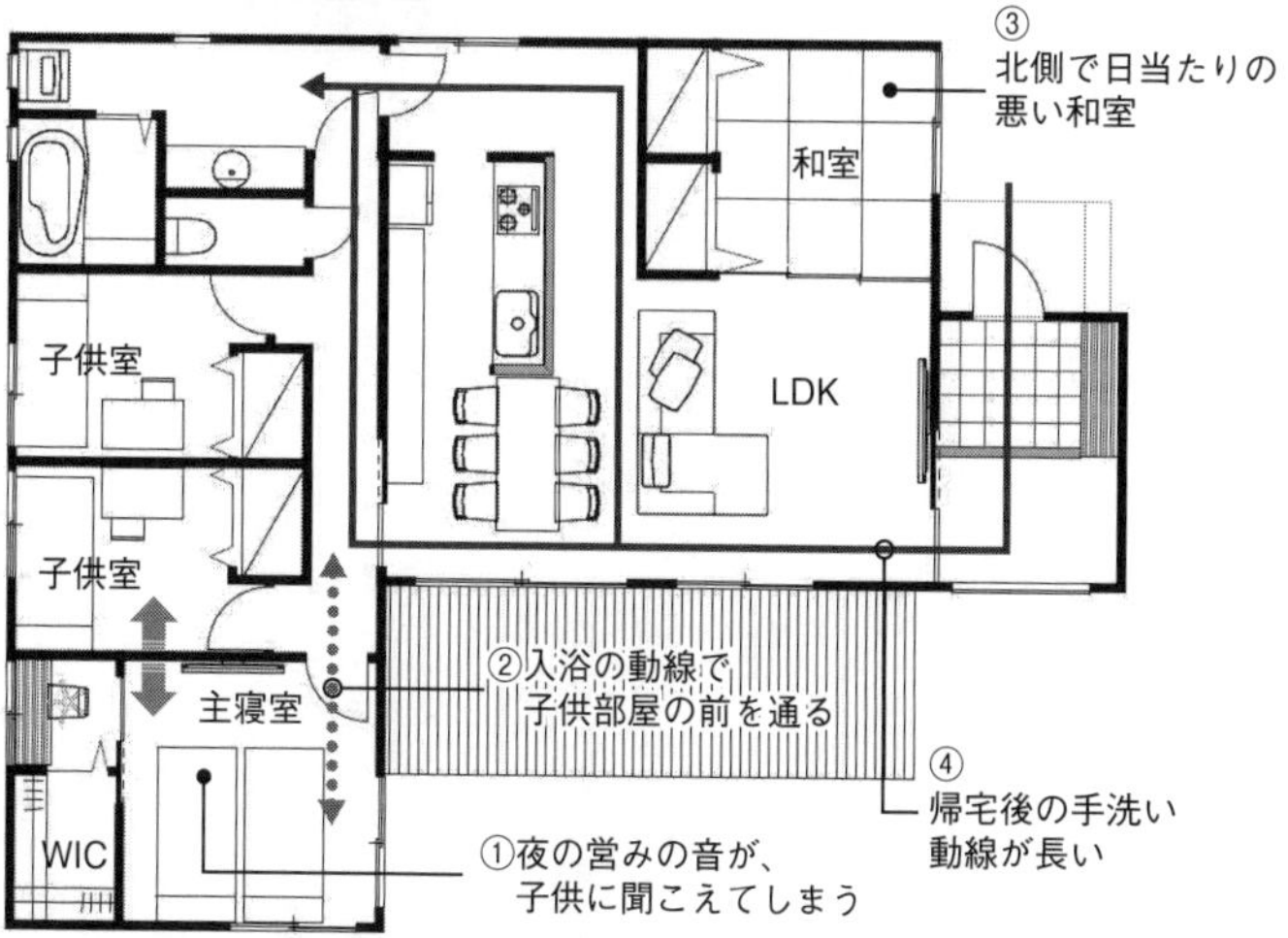
和室
LDK
子供室
子供室
主寝室
WIC
③
北側で日当たりの
悪い和室
②入浴の動線で
子供部屋の前を通る
④
帰宅後の手洗い
動線が長い
①夜の営みの音が、
子供に聞こえてしまう

BestPlan!　**子供室だけ2階にして主寝室を快適に**

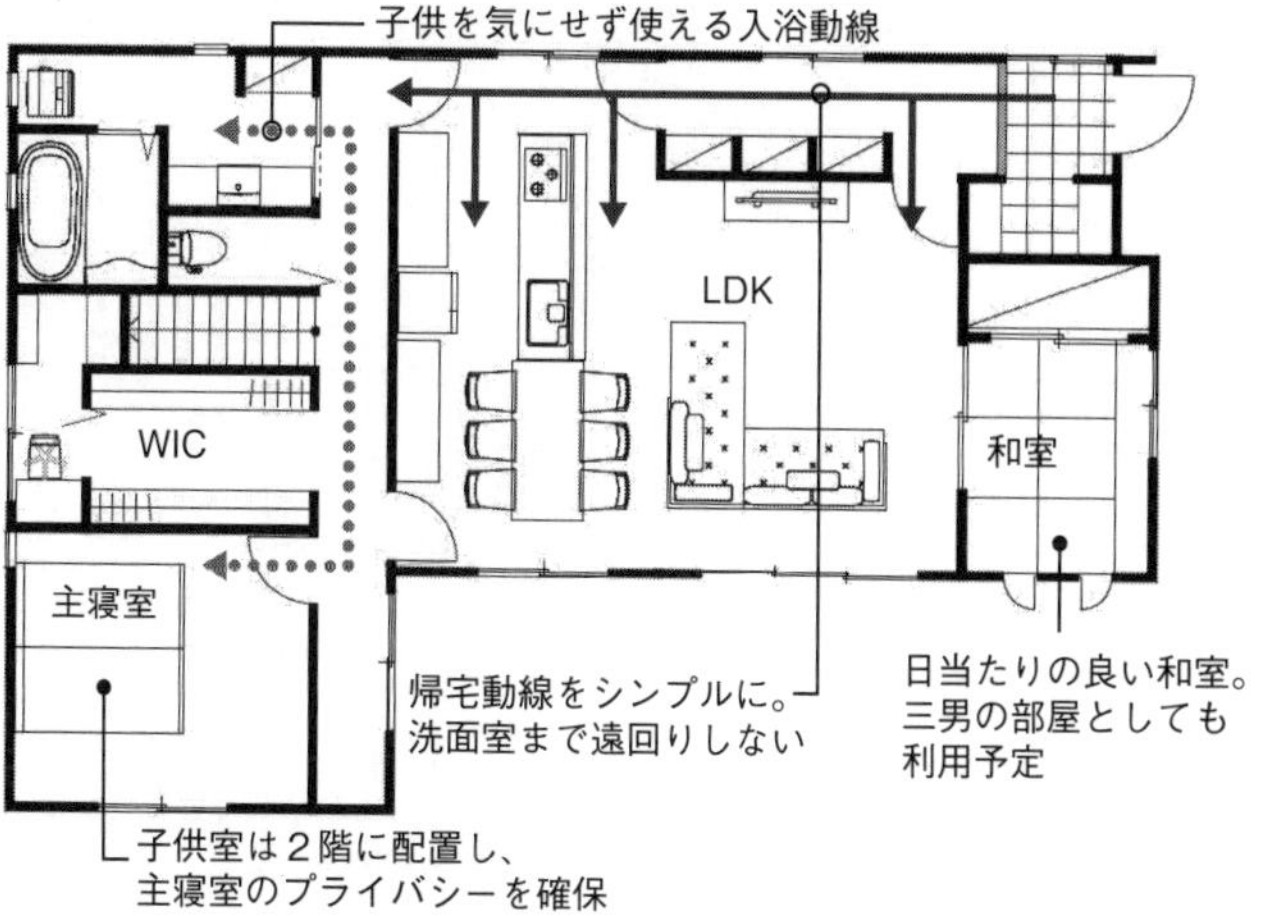
子供を気にせず使える入浴動線
LDK
WIC
和室
主寝室
帰宅動線をシンプルに。
洗面室まで遠回りしない
日当たりの良い和室。
三男の部屋としても
利用予定
子供室は2階に配置し、
主寝室のプライバシーを確保

事例14 完璧な主寝室。1点を除いては

吉川さん夫婦は、両親・祖母との二世帯住宅を計画しています。1階が親世帯、2階が子世帯で玄関・水廻りも分離した完全二世帯住宅です。

夫が会社員、妻が看護師の共働きで子供は2人欲しいので、家事時短を意識した間取りを希望しています。

また2階の生活音が1階に響かないように床に遮音マットを施工して、水廻りの位置も1・2階で揃えました。

さらに2階の子供部屋と主寝室は位置を離してプライバシーを確保しています。リビングから子供室が近いので、リビングでの勉強や片付け、学校の準備もしやすいです。

子育て夫婦のプライバシーにも配慮した完璧な間取りに見えますが、1点、大きな問題がありました。

親世帯　1F　　**子世帯　2F**

吉川さん（子世帯）の家族構成

■夫：会社員（30代）、妻：看護師（30代）、
　長女（0）

■家事分担：妻がすべて行う

■洗濯方法：室内干し

■子供はもう1人欲しい

✕あの時に親の顔が浮かびそう

それは、1階親世帯の主寝室の上に、2階子世帯の主寝室があることです。親世帯と子世帯の夫妻のプライバシーを考えると、ある程度の遮音性能は期待できるとはいえ、木造床だけで区画されているのは、心もとない印象があります。

特に夫婦の営みは静まった夜に行われる場合が多いですし、音がどれだけ伝わっているのか（遮音されているか）を、自分たちでは確認できないのも不安です。

仮に完璧に遮音できていたとしても、両親の寝室の真上で、夫婦で愛し合うというのは、あまり良い気分ではありません。少なくとも私の場合は気持ちが萎《な》えます。

そんなことを気にするのは私だけかと思いましたが、吉川さんに確認すると「それは気になります！」という返事でしたので、2階の子供部屋と主寝室を入れ替えました。

二世帯住宅の夫婦寝室間の音問題は、子供部屋とのプライバシー以上に気を付ける必要があります。親世帯（両親）が性的にアクティブであるにもかかわらず、子世帯（若夫婦）が気になってできない、という状況もあり得ます。

それぞれが快適に過ごせるように大人の部屋間のプライバシーは守られるように配慮が必要です。

BadPoint!　**両親が気になって営めない主寝室**

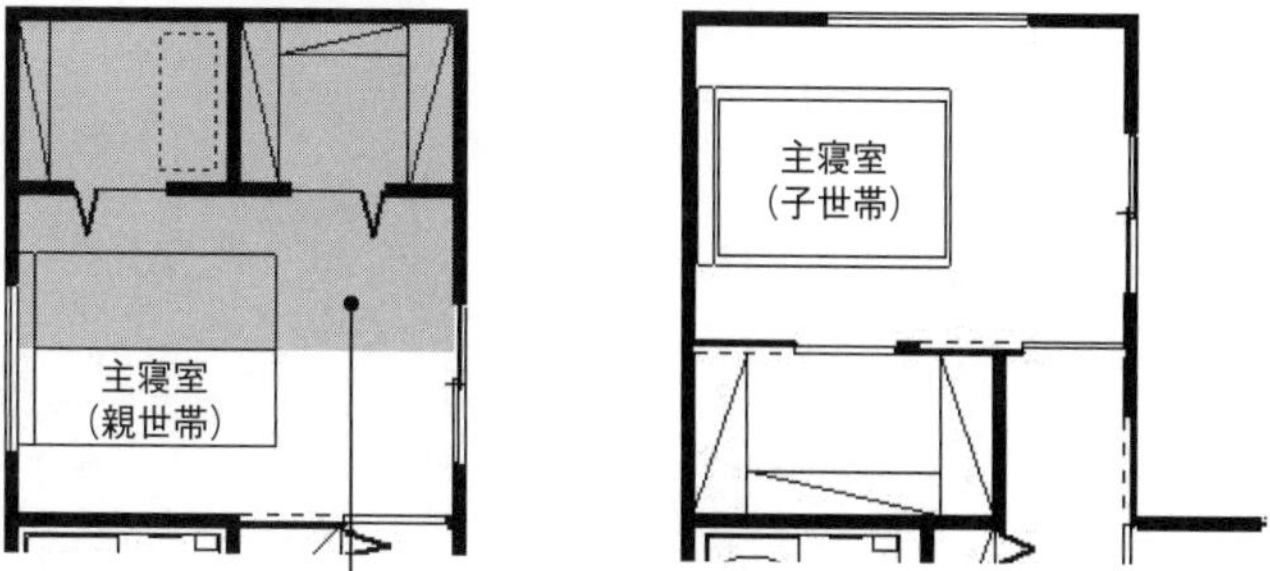

親世帯 1F　　**子世帯 2F**

２階　主寝室の位置。
階下の両親が気になって、子世帯の
夫婦は夜の営みがしにくい

▼

BestPlan!　**子世帯主寝室を玄関上に配置**

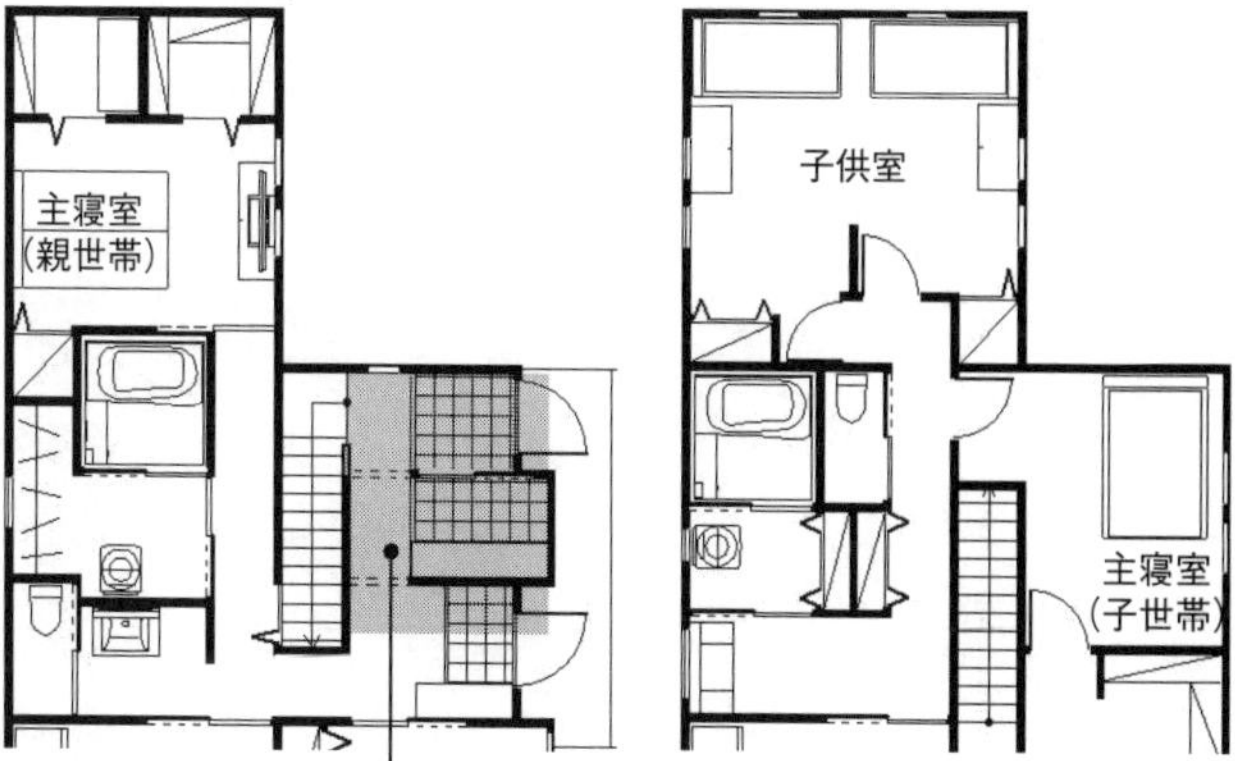

親世帯 1F　　**子世帯 2F**

階下が玄関のため、
音が気にならない

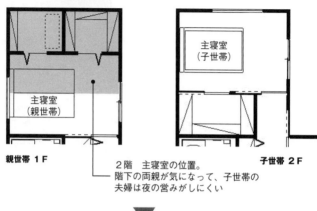

事例15　理想的な平屋ですが、夜のアレに気を使います

夫婦で公務員の荻野さんは、自由に犬を飼いたいという理由で4ＬＤＫの平屋を計画しています。ＬＤＫを中心にして、主寝室は玄関と水廻り近くに配置、子供室はリビングを通るように計画されているので、ＬＤＫから家族の出入りがすぐにわかります。

リビングの南西側には大きなウッドデッキがあり、子供や犬と遊べるようになっています。共に20代でまだ子供はいませんが、将来は2人子供が欲しいと考えています。

主寝室のプライバシーも完全に守られていますし浴室も近いので、営みの前後での入浴も気兼ねなくできそうです。

少なくとも「セックスレスになる間取り」には見えないですが、1点、夫婦の就寝に関して大きな問題がありました。

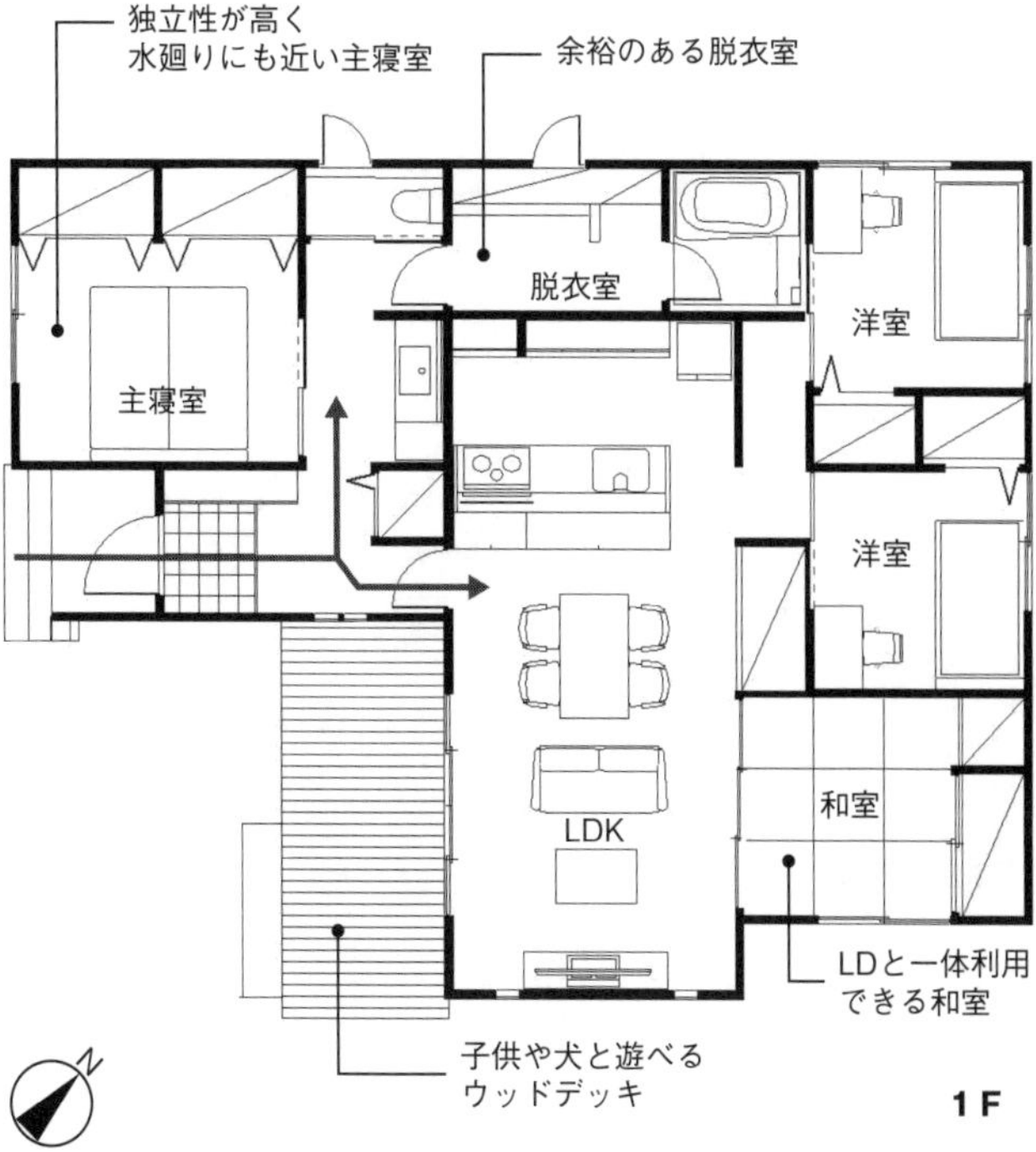

荻野さんの家族構成

■夫：公務員（20代)、妻：公務員（20代)

■家事分担：家計は妻、それ以外は夫婦で行う

■洗濯方法：室内干し

■将来、子供は2人欲しい

✕ 引き戸の開閉で睡眠を邪魔される

それは、主寝室の引き戸の位置です。

主寝室の入り口は玄関近くに計画されています。夫婦共に部屋着に着替える習慣があるため、帰宅後、手を洗ってからすぐに主寝室に入れることを考えての配置のようです。

ただこのドア位置の場合、左側のベッドを使う人が部屋を出入りする度に右側で就寝中の人を起こしてしまう可能性があります。荻野さん夫妻はまだ20代なので就寝中にトイレに行くということは少ないかもしれませんが、夫婦で起床・就寝時間が違うので、お互い気を使いそうです。睡眠の質は、性欲も含め心身に影響しますし、場合によっては喧嘩の種になる可能性もあります。またキッチンと水廻りを結ぶ動線が若干、遠回りなのも気になります。

改善案では、主寝室の引き戸を北側に移動することで、部屋の出入りが就寝に与える影響を最小限にしました。トイレや水廻りへの動線も最短になっています。

また洗面化粧台の位置を寝室側に移動することで、キッチンから直接、廊下に出られるようにしました。

この動線があることによって、玄関からキッチンへの買い物搬入動線が最短になり、洗濯しながら料理するというふうに同時並行で家事をすることも楽になっています。

BadPoint!　**ドアの開閉で睡眠の質が落ちてしまう**

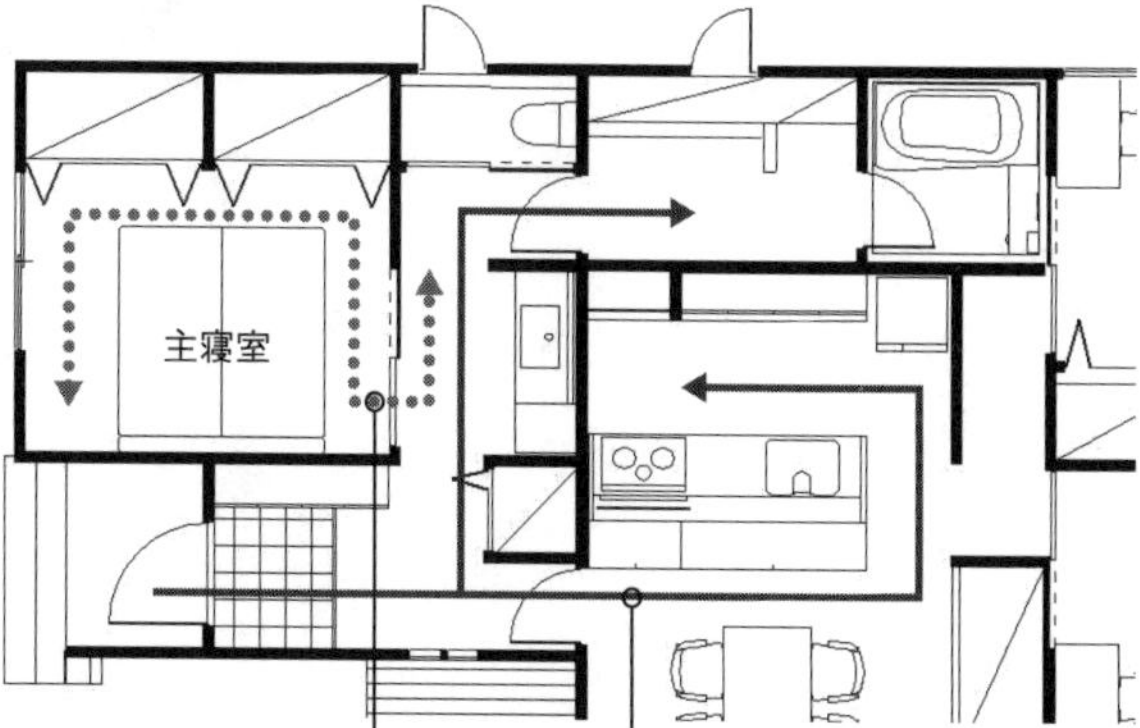

①ドアの開閉で枕元に
音や光、冷気が入るため
睡眠の質に影響する

②キッチンと水廻りが離れている。
帰宅動線も若干、遠回り

▼

BestPlan!　**出入りの影響が減り、帰宅・家事動線も効率化**

引き戸を移動して、
ベッドへの動線を
足元に設定した

廊下から直接キッチンに入れる。
水廻りへの動線も短くなり、
家事時短に

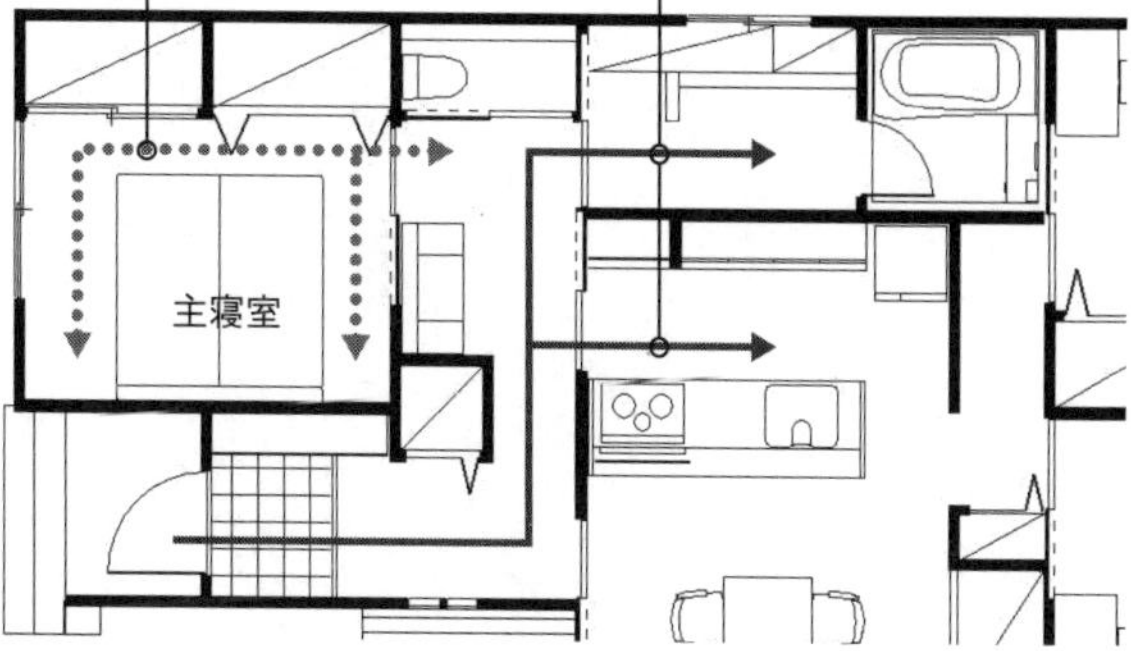

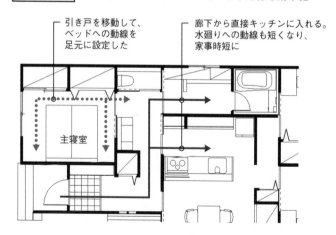

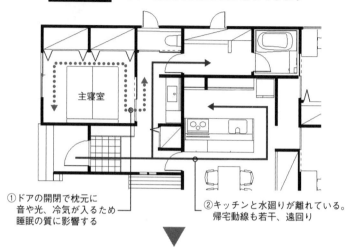

事例16　二人を楽しむために足りないもの

夫がＩＴ企業で働く中村さん夫婦は、別荘地に犬と静かに暮らせるガレージ付きの平屋を建てることにしました。寂しがり屋の犬のために、どこにいても人と犬が見えることが家づくりのこだわりです。

３００坪以上の敷地面積がありり南側には雑木林が広がっているので、南面に大きく窓を配置しています。インナーガレージからキッチンに直接、荷物を搬入できることや脱衣室とウォークインクローゼットが近く洗濯動線が良いのもポイントです。

敷地条件を活かして、どの部屋からも庭が眺められるように計画されているので、人にも犬にも快適そうな家です。

こんなに恵まれた環境であれば、夫婦仲良く暮らせそうですが、ある事をしている時に庭を眺めることができないのが気になりました。

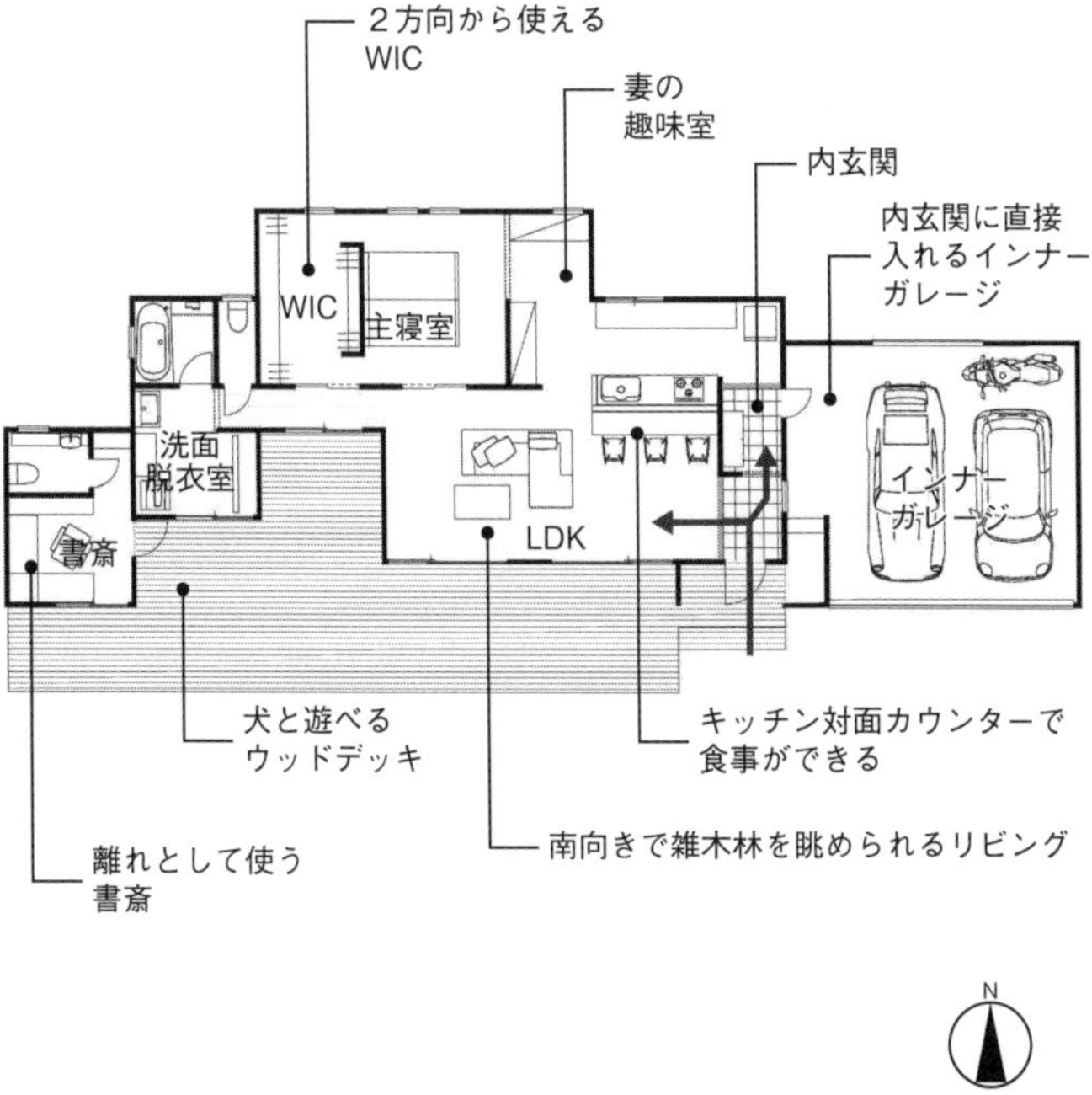

中村さんの家族構成

■ 夫：会社員（30代）、妻：専業主婦（30代）、犬

■ 家事分担：料理は二人、買い出しは夫、掃除・洗濯は妻

■ 洗濯方法：外干し、室内干し

■ 夫はＩＴ企業勤務で、テレワークを基本とする。
テレビは持たない

✕ 絶景に背を向けての食事は会話も弾まない

それは食事です。簡単に準備や片付けがしやすいようキッチンカウンターで食事ができる間取りになっていますが、これでは毎日、カップボードを見ながら食事することになります。せっかく手に入れた別荘地なのに、室内を見ながらの食事というのは味気ないですね。

また2つ目の問題として、ソファの正面が壁であるのも気になります。視線を左右に振ればいいだけですが、この景色を存分に活かすなら、ソファと窓の関係に配慮すべきです。ちなみに中村さんはテレビを見ないので、テレビモニターは設置しません。

これらの解決のため、改善案では窓際にダイニングテーブルを配置しました。リゾート地のレストランのように窓際の特等席で景色を楽しみながら食事ができます。

季節や時間によって光や木々の変化を感じられるのは最高のご馳走ですし、二人の時間も充実したものになります。もちろん、ソファ前にも大きな窓を配置しました。

間取り診断チャレンジ 3

この間取りには他にも3つの暮らしにくさが隠れています。ヒントは「下駄箱」「内玄関」「ＷＩＣ」です。間取りを見直してみて、「暮らしにくさ」を発見してみましょう。

◀模範解答と解説はＰ１４８

BadPoint! **カップボードを見ながら食事するダイニング**

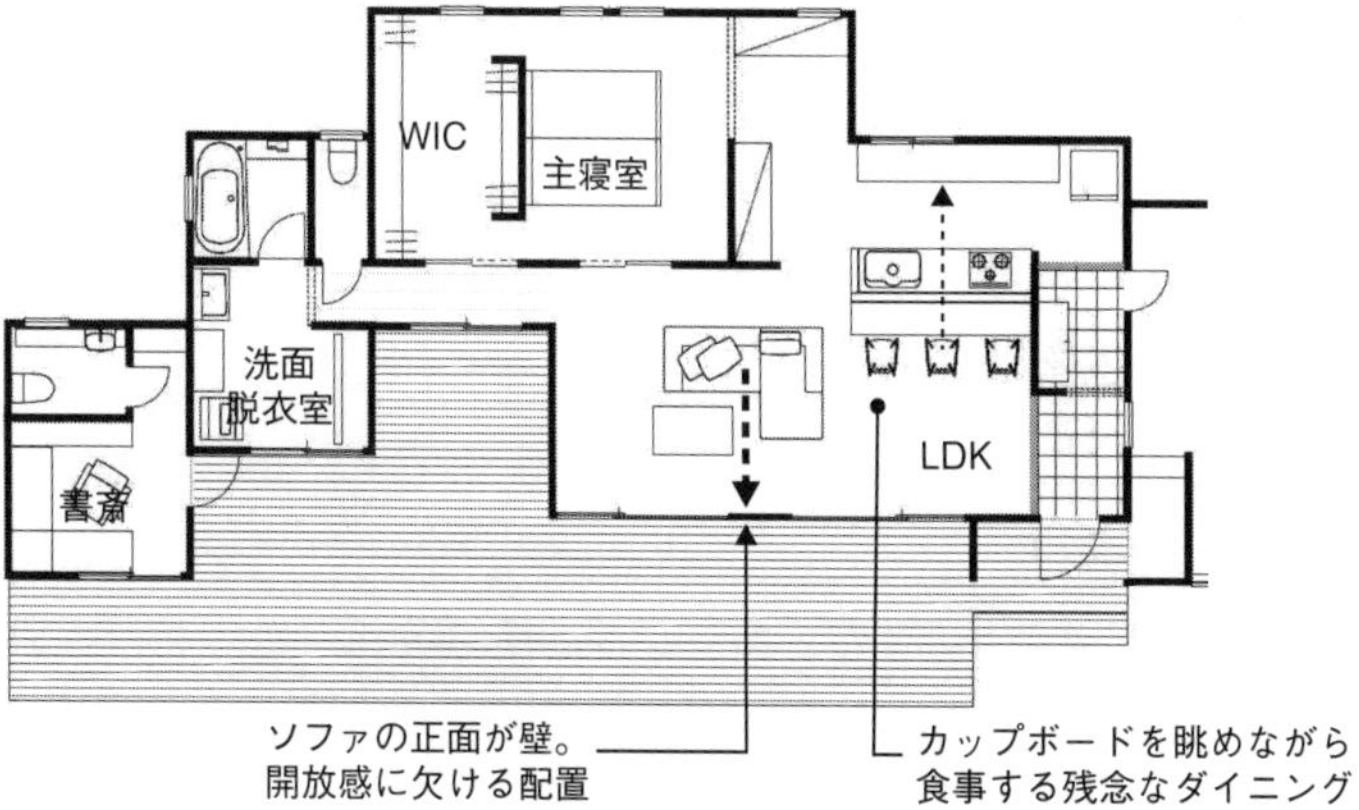
WIC
主寝室
洗面
脱衣室
書斎
LDK
ソファの正面が壁。
開放感に欠ける配置
カップボードを眺めながら
食事する残念なダイニング

BestPlan! **どこにいても自然を楽しめる家**

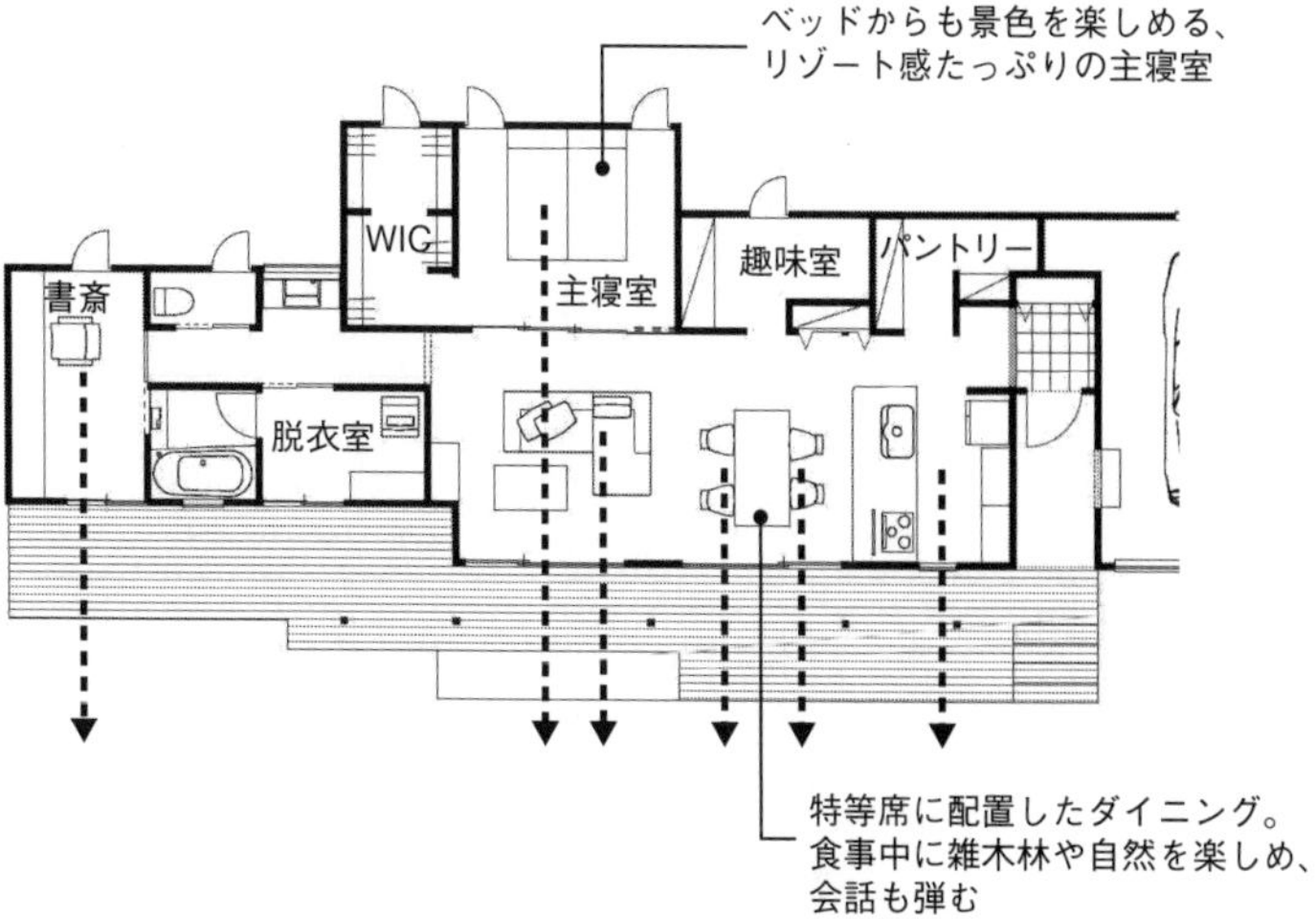
ベッドからも景色を楽しめる、
リゾート感たっぷりの主寝室
WIC
主寝室
趣味室
パントリー
書斎
脱衣室
特等席に配置したダイニング。
食事中に雑木林や自然を楽しめ、
会話も弾む

セックスレスにならない間取り5つのポイント

「セックスレス」は、小説やドラマなどでも扱われる現代的なテーマです。個人的には双方に不満やストレスがないなら、セックスレス・セックスフル、どちらでもよいとは思います、あくまで夫婦間の問題ですから。

間取りで解決できる問題も限られます。ドラマにもなったハルノ晴著『あなたがしてくれなくても』は、結婚5年目で子供がいないレス夫婦が主人公でしたが、住居自体がセックスのハードルになっているわけではありません。

ただ「間取りが原因」で、夫婦の営みがしにくくなることを避けることはできます。「**セックスレスにならない間取り**」とは、「**夫婦がセックスするハードルを下げる**」ことに配慮した間取り、ということになります。

最後に、「セックスレスにならない間取り」にするために気を付ける5つのポイントを解説します。

ポイント1　主寝室の音が漏れないようにする

事例13、14で紹介したように主寝室（夫婦の寝室）のプライバシー確保は重要です。セックスに限らず、夫婦だけの会話をするためにもある程度の遮音性が必要になります。

また子供が成長すると、自室で友達と電話したり、話しながらオンラインゲームをする、といったこともあります。昼間ならいいのですが、夜だと気になるので、子供室からの音対策としても主寝室の遮音は有効です。

他の居室と距離を確保したり、隣になる場合は部屋の間に収納を挟むなど、直接、隣接しない間取りのほうが良いです。どうしても壁一枚で接してしまう場合は、遮音性の高い壁にする、壁一面に本棚を設置する、他の居室と主寝室のベッドを隣接する壁から離す、といった対策が考えられます。

ポイント2　水廻りへの動線を最短にする

事例13では主寝室から浴室への動線に注目しました。前後の入浴時、子供室の前を通らず、浴室まで最短で行けるのが理想です。また営み前の口臭対策として、洗面化粧台が近いと便利です。主寝室と水廻りが近いと、在宅介護も対応しやすくなります。

ポイント3　収納量を確保する

男女381人に行ったアンケート調査によると、「部屋が片付かないのでその気になれない」という回答が一定数ありました。また収納量が多い家に住んでいる夫婦のほうが、夫婦仲が良いということも、この調査で判明しています（筆者による独自調査）。

たかせシホ著『ごぶさた日記』でも、性欲が高まった著者が部屋干ししてある子供の下着を見てやる気を失うシーンがありますが、生活感がありすぎる片付かない部屋だと気持ちも盛り上がらないようです。

特に主寝室は、睡眠と性に必要なもの以外はなるべく置かないことがベスト。壁面収納やウォークインクローゼットを計画しすべて収容するようにします。

タンスや本棚等は、主寝室にあると雑然とするという以外にも、地震時、横転やモノの落下などで命を危険に晒します。主寝室の家具は、最低限必要なモノだけに絞りましょう。

ポイント4　睡眠の質を高める

睡眠不足は、男女問わず性欲の減退や性機能の低下を招くことが最新の研究結果でわかっています。また生活の質を高めるためにも睡眠は重要です。まずは事例15のようにパートナーの睡眠を邪魔する動線になっていないか検討してみましょう。ドアと枕の位置はなるべく離したほうがいいですね。

また外光の遮蔽も重要です。日の出時間は季節によって違いますが、最も日照時間が長い6月は、4時30分には明るくなります。一般的な起床時間よりも早く明るくなるので、ぐっすり寝たい場合は、ベッド近くに窓を設置しない、または遮光カーテンを利用します。

ポイント5 家事や育児を協力しやすくする

ここまで「セックスレスにならない間取り」について話してきましたが、そこだけ完璧でも、夫婦の信頼関係が破綻していては夜の営みどころではありません。

夫婦円満の秘訣は一般に「夫婦の会話を充実させる」ことだと言われていますが、共働きが増えた現在では、家事・育児を協力して行うことも大事です。

協力というのは、単に男性の家事負担率を高くするという話ではなく、相手に感謝や労いの言葉をかけることも含まれると思います。

そのため本書では、**家事・子育てについて、単に効率化だけでなく、「ありがとうを言いやすい」「家事しながら会話できる」ような間取りを推奨しています**。誰であれ、家族のために家事・育児をしているのですから、感謝や労いで承認欲求を満たされたいです。

新居に引っ越すのは、家事・育児について話す良いタイミングです。良好な夫婦関係を維持するためにも、この機会を利用してみてはいかがでしょうか。

間取り診断チャレンジの模範解答と解説③ 事例16

事例16（中村さん）「間取り診断チャレンジ」のヒントは「下駄箱」「内玄関」「ＷＩＣ」でしたが、見つかったでしょうか？　早速、3つの暮らしにくさについて解説します。

1つ目は、表玄関に下駄箱がないことです。玄関に入ってすぐにリビングが見えるのは、来客のない別荘地であることや、すぐに庭に出ることを考えると悪くないアイデアです。ただ表玄関には下駄箱がないので、靴を替えたい時はキッチン側の土間に移動する必要があるのが面倒です。帰宅・出宅動線が考えられていないのが明白です。

2つ目は、ガレージからの玄関への入り口です。インナーガレージからキッチン横土間に直接入れるという動線は、荷物搬入を考えると魅力的ですが、家族の靴が置かれていると入りにくくなります。また下駄箱が置かれていることで玄関通路幅が78㎝というのも余裕がありません。

3つ目は、主寝室のＷＩＣの使い勝手です。ベッドの背面にＷＩＣを設置するのは、見た目が良いため設計者は好みますが、暮らしやすさという視点ではオススメできません。理由は、ベッド横が動線になるので、チェストなどのモノを置けないからです。

またＷＩＣを利用する際に、光や音でパートナーの就寝を阻害してしまいます。

BadPoint!　**下駄箱がない・インナーガレージ動線が良くない**

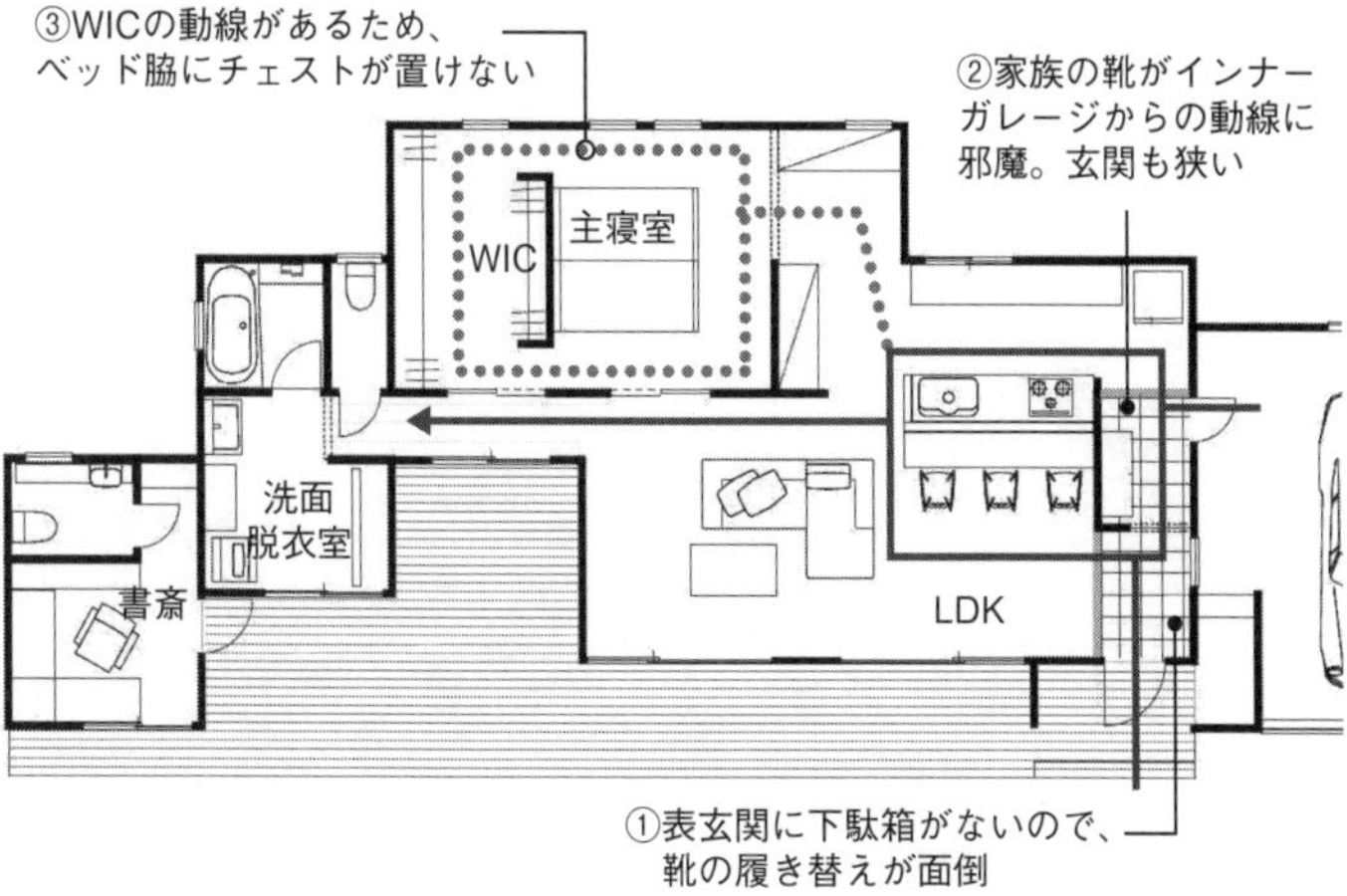
③WICの動線があるため、
ベッド脇にチェストが置けない
②家族の靴がインナーガレージからの動線に邪魔。玄関も狭い
WIC
主寝室
洗面
脱衣室
書斎
LDK
①表玄関に下駄箱がないので、
靴の履き替えが面倒

BestPlan!　**メインストリートを通し、動線を整理**

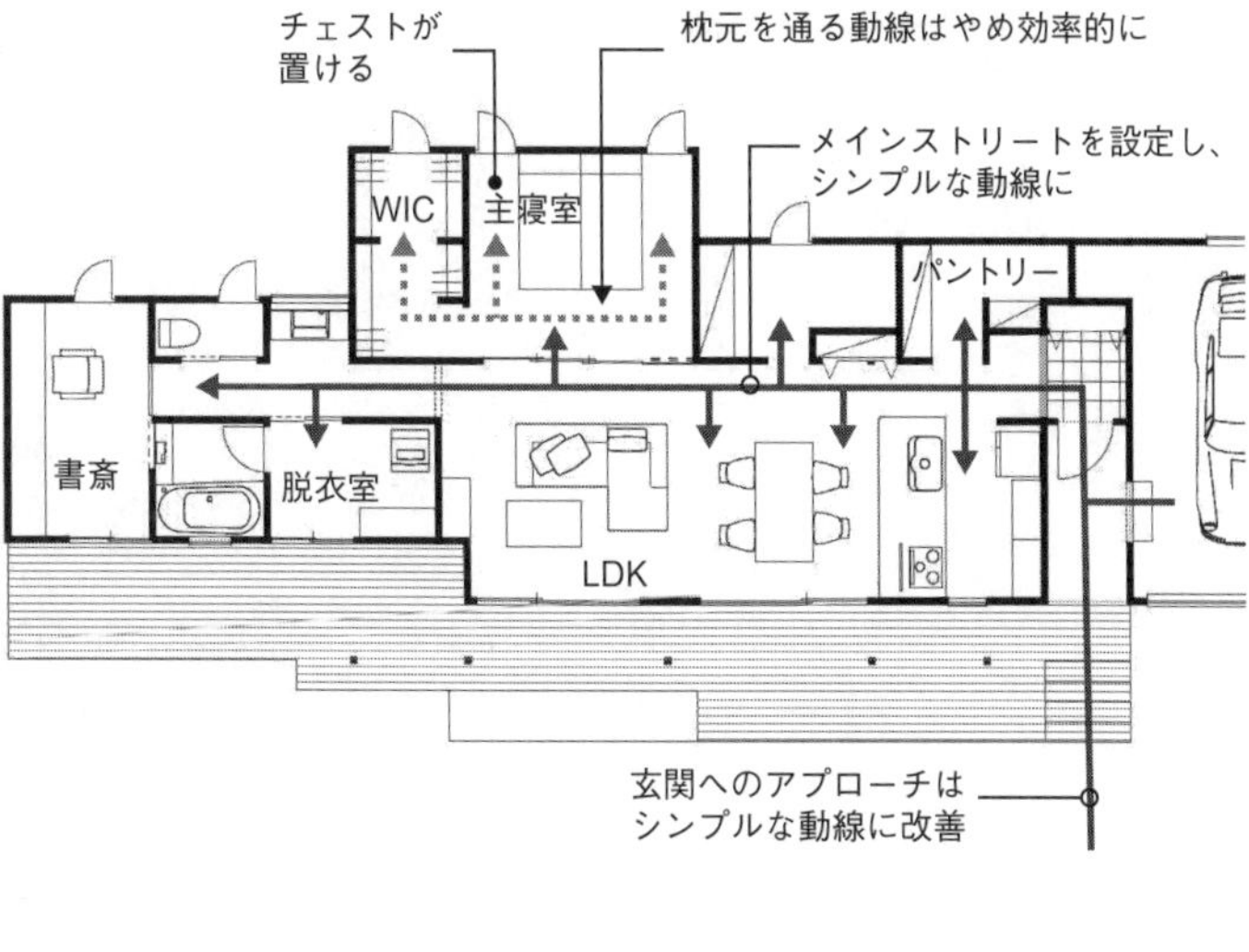
チェストが
置ける
枕元を通る動線はやめ効率的に
メインストリートを設定し、
シンプルな動線に
WIC
主寝室
パントリー
書斎
脱衣室
LDK
玄関へのアプローチは
シンプルな動線に改善

これらの問題を解決した間取りが前ページの下図です。まずガレージからの帰宅動線は、アルコーブを経由して奥の玄関に入るようにします。玄関框の幅は、1・2mを確保、すぐにキッチンとパントリーがあるので荷物搬入も楽です。建物の中心にメインストリートを通し、そこから各部屋に分岐したので、動線もシンプルになりました。

キッチン、ダイニング、ソファ、そして寝室からも南側の庭が眺められるようにし、WICはベッドから分離させました。建物全体としても、非常にシンプルなわかりやすい形状になったので表面積も減り、コストダウンと断熱性アップにもつながっています。

この家に2年間暮らした中村さんは、「生活動線は素晴らしく、屋内の移動でストレスを感じない。外を見ながら食事できるのは、とても気持ちがいい」と話しています。

ここまで夫婦関係と間取りについて話しましたが、次章のテーマは、長期的に暮らすことを前提とした間取りの考え方です。

終の棲家として家を建てる・購入するのであれば、現在だけでなく老後も安全・快適に暮らせる間取りにしなければなりません。

若干、専門的な話も含みますが、事例を用いてわかりやすく解説していきます。

第6章　人生100年時代に対応できない間取り

耐用年数が延びても、ダメ間取りでは建て替えに

長期優良住宅認定制度は、長く暮らせる質の高い住宅ストックを増やすことを目的に、2009年に開始されました。耐震性や断熱性の他、劣化対策や配管設備の更新のしやすさなどの基準をクリアした建物だけが認定を受けることができ、2022年には認定数が130万戸を突破しています。

大手ハウスメーカーや工務店も「長期優良住宅」を基準とした高性能な家を提供することがデフォルトとなり、特に断熱性能は飛躍的に向上しました。

基準以上に断熱された家では、家全体が一定温度に保たれる（特に冬期）ので健康にも良いとされ、年間1万人以上亡くなるといわれるヒートショック対策としても有効です。

住宅会社各社は、断熱・気密・換気・耐震といった各性能を競っていますが、そのトップランナーで、「家は、性能。」と言い切る一条工務店は、多くの施主に支持され、戸建て住宅販売戸数1位です（「住宅産業新聞」2021年6月）。

長生きが当たり前になる時代、家の温熱環境や耐震性が向上し、耐用年数が延びることは喜ばしいことです。新築の場合に限りますが、自動車のように性能が表示され、安心して住

宅を購入できる時代になりつつあります。

ただ自動車と違うのは、住宅（というか建築）は近隣環境の影響や制限を大きく受けることです。

同じ家族が住む家でも、「草原に建てる」のと「住宅密集地に建てる」のでは、最適な間取りは変わります。**特に都市部で日当たりや眺望を良くしたい、プライバシーを確保したいという場合は、近隣環境を注意深く観察する必要があります。**また子供の成長やライフスタイルの変化、私たち自身の老いも考慮しなければなりません。

一般建築の場合、保育園なら幼児、介護施設なら要介護の高齢者など、一定の利用者を想定した上で設計されますが、住宅の場合、**家族の変化を見据えて、子供から高齢者までが快適であることを目指すべきです。**

小規模なリフォームで手を加えて対応できるなら負担も少ないのですが、間取りによっては大規模なリノベーションや、建て替えが必要になることもあります。

高性能で耐久性があっても、間取りの検討不足で暮らしにくくなることは、十分ありえます。本章では、人生１００年時代に対応する間取りの考え方について事例を用いて解説していきます。

事例17　国の最低基準はクリアできますが

会社員で共働きの新垣さん夫婦は、２人の娘がはしゃいで遊ぶ足音が階下の方に迷惑ではないかと気になっていました。戸建て住宅にして、子供たちがのびのびと暮らせるようにしてあげたい、という思いから、小学校・中学校に徒歩7分圏内の分譲地を購入しました。

保育園やスーパー、コンビニにも近いため、送り迎えや買い物も楽になりそうです。

間取りのこだわりは、家事がラクであることです。駐車場から雨に濡れずに家に入れるようにカーポートや屋根付きの玄関ポーチを設置しました。メインの玄関とは別に、シューズクロークも設けたので靴が散らかりにくそうです。

また2階に水廻りとWＩCを配置したので、効率的に洗濯から収納まで完結できます。

庭先にはウッドデッキを敷いて、マンションではできなかったビニールプールで子供たちと遊びたいと考えています。庭の奥行きは１７５cmですが、小さなビニールプールなら置けそうです。

おおむね新垣さんの想像通りに暮らせる家になりそうですが、１点、この間取りには重大な問題が隠れていました。

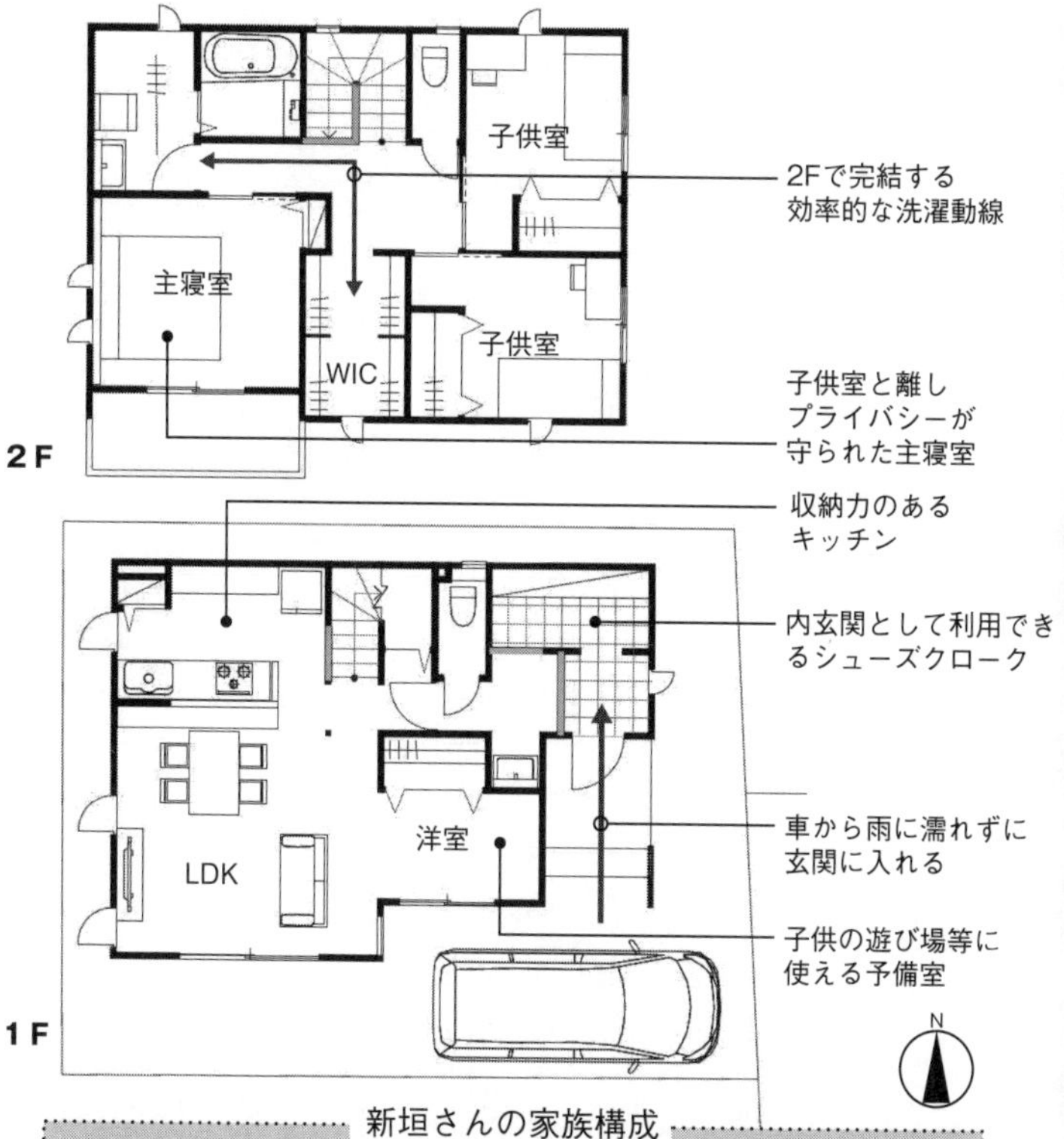

新垣さんの家族構成

■夫：会社員（30代）、妻：会社員（30代）、
長女（5）、次女（2）

■家事分担：夫は風呂掃除と食器片づけ、他はすべて妻

■洗濯方法：室内干し、乾燥機

■2階で洗濯が収納まで完結するように計画

✕ 太陽光がまったく入らない暗いＬＤＫ

その問題点とは、１階リビングに直射日光がまったく入らないことです。直射日光がまったく入らないと聞くと、びっくりされる方もいらっしゃるかもしれませんが、そういう家は全国にたくさんあります。

建築基準法では居室の採光基準が定められていますが、あくまで最低基準です。国民の生命、健康及び財産の保護を目的として作られたものですが、ほとんど光が入らない間取りでもクリアできます。

この間取りも一年を通して４月と８月の昼間にわずかに太陽光が入るだけでした。南側の大きな掃き出し窓は採光基準を満たしておらず、道路向きの窓を設置することで法適合しています（基準法上、道路向きの窓は、通常の３倍採光できる）。

昼間でもシャッターを下ろして暮らしている家もあるので、直射日光はリビングの必須条件ではありません。ただ新垣さんは日当たりの良いマンション住まいで、かつ子育て中ですから、子供の健康のためにも日当たりは確保したいところです。隣地との距離が近いのも気になります。空は見えず、隣地の外壁と給湯器、ＬＰガスボンベが眺望のすべてです。

BadPoint!　**昼間でも直射日光が入らないリビング**

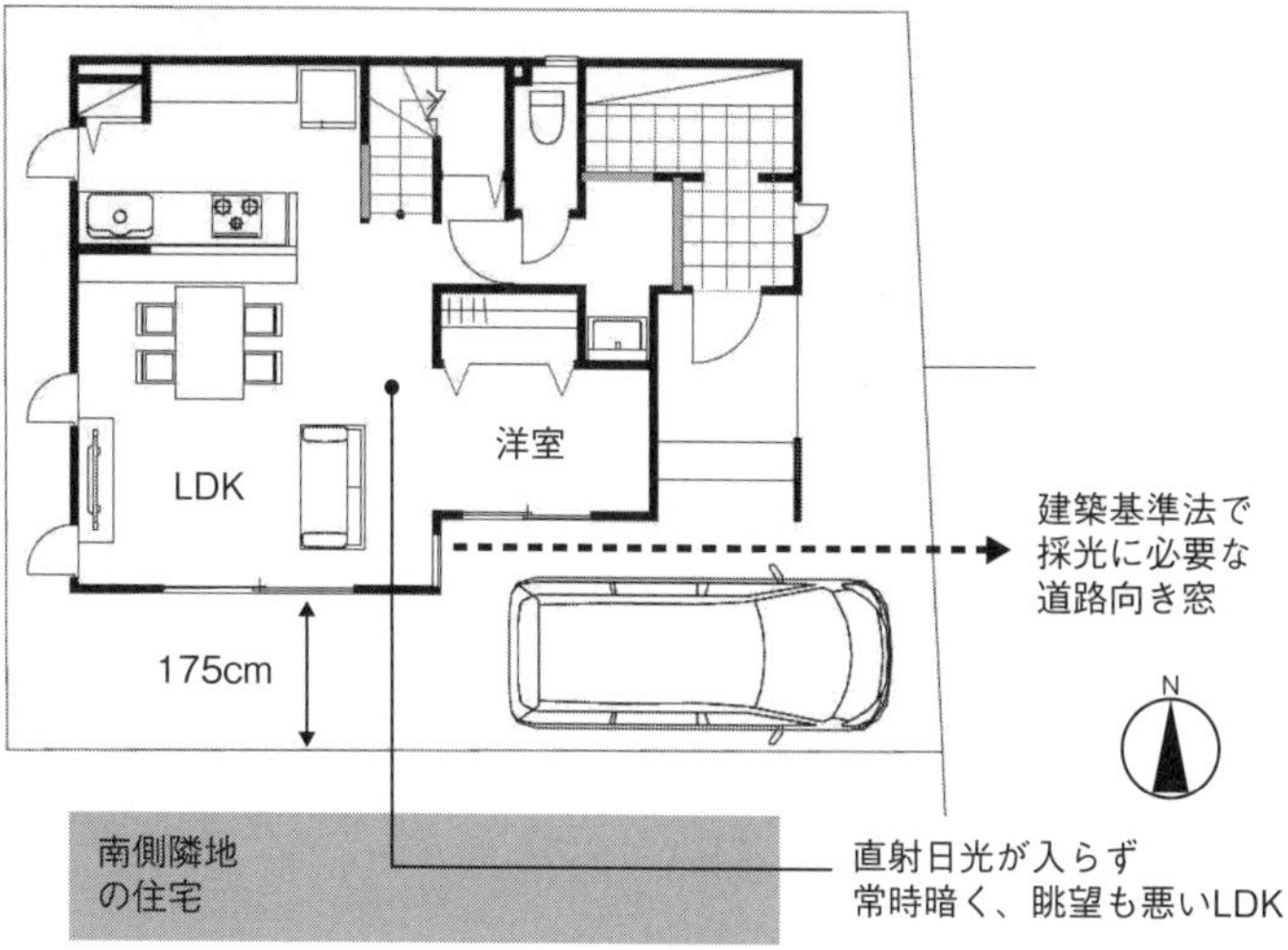

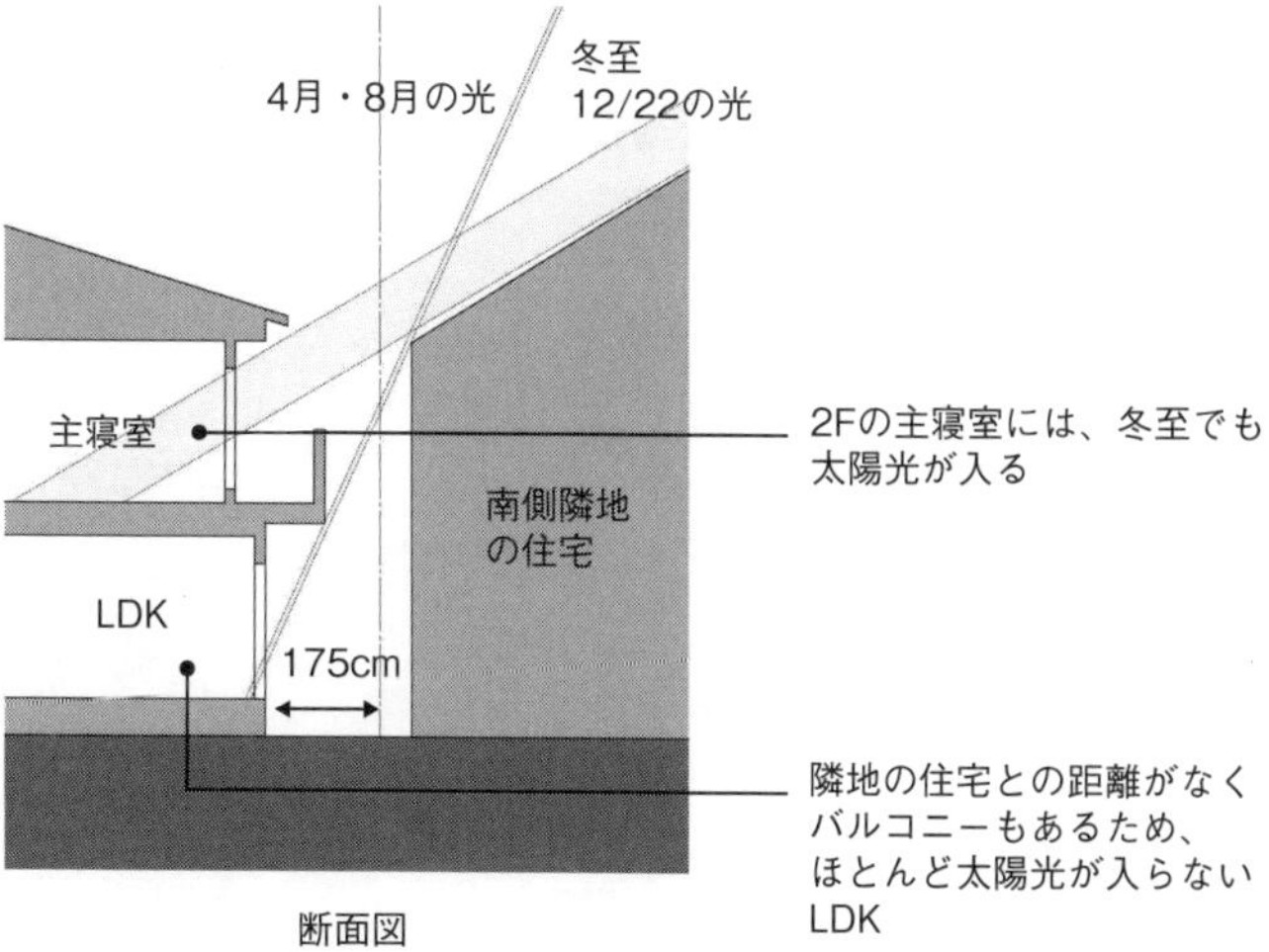

断面図

この状況を改善するために、①南側隣地との距離を確保する、②吹き抜けを作る、といった方法も検討しましたが、最終的に新垣さんが選んだのは、③2階リビングです。

断面検討した結果、2階リビングなら、最も日照時間の短い冬至（12月22日頃）でも太陽光は入りますし空も見えます。南側隣地建物の2階部分には、ほとんど窓がないのも幸運でした。隣地との距離は近いですが、プライバシーが気になることもありません。

元間取りでは、2階の洗濯動線にこだわっていましたが、改善間取りはより家事効率が向上しています。キッチン横の脱衣室で洗濯して、予備室のクローゼットに普段着を収納するという動線なので、子供の様子を見ながら家事ができます。

2階リビングの場合、買い物の搬入が気になりますが、玄関からキッチンの動線を最短にすることで負担を減らしています。また玄関横に収納を設置したため、お酒やミネラルウォーターなど重いモノの一時置きができるようにしています。

先日、新垣さんから、「入居して3年経った今でも、**2階リビングにして本当によかった**と感じます」というご連絡をいただきました。

毎夏、少し大きめのビニールプールを東側バルコニーに置いて、子供たちと水浴びを楽しんでいるそうです。

BestPlan!　**明るく開放的な2階リビング**

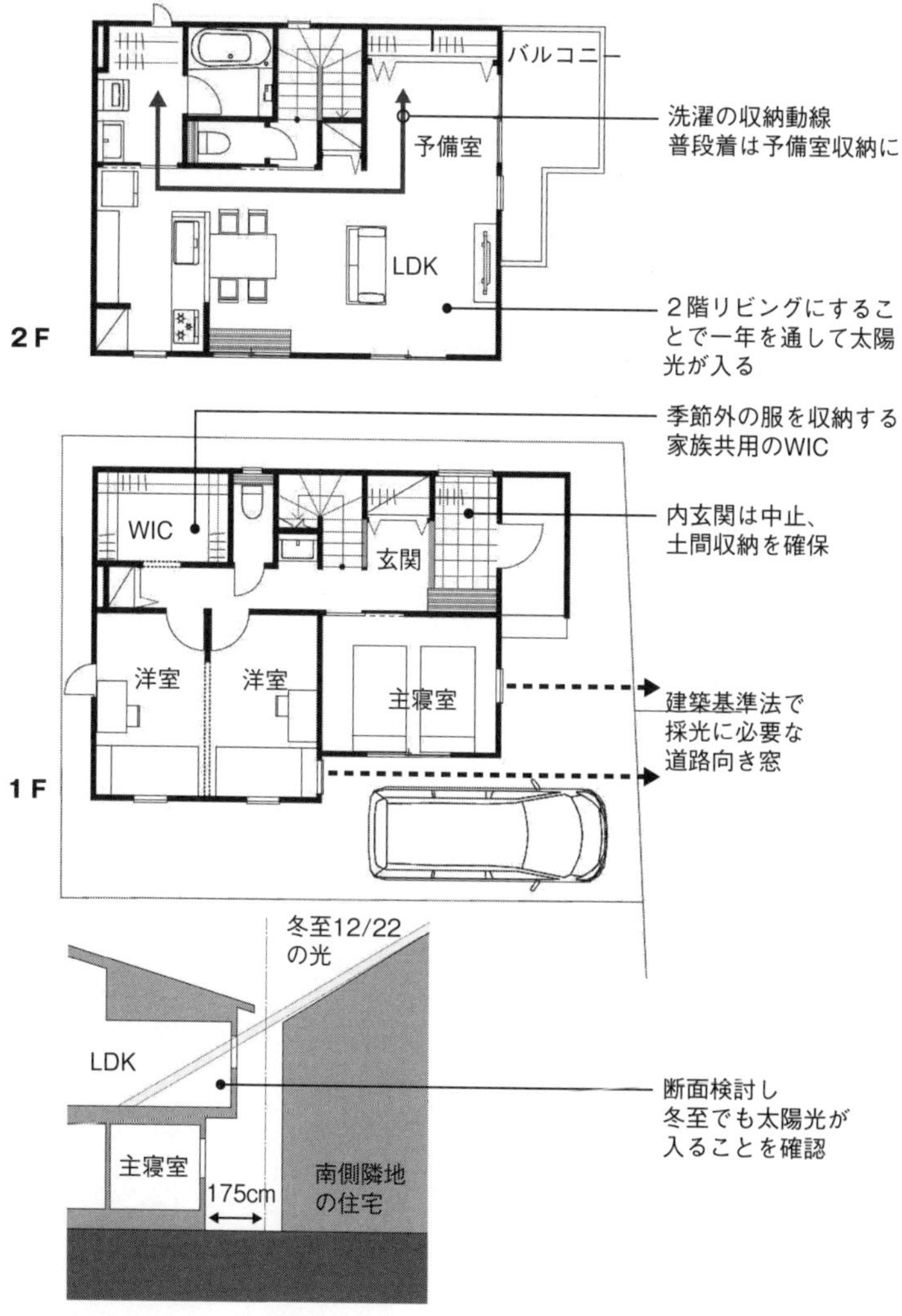

事例18 充実の水廻りで家事ラク、でも将来が心配です

夫はエンジニア、妻は医療従事者の神宮寺さん夫婦は、建売住宅として売り出す予定の区画を、「間取り変更できる」と提案を受けたことから購入を決めました。東側道路には11m接道しているため、2台は自家用、1台は月極駐車場とする予定です。

海外赴任の経験がありアメリカ人の友人も多いため、彼らが宿泊することも想定しています。子供部屋は2つ用意しますが、現在は幼稚園児の長男のみなので、2人目が授からない場合は、ホームステイを受け入れてもいいと考えています。

共通の趣味がワインなのでワインセラーを完備、庭にはタイルデッキを敷いてBBQすることを希望しています。

水廻りは北側に集中させ、かつキッチンからも近くしたことで効率的に家事をする計画です。夕方、帰宅したら洗濯機を回し、夕食の準備をしつつ洗濯物を室内干しやガス乾燥機にかける、乾いた衣類を収納する、といった動作を立ったまま完了させたいと考えています。

間取り診断時に、とても具体的に新居の暮らしのイメージを教えていただいたので、「しっかり検討されている」という印象でした。

ただこの計画には、根本的な問題が3つ隠れていました。

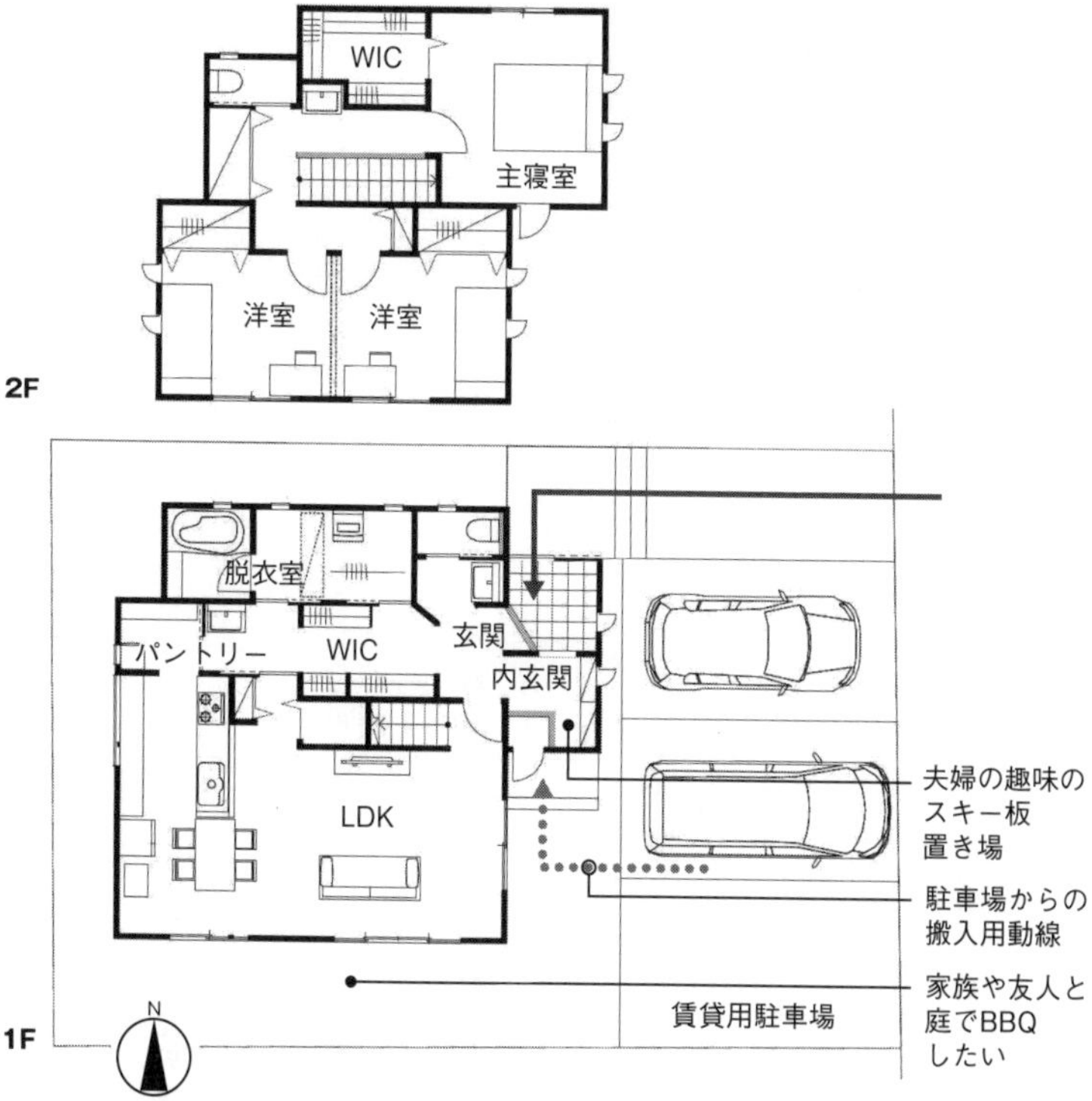

神宮寺さんの家族構成

■夫：会社員（40代）、妻：医療職（30代）、長男（2）

■家事分担：妻が行う。夫は草抜きや食器洗いなど

■洗濯方法：部屋干し、ガス乾燥機

■玄関とは別に、荷物搬入用の勝手口あり

■帰宅後、座らずにすべての作業が完了できるようにしたい

✕大地震の際に破損のリスクが高い間取り

1つ目は、事例17でも解説した日当たりです。神宮寺さんの場合は、10月から2月まで、冬期の5ヵ月間は、昼間に日射取得はできないことがわかりました。

2つ目は、庭が狭すぎることです。神宮寺さんは庭でBBQすることを希望していますが、庭は2m弱の奥行きしかなく、隣地建物も近すぎます。

3つ目は耐震性です。一般的に総2階は耐震性が高く、下屋がある間取りは耐震性が低くなります。ただ後者の場合でも、2階外壁下に1階壁があるなら耐震性を担保できます。

この間取りは、総2階でもなく、2階外壁下が1階壁である範囲も限られるため、耐震性が高いとは言えず、大地震では破損するリスクがあります。

改善間取りでは、南側隣地距離を300cm確保し、1・2階の壁もそろえ、日当たり・眺望・耐震性を大幅に改善しました。日射取得できない期間も5ヵ月から3ヵ月に短縮しています。

間取り診断チャレンジ 4

この間取りには他にも3つの暮らしにくさが隠れています。ヒントは「玄関框」「WIC」「通路幅」です。

◀模範解答と解説はP184

BadPoint!　**耐震性と日当たりに問題あり**

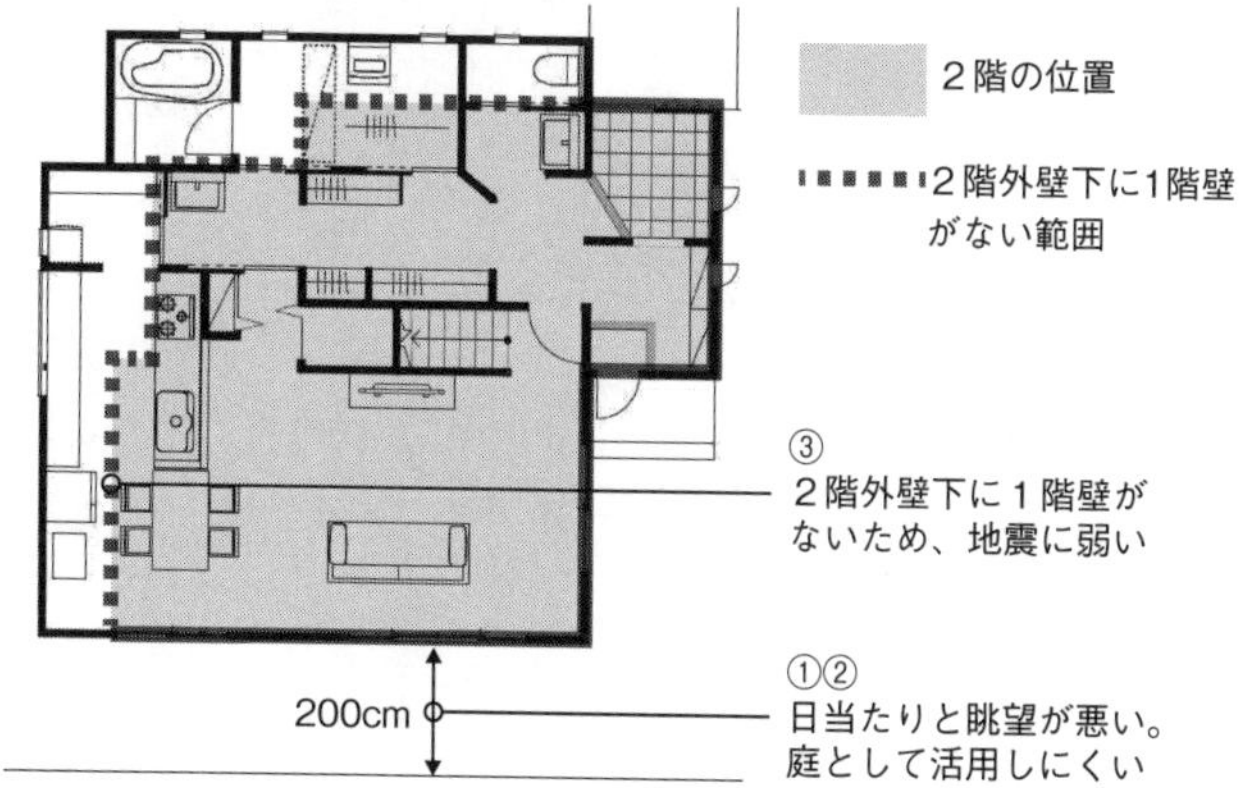
２階の位置
２階外壁下に１階壁がない範囲
③
２階外壁下に１階壁がないため、地震に弱い
200cm
①②
日当たりと眺望が悪い。
庭として活用しにくい

BestPlan!　**１・２階の壁をそろえて、冬の日当たりも改善**

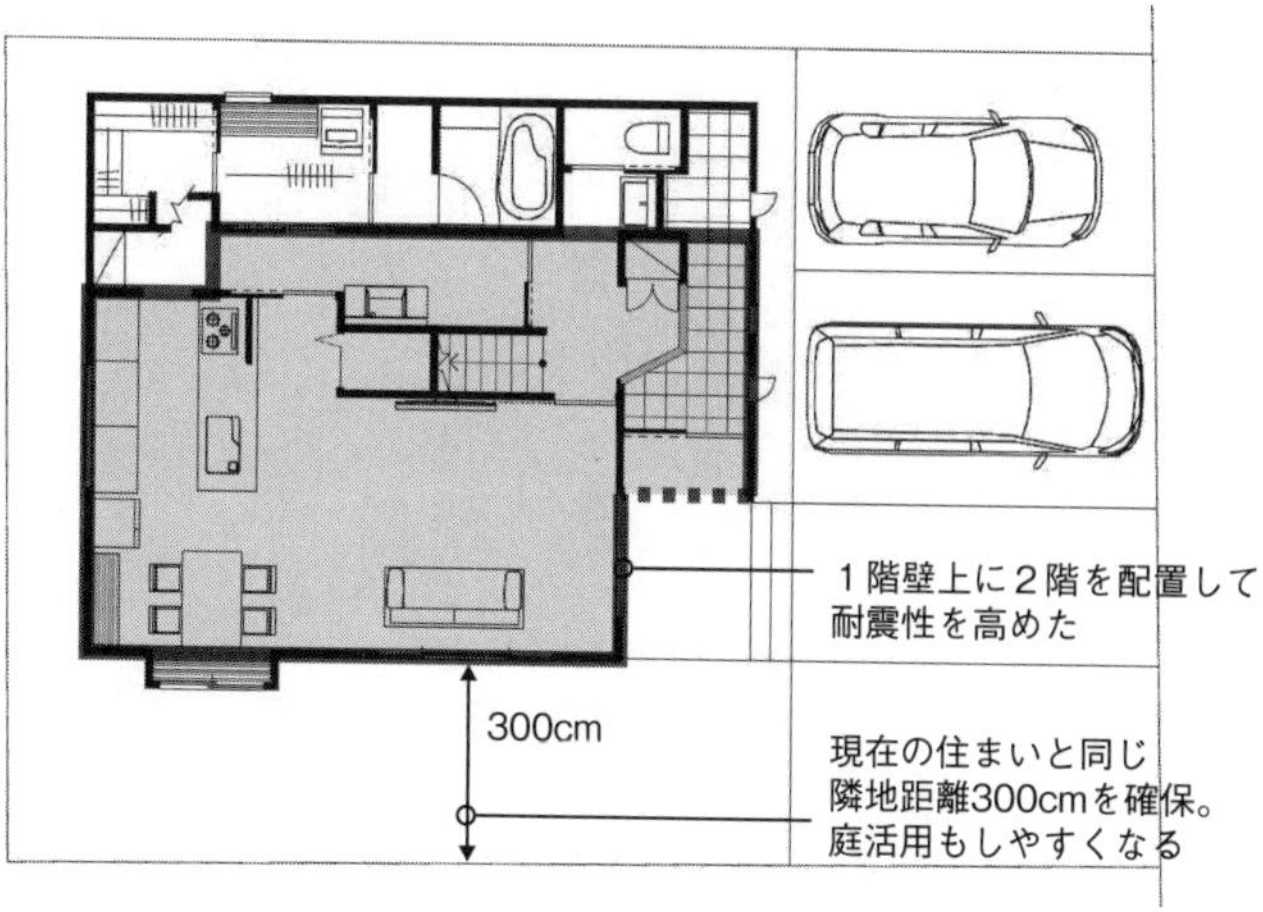
１階壁上に２階を配置して耐震性を高めた
300cm
現在の住まいと同じ
隣地距離300cmを確保。
庭活用もしやすくなる

事例19　2階リビングで日当たりはいいけど

ゲームと漫画が大好きな山田さん夫婦は、子供ができて借家が手狭になったため、土地を購入して注文住宅を建てることにしました。

敷地は、東に6・5m、南に4mの道路に面する南東の角地で日当たりは良いのですが、人目を気にせず暮らしたいという思いから2階リビングを希望しています。

1階は主寝室と子供部屋、夫婦で4000冊ある漫画用の書庫、2階は、ワンフロアで家事を完結させるためLDKとランドリーや洗面室を配置する予定です。

工務店から提案された間取りは、南北に長いリビング・ダイニングの隣に、水廻りを集中させており、南側のルーフバルコニーをリビングと共有して使えるのが特徴です。

この間取りは、工務店から「たたき台」として提案されたもので気に入っている部分はあるものの、「ファミクロがないこと」「スタディカウンターがキッチンと離れている」などが不満でした。

配置や近隣環境を分析した結果、山田さんの不満点の他に、私は2つの問題に注目しました。

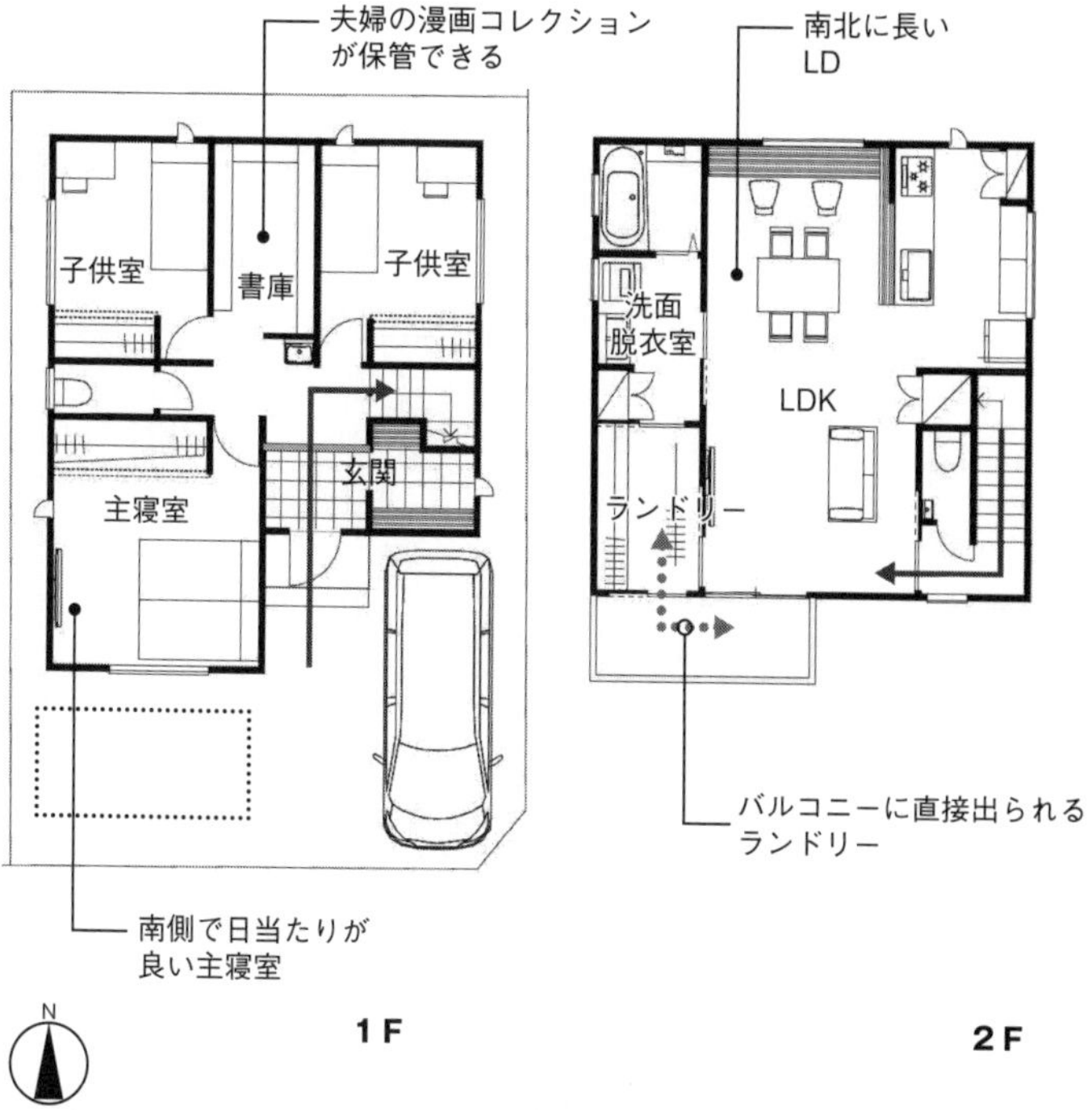

山田さんの家族構成

■ 夫：会社員（30代）、妻：専業主婦（30代）、
長男（4）、長女（1）

■ 家事分担：夫はゴミ出し・食器洗い、その他は妻

■ 洗濯方法：室内干し

■ 南東の角地で日当たりは良い。
プライバシー確保のため2階リビングに。

階段とトイレが南東の特等席に

1つ目は、2階の部屋配置です。角地にもかかわらず、南東の特等席に配置されたのは、日当たりが必要ない階段とトイレで、敷地条件を活かしているとは言い難いです。

2つ目は、駐車場計画です。玄関横に1台駐車していると、縦列駐車の2台目の車を出し入れすることができません。いったん1台目を移動するしかないですが、かなり面倒です。

この2つの問題は下図のように改善しました。

LDを南側に配置し終日、採光ができるようにしました。ダイニングを南東にすることで、一年のうちで最も日照時間が短い冬至頃にも朝7時過ぎから朝日が入るようにしています。山田さん家族は7時起床なので、明るいダイニングで朝食がとれます。

キッチン横並びダイニングを採用し、連続してスタディスペースを配置したため、家事をしながら子供の勉強を見る、ということも容易です。

水廻りは北側に集中させ、キッチンからランドリーに入れるようにします。妻が料理と洗濯を担当するのでこの動線は家事効率が良いです。

駐車場は1台目を西側に配置することで、2台目を駐車しやすくしました。

この改善間取りを見て「暮らしたいのはこの間取りだ！」と夫婦で思ったそうです。入居して2年経過してから自宅に伺いましたが、「想像通りに快適！」と話してくださいました。

BadPoint!　**日当たり・眺望が活かせず、駐車もしにくい**

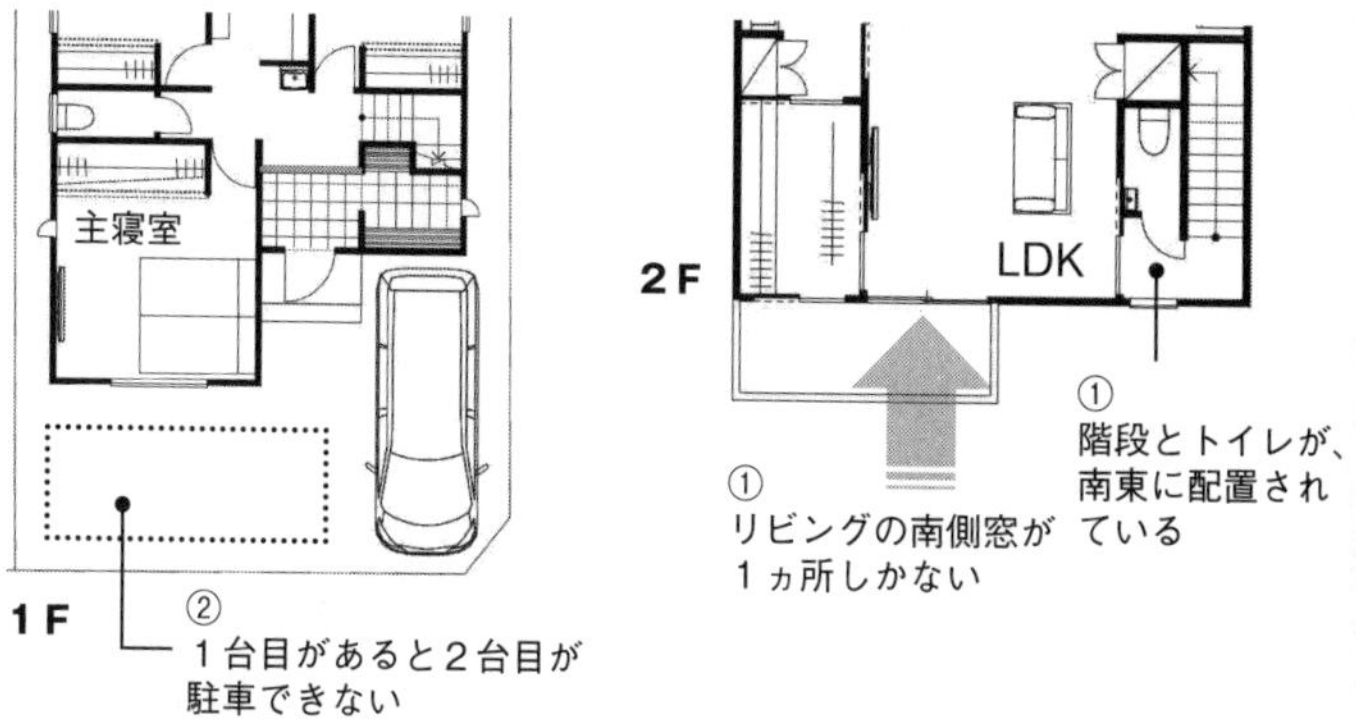
主寝室
1 F
②
１台目があると２台目が
駐車できない
LDK
2 F
①
リビングの南側窓が
１ヵ所しかない
①
階段とトイレが、
南東に配置され
ている

BestPlan!　**南面を活かした日当たりの良いリビング**

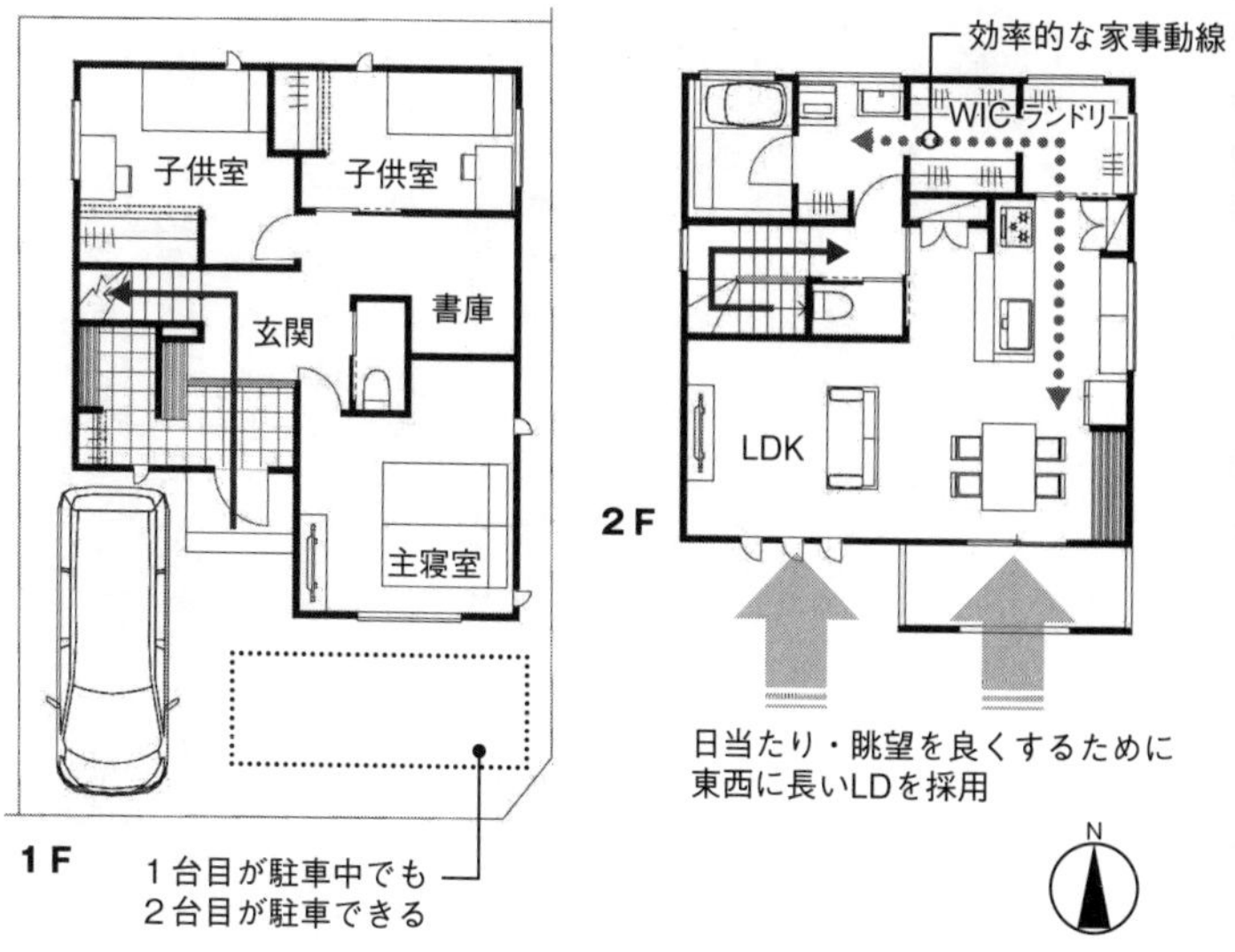
子供室
子供室
玄関
書庫
主寝室
1 F
１台目が駐車中でも
２台目が駐車できる
効率的な家事動線
WIC
ランドリー
LDK
2 F
日当たり・眺望を良くするために
東西に長いLDを採用
N

事例20 スロープは○○が大事です

会社員の渡辺さんは、要介護で施設に入っていた実母の「家で暮らしたい」という願いをかなえるために実家を建て替えることにしました。都内に住む妻・娘とはいったん別居し、母との2人暮らしです。

日中はデイサービスを利用し母を預かってもらいますが、それ以外は自宅での生活になるためバリアフリーは必須です。車椅子で自律移動できるので、食事と洗顔は母自身が行いますが、排泄は補助が必要なのでサポートしやすいトイレにする必要があります。

またデイサービスへの送り迎えのためにはスロープがあると便利です。

この計画では、東側の駐車場からスロープを利用してウッドデッキに上れるようになっています。ウッドデッキと1階床の高さを揃えることで、ほぼ段差なしで外出可能になります。玄関から入るアプローチでは、どうしても玄関土間と1階床で段差ができてしまいますが、庭が確保できる場合はウッドデッキとスロープを利用するほうがオススメです。

また南側には田園風景が広がっているので、日当たりや眺望を活かすことも意識しています。リビング・和室・渡辺さんの部屋は南側に配置しました。

車椅子にも対応し高齢者でも快適に過ごせるように見えますが、3つの大きな問題が見つかり大幅変更が必要になりました。

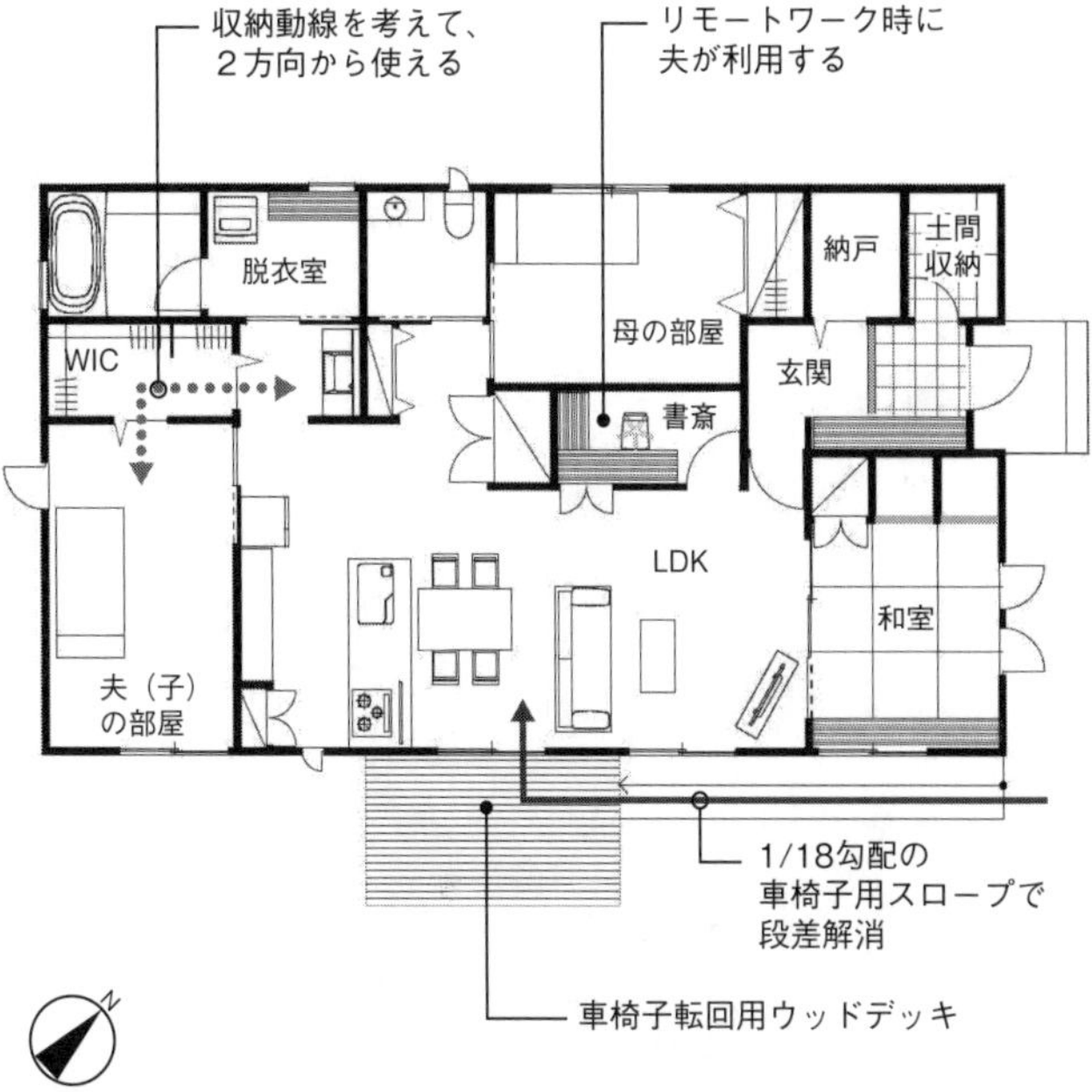

渡辺さんの家族構成

■ 夫：会社員（50代）、夫の母（80代）、
妻：会社員（50代）

■ 家事分担：夫がすべて行う

■ 洗濯方法：室内干し

■ 母の介護をしながら夫が住む。妻は別居で時々訪れる

■ 車椅子を利用する母はスロープを使い外出

✕ 勾配は緩いけど、30㎝の段差がある

1つ目は、スロープの勾配です。図面には18分の1（1／18）勾配と記載されており、これは18m水平移動することで1mの段差を解消できるという意味です。最低基準は12分の1ですから、「基準よりも緩い勾配」です。住宅で18分の1勾配のスロープを設置できるのは稀なので、「よく考えられているな」と感心したのですが、実際は勾配が緩すぎて、1階床まで上れず、ウッドデッキと1階床には30㎝の段差ができることがわかりました。

2つ目は、母の部屋の日当たりが悪いことです。デイサービスに行かない日は、自室にいる時間が長くなるので、日当たりと眺望の悪い北側は快適ではありません。

3つ目は、仕事場の眺望が悪いことです。長時間仕事するので、窓は必要です。

改善した間取りでは、スロープを8分の1勾配に変更し、1階床とウッドデッキをほぼフラットにしました。8分の1勾配では、自身で車椅子移動することはできませんが、母の外出時には必ずデイサービスの人や渡辺さんが付き添うため問題はありません。

母の部屋も南側に配置し、日当たり・眺望は大幅に改善され、直接ウッドデッキにも出られます。また仕事場は東側の玄関脇に配置し眺望を楽しめるようにしました。

入居から1年後に自宅に伺いましたが、2人とも快適に過ごされていました。提案時は想定していませんでしたが、春、書斎の小窓から神社に咲く満開の桜を楽しめるそうです。

BadPoint!　**床と30cmの段差ができるスロープ**

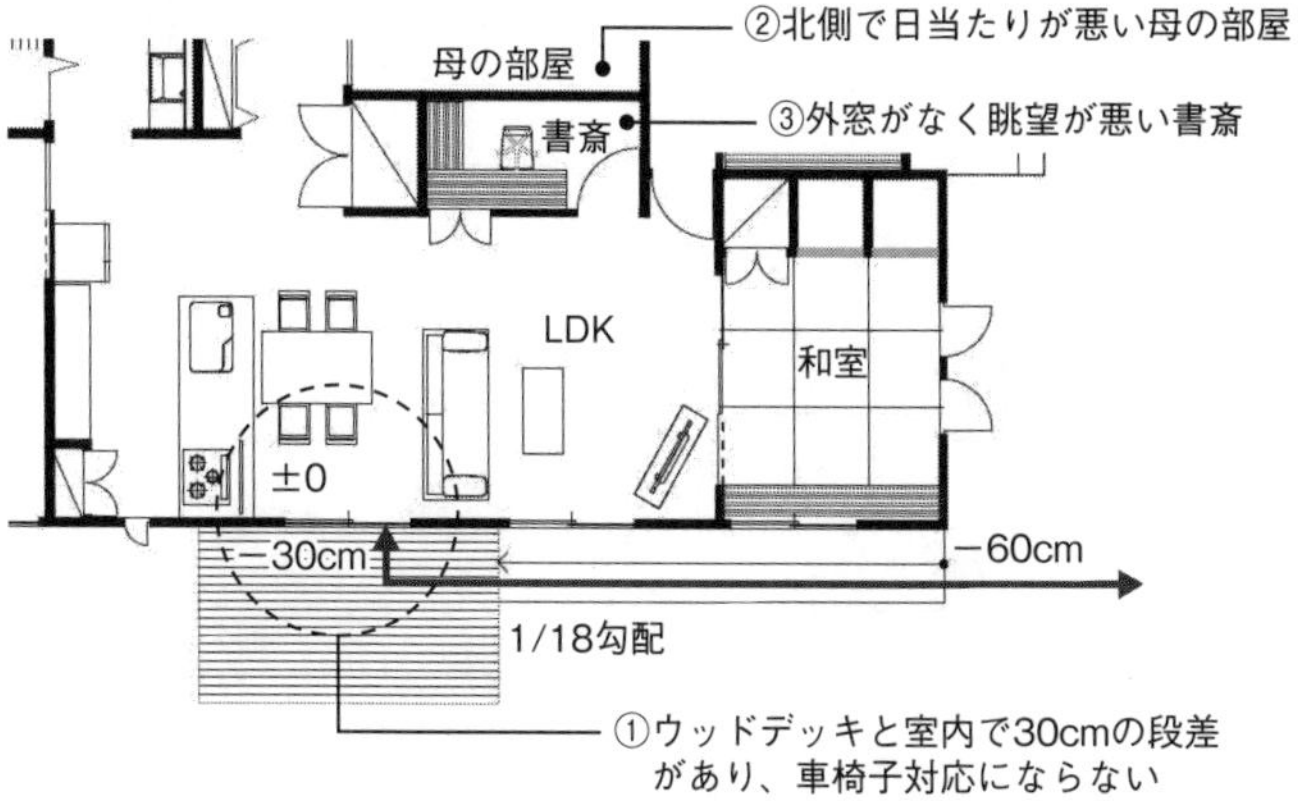

BestPlan!　**段差なしで介助しやすいスロープ**

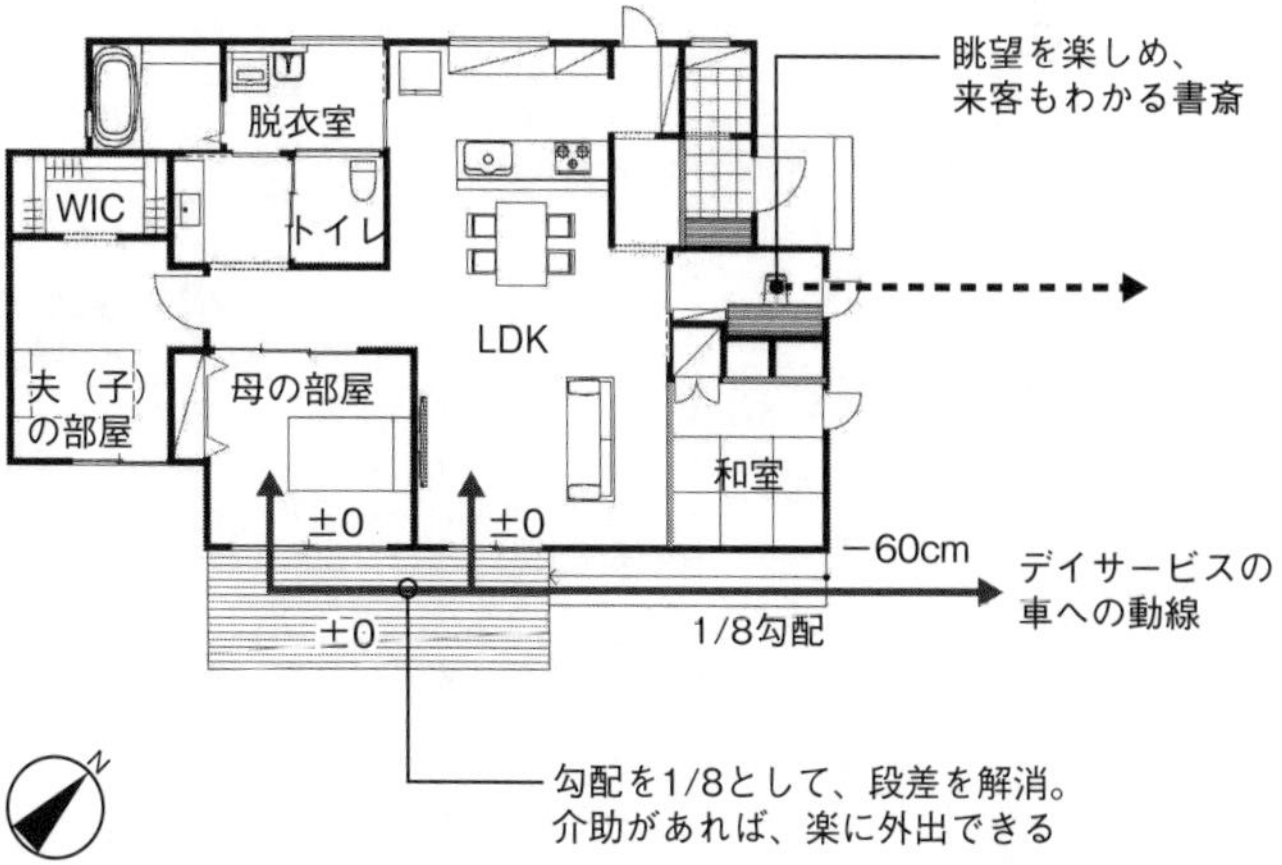

事例21　周到に準備しないと設置できません

　会社員で共働きの松坂さん夫婦は、第3子妊娠をきっかけに都内に土地を購入して注文住宅を建てることにしました。第一種低層住居専用地域で建ぺい率も低く設定されているため、南側には奥行き7ｍの庭を確保できます。かつ5ｍ道路に接している恵まれた環境です。

　明るいリビングにするために、南側に幅2・6ｍ高さ2・4ｍのハイサッシを2つ設置しています。昼間は自然光だけで十分明るくなり、家族が集える空間になりそうです。1階の居室は、ＬＤＫと和室だけにしたので開放的な空間を確保できました。また部屋が散らからないよう片付けしやすい収納を目指しており、玄関やキッチン廻りにたっぷりの収納を確保しています。

　1階リビングで寝室に転用できる和室もありますが、リビングを広くするために2階に水廻りを配置したため、将来的にはホームエレベーターを設置し、車椅子を利用するようになっても不自由なく暮らせるように考えています。畳1帖分あればホームエレベーターは設置できるので、間取りが確定した段階でホームエレベーターの位置を決める予定です。

　とても考えられた間取りに見えますが、1点、大きな問題がありました。それは、ホームエレベーターの配置です。

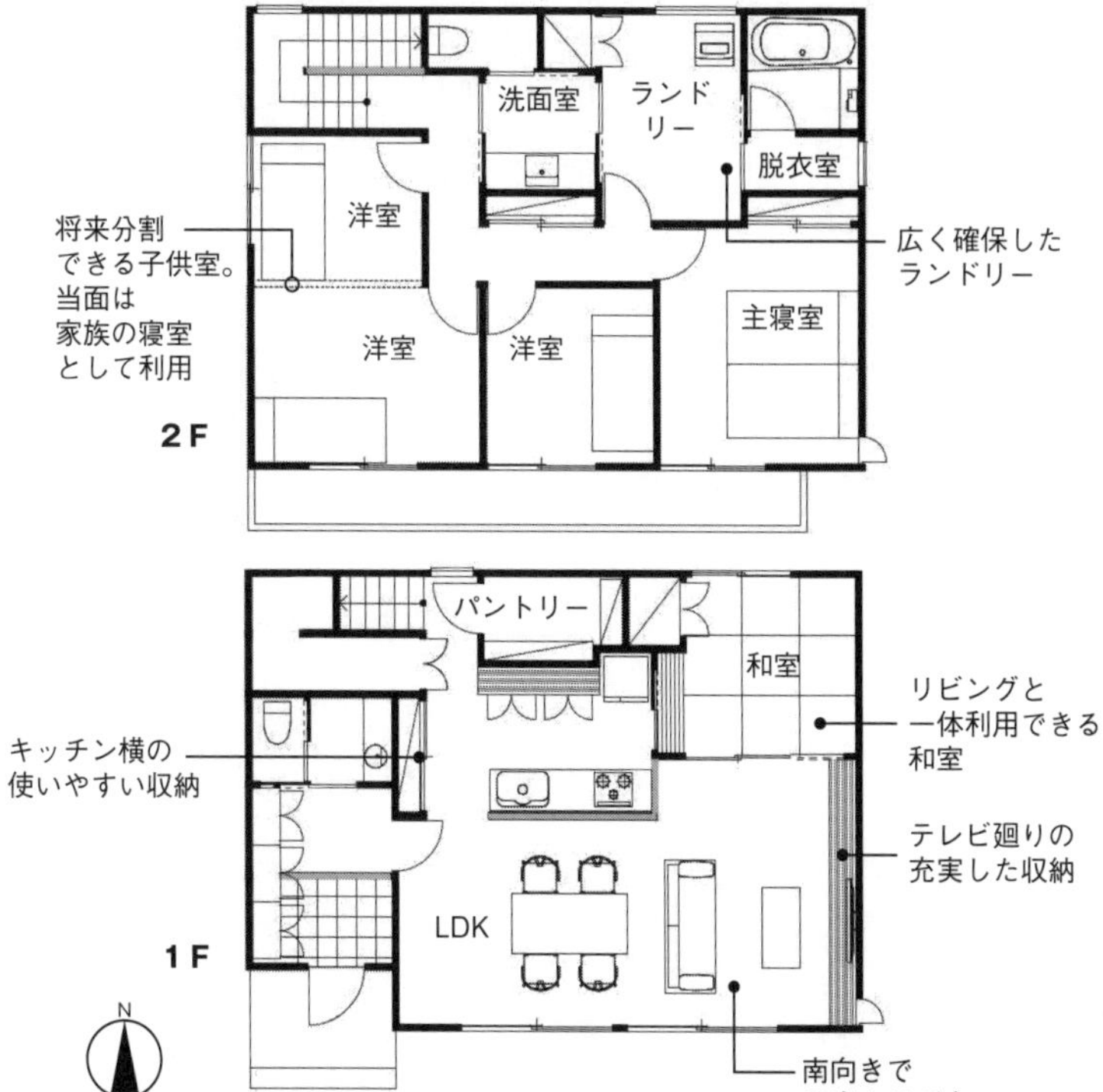

松坂さんの家族構成

■ 夫：会社員（40代）、妻：会社員（30代）、長女（４）、長男（１）、次男（0）

■ 家事分担：洗濯は夫婦、水廻り掃除は夫、その他は妻

■ 洗濯方法：ガス乾燥機、部屋干し

■ 将来、ホームエレベーターを設置したい

✕ ホームエレベーター設置で間取りが悪化

もしもの時や老後はリフォームで対応すると考える施主も多いですが、大規模なリフォームが必要になることが多いです。特に**ホームエレベーターは、間取り検討の初期段階から「設置すること」を想定しないとうまく配置できません。**なぜなら、ホームエレベーターから、(たとえば水廻りなどへの)水平移動動線を確保する必要があるので、上下移動できればどこでもいいわけではないからです。

実際、現状では、図のように1階はリビングと和室の間、2階は主寝室くらいにしか設置できませんが、これはあまりスマートとはいえません。

改善間取りでは、階段に隣接する形で1帖分の収納を計画し、そこを将来のホームエレベーターとすることにしました。

この収納は廊下に面しているので、ホームエレベーターを設置しても現状間取りの動線計画と大きく変わることがありません。この位置なら最初から設置してもよさそうですが、まだ40代の松坂さんが、現時点でホームエレベーターを使う機会は少ないので将来設置のほうが賢明といえます。

また散らかりやすいダイニングとキッチンを東側に移動することで、リビングに入ってすぐダイニングテーブルが目に付くという問題点も改善しています。

BadPoint!　将来のホームエレベーター位置が未検討

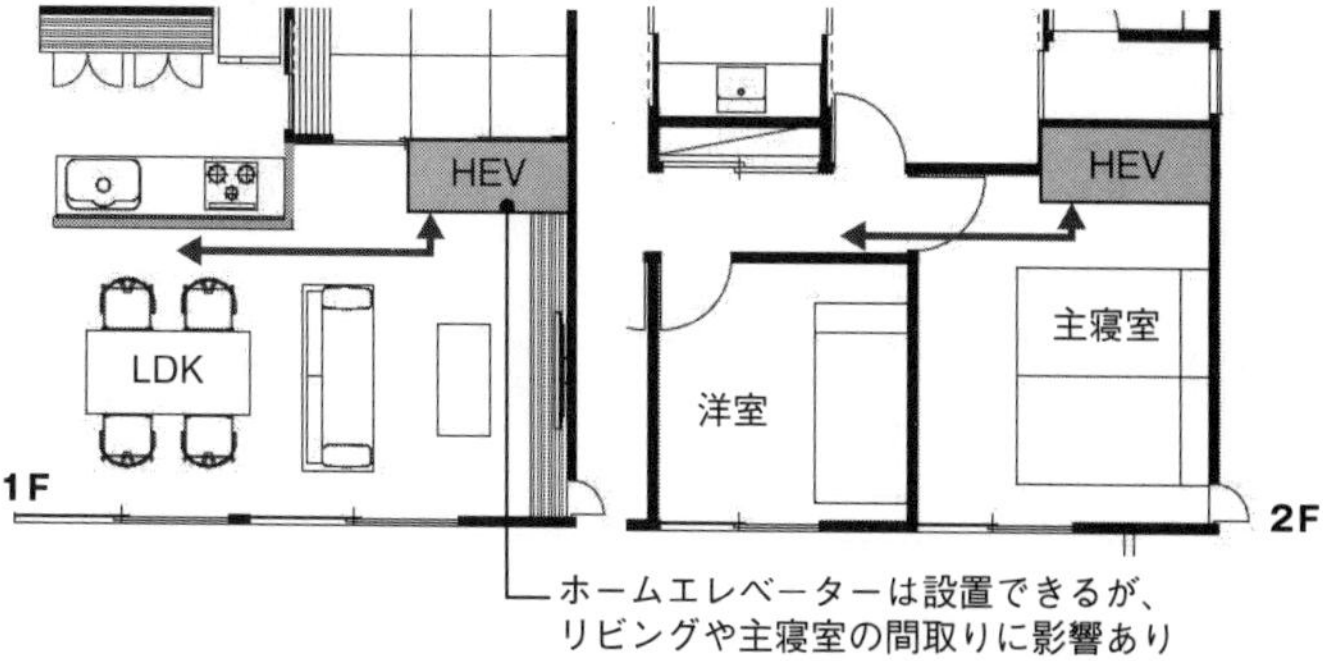
HEV
HEV
主寝室
LDK
洋室
1F
2F
ホームエレベーターは設置できるが、
リビングや主寝室の間取りに影響あり

BestPlan!　階段近くの収納をホームエレベーターに

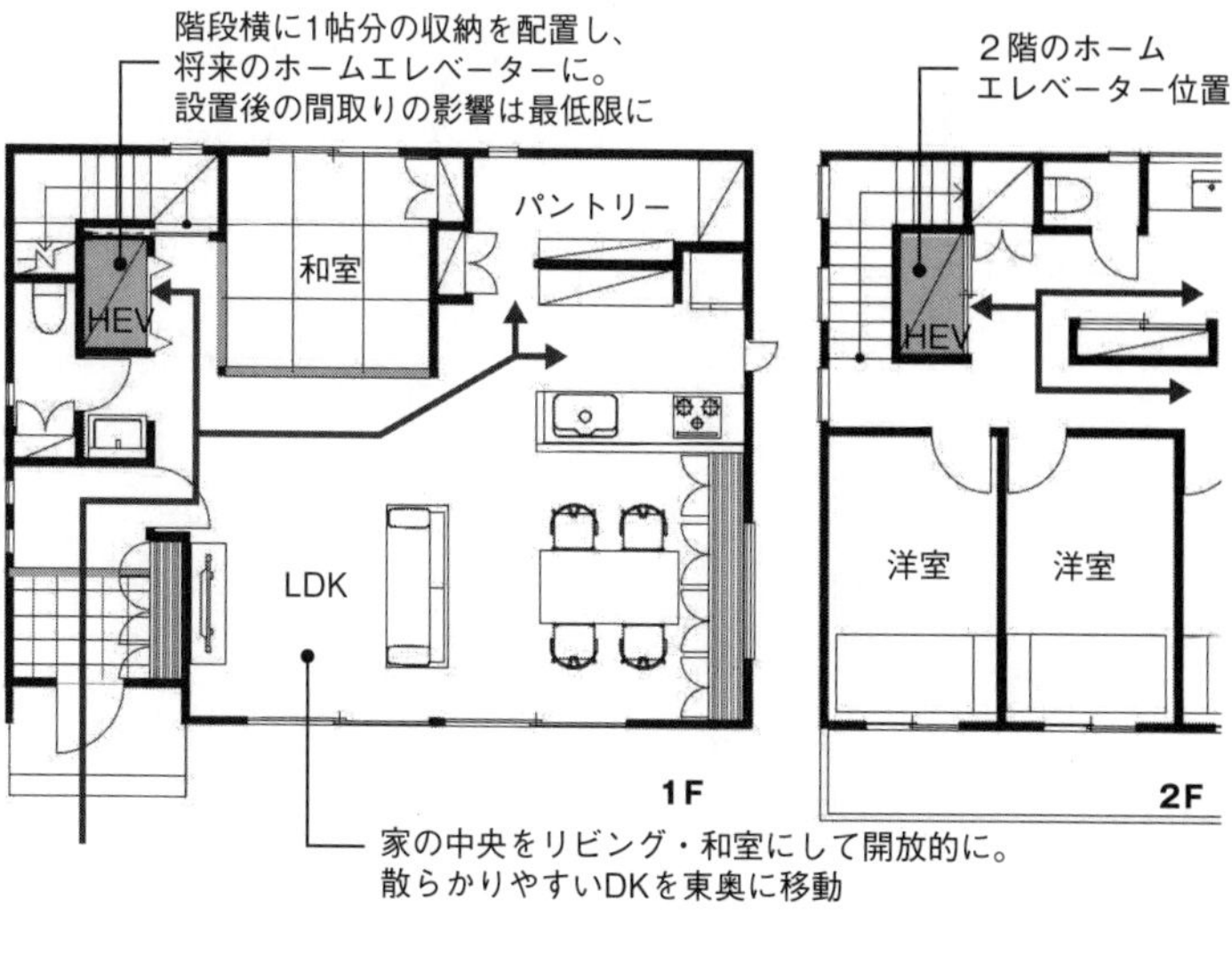
階段横に1帖分の収納を配置し、
将来のホームエレベーターに。
設置後の間取りの影響は最低限に
２階のホーム
エレベーター位置
パントリー
和室
HEV
HEV
LDK
洋室
洋室
1F
2F
家の中央をリビング・和室にして開放的に。
散らかりやすいDKを東奥に移動

「知らなかった」と後悔しないために

ここまで、日当たりや眺望、耐震性や段差解消と幅広く事例を取り上げました。近隣環境や時間軸、住宅性能はあまり意識されないことかもしれませんが、私たちの暮らしや安全にかかわる重要な事項です。

特に「終の棲家」として家を建てる・購入する場合には、将来の想定は必須です。後で、「知らなかった」と後悔しないようにいくつか補足します。

目の前に駐車場のある土地が危険な理由

敷地の南側に、広い道路や遊歩道、公園や河川といった「建物が建っていない（建つ可能性が低い）広い土地」があると日当たりや眺望の確保はしやすいです。

ただ、同じ「建物が建っていない広い土地」でも、駐車場や田畑、空き地など土地の所有者が個人や法人の場合は、将来的に建築物が建ち、住環境が変化する可能性があります。

建物が建つタイミングとしては、土地所有者が死亡して相続が発生した時、または、土地所有者が相続税対策として賃貸アパート経営を始めた時、のどちらかが多いです。企業所有地がデベロッパーに売却されて分譲マンションが建つ、ということもあります。

用途地域が「第一種（二種）低層住居専用地域」の場合、絶対高さ（10ｍまたは12ｍ）と北側斜線という高さ制限があるので、事前にどのような建物が建つかを想定することができます。自分の家を計画する際には厄介な「北側斜線」ですが、入居後は住環境を守るための役割を担ってくれ、安心できます。それ以外の地域でも高さ制限はありますが、3階以上を建てることができます。

私たちは、隣地や近隣住民の意見を考慮して自分の家を建てることはありませんが、それは、隣地に建てる個人・法人も同じです。土地を選ぶ際には、用途地域や近隣環境を理解した上で「ネガティブシミュレーション」することをお勧めします。

段差解消のための5つの解決策

老後も快適に暮らすことを考える時、真っ先に思い浮かぶのが段差解消です。バリアフリー意識が浸透したことで、建具の下枠がなくなり、トイレなどの水廻りもフラットになったので、新築住宅においては同じフロアでの段差はほぼ解消しました。

65歳以上の高齢者の家庭内事故の半分は、転落・転倒であることを考えると、これは朗報です。入居してから、カーペットやコード類等、床にモノを置くといったことに注意すれば、段差が原因で転倒することは避けられそうです。

ここで紹介するのは、転倒の原因となるわずかな段差ではなく、地面と1階、1階と2階といった大きな段差です。車椅子利用者が自助あるいは家族や身内の助けで段差解消するには、以下の5つの方法が有効です。

1　スロープ

床の高低差を解消するための緩い傾斜路。
解消できる高低差：1階床と地盤

スロープ勾配の目安を示します。

20分の1　公共施設で使われる勾配
12分の1　自律移動できる勾配
6分の1　電動車椅子で上れる勾配
4分の1　介助して上れる最大勾配

2　段差解消機

上下方向に昇降するリフト。数センチから60㎝までの高低差を解消できる。

解消できる高低差：1階床と地盤

3　階段昇降機

椅子に座った状態で階段を上り下りできるリフト。床・階段の踏面に固定したレールを使って、椅子が移動する。

解消できる高低差：1階床と地盤、屋内外の階段

4　ホームエレベーター

個人住宅用のエレベーター。店舗や事務所など他の用途では使えないが法定点検の義務がないため採用しやすい。

解消できる高低差：1階床と地盤、各階（5階まで可）

事例21で解説済み。最小で畳1帖の大きさがあれば設置可能。

5　手すり

階段や玄関の段差付近に設置することで、自力で上り下りをしやすくし転倒を防ぐ。建築基準法では階段に手すりを設置することが義務付けられている。

南大きく他小さくが窓ルール

窓は、住宅で最も熱が出入りする箇所です。そのためエコハウスでは、冬は日射取得を最大化し熱損失を最小化、夏は最大限に日射遮蔽するよう窓を計画することを原則とします。

つまり冬は太陽光を室内に取り込み、暖まった熱は窓から逃がさない、夏は太陽光を遮蔽し室内を暑くしない、ということになります。

そのような都合のよいことができるのか、と思うかもしれませんが、「南は大きくそれ以外は小さくする」という非常にシンプルなルールに従って窓をつくることで、ある程度は実現可能です。

これまでの日本の住宅は、方位に関係なく引き違い窓をたくさん設置する傾向にありました。その上断熱性も低かったので、夏は暑くて冬は寒い家が大量生産されてしまいました。また年間1万人以上の方がヒートショックで亡くなっていますが、これも「窓が多い」ことによる断熱性能の低下が影響しています。

現在の新築住宅は断熱性能こそ向上しましたが、方位を考えた窓計画は稀です。快適な温熱環境を確保したいなら、「南は大きくそれ以外は小さくする」を意識してください。

ただこのルール、どんな条件でも使えるわけではありません。

たとえば事例17のように、そもそも太陽光が届かない環境もありますし、南東向きや南西向きの敷地は、どちらを南とすべきか判断が難しいです。

さらに西側は桜並木と富士山を眺められるけれど、南側は今にも壊れそうな単身者用アパートの共用廊下が見えるといった複雑な状況も考えられます。

エコハウスの原則に従うなら、南側は大開口で西側は小窓だけとなります。パッシブハウス（自然の力を使ったり、建物の性能を徹底的に高めたエコ住宅）の専門家も同様の事例に対して、「富士山は外に出て眺めればいいから西側に窓は不要」と話していましたが、さすがにあり得ないと私は思います。自室から富士山を楽しめる暮らしは、魅力的ですからね。

このように窓には、太陽光を入れるだけでなく、眺望を楽しむという役割もあります。「南は大きくそれ以外は小さくする」というルールを理解した上で、どんな暮らしをしたいのか、何を優先すべきかを検討し、窓計画をすべきでしょう。

総２階は地震に強い

大手ハウスメーカーは、自分たちが採用している工法の耐震性能をアピールするために「実物大実験」を行っています。この様子は、YouTubeで視聴できるので「実物大実験」と検索してみてください。

これらの動画を見て気づいた方もいると思いますが、実物大実験に使われる建物のほとんどが総2階です。これは単なる偶然ではなく、**「総2階は耐震性が高い」**ということを住宅会社も理解しているからです。つまり同じ耐震工法だったとしても、総2階でない違う間取りなら結果が変わる、ということになります。

これは紛れもない事実ですが、だからといってすべての住宅を総2階にするわけにもいきませんので、事例18で解説したように2階外壁下に1階の壁を設置したり構造計算を行うなどして耐震性を担保する必要があります。

ちなみに、1階と2階（または3階）の壁（正確には耐力壁と柱）が揃っている割合は直下率と言われ、2016年に起きた熊本地震で耐震等級2の木造住宅が全壊したことから注目されました。耐震等級2というのは、一般的な住宅の1・25倍の耐震性があると言われているのですが、その住宅が全壊した原因の一つが直下率の低さです。

また有名な話ですが、建築基準法は、国民の生命、健康及び財産の保護を図るための最低限の基準を定めたものです。地震や火災時に避難できる時間は確保しますが、壊れないわけではありません。前述の熊本地震では、少しでも破損した住宅の多くはその後建て替えられているので、地震での破損は経済的に大きなダメージを受けることを意味します。

長く居住する想定であれば、耐震性の高い間取りにすることを考えましょう。

「売却しやすい間取り」という視点を持つ

施主の多くは「終の棲家にしたい」と考えて注文住宅を建てます。昔と違い住宅の耐久性も良くなっているので、メンテナンスさえ怠らなければ、住み続けることはできるでしょう。

そのため「売ること」は考えずに、自分たちのコダワリを詰め込んだ間取りにすればいいと考える施主も多いです。コダワリの実現は注文住宅の醍醐味なので否定すべきではないですが、そのコダワリが独りよがりなものだと、入居してから他の家族（や将来の自分）が苦労します。

そこでお勧めなのが、**終の棲家にする想定でも、「売却のしやすさ」を意識する**ことです。売却という選択肢を残せる、というメリットもありますが、「他の人が住んだらどうか？」という視点で間取りを見ることができ、暮らしやすさのチェックにもなります。

日本の中古住宅市場が活性化しないのは、耐久性や住宅性能の問題もありますが、注文住宅には他の人が住む、という視点がないことも影響しているように思います。

「売却しやすいか＝他人も暮らしやすいか」という視点で間取りを点検してみてください。

間取り診断チャレンジの模範解答と解説④ 事例18

事例18（神宮寺さん）のヒントは「玄関框」「ＷＩＣ」「通路幅」でしたが、見つかったでしょうか？　早速、3つの暮らしにくさについて解説します。

①　2つある玄関框が狭い

1つ目は、玄関框が狭いことです。2つある玄関框がどちらも78㎝と、賃貸アパート並みの狭さなのは残念です。また玄関框が2つある意図も不明です。左が表玄関、正面が内玄関という設定かと思いますが、靴を置く場所は同じで丸見えです。

②　玄関正面からＷＩＣが丸見え

雑多になりがちなＷＩＣが玄関正面にあって中身が丸見えです。衣類を素敵にディスプレイするのならいいですが、神宮寺さんにはそのような希望はありません。

③　帰宅動線通路が狭い

ＷＩＣを通ってキッチンに入る帰宅動線ですが、両側のハンガーパイプに洋服がかかっているため有効幅は68㎝程度になります。通常の廊下幅である78㎝よりも10㎝狭いです。通れ

BadPoint!　**アパート並みに狭い玄関と複雑な帰宅動線**

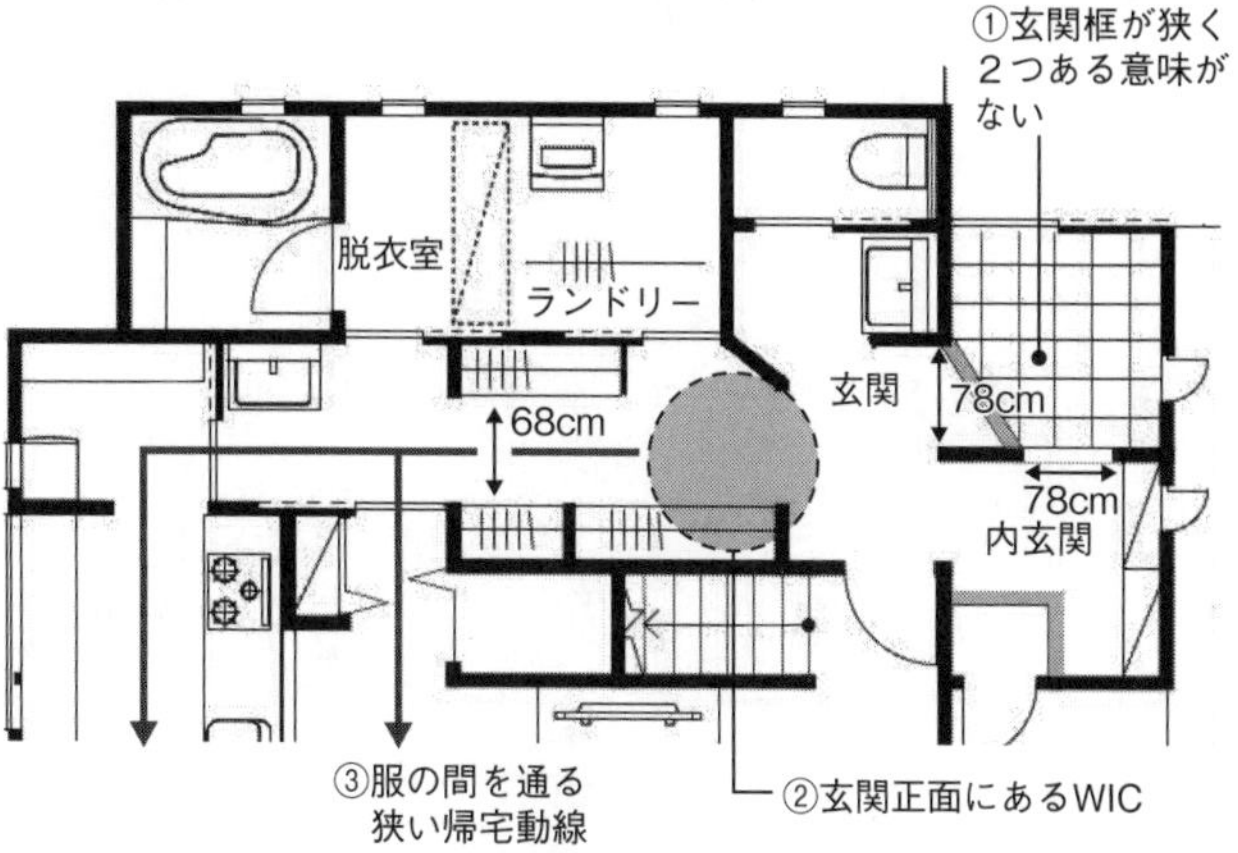

BestPlan!　**玄関を広くし動線を効率化**

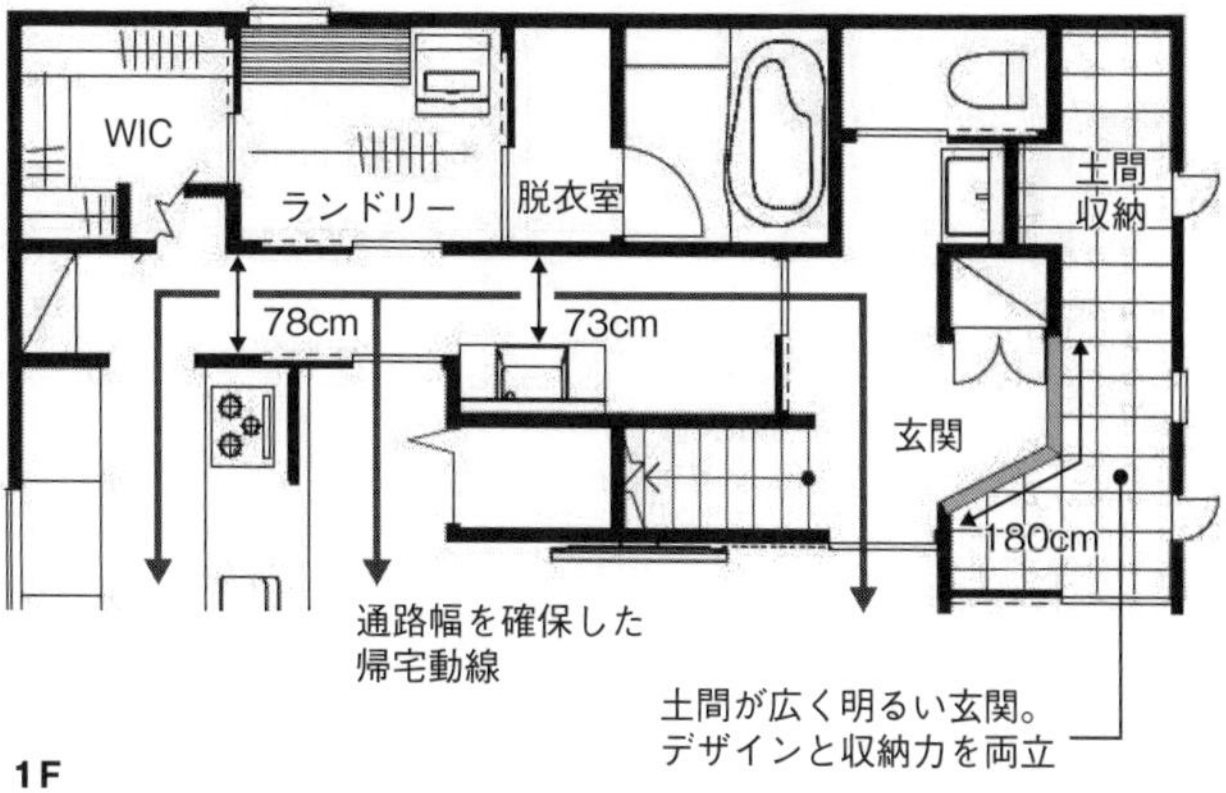

1F

なくはないですが、帰宅時に鞄や買い物袋を持った状態だとかなりストレスです。

改善案では、これらの問題をすべて解決しました。

まず玄関ですが、勝手口をなくし土間収納を設けた上で玄関框も１８０㎝確保しました。2人同時に靴を脱ぎ履きでき、来客にも対応できます。土間収納には、趣味のスキー板を置く予定です。南北に長い土間は、奥行き感を演出でき、広く見せる効果があります。

ＷＩＣは北西角に移動、ランドリーから入る計画にし、洗濯収納動線を短くしました。玄関からキッチンまでの通路は、片側に収納や洗面化粧台を設置した廊下にしました。洗面化粧台部分だけ5㎝狭くなりますが、それ以外は一般の廊下幅と同じです。

新居に引っ越した神宮司さんからは、日当たりが良いリビングで快適に過ごしていると連絡をいただきました。３ｍに広げた庭は開放的で、家事動線や収納にも満足されています。陽が射し込む広い玄関は、宅配の荷物も片づけやすく、ストレスフリーだそうです。

次章はいよいよ最終章です。現在、施主に人気がある間取りに注目して、そこに隠れている暮らしにくさを解説します。

第７章　流行りだけど〈取り扱い注意〉な間取り

流行りの間取りは慎重に

アパレルや食品、エンタメ業界では、日々、様々な流行が生まれ変化しているように見えます。最新の流行は、ＳＮＳや情報番組での定番ネタです。

一方、住宅は、土地購入から設計、工事、引き渡しまで１年程度はかかり、かつ30年以上暮らすことが多いので、1～2年で廃れる「流行り」を採用することはできません。

毎年4月に開催される世界最大規模の家具見本市、ミラノサローネでは、家具や住宅設備、インテリアの最新トレンドを見ることができます。これらは、比較的、更新しやすい部分ですが、家の骨格となる「間取り」が、短期間で期限切れになるのは困ります。

そんな保守的な住宅業界ですが、10年くらいのスパンで見るとトレンドがあるようです。私が住宅設計を始めた１９９０年代は、吹き抜け付き玄関が流行しました。バブルの影響で豪華さが好まれたのだと思いますが、現在はたまに建売住宅で見かけるくらいです。

２０００年頃は、キッチン動線の延長に洗面脱衣室を配置することが流行りました。家事動線が注目され始めた頃で、専業主婦が効率的に料理や洗濯することを想定しています。

２０１０年頃からシューズクローク、２０１５年頃からはランドリールームやキッチン横ダイニング、２０２０年からは玄関手洗い器が注目されています。これらは社会的な背景が影響しており、「その時代を象徴する間取り」が流行しているようです。コロナ禍で「玄関手洗い器」が注目されたのは、わかりやすい事例です。

流行を取り入れること自体はよいのですが、注意すべきは実際の暮らしやすさです。洋服なら実物を試着できますが、間取りは未体験のまま採用となります。できればその間取りを採用している完成物件やモデルルームを実見したほうがよいです。一例をあげます。

コロナ禍に、ある住宅会社が玄関脇に小型手洗い器を設置した住宅商品を発売しました。確かに玄関で手を洗えるのはラクそうですが、提案間取りを見て驚きました。なぜなら、玄関から5歩の位置に（その小型手洗い器とは別に）洗面室がある間取りだったからです。

しかも、その小型手洗い器は、石鹸置き場もタオル掛けもない、ボウルが小さいので床に水が飛び散りそう、そもそも小さい子には使いにくいという代物でした。

「玄関手洗い器」というワードからは、「素敵そう」「清潔そう」といった雰囲気が醸し出されていますが、その目的は「帰宅したらすぐ手洗いできる」ことです。他で目的を達成できるなら「玄関手洗い器」を設置する必要はありません。

本章では、最近流行している間取りに潜む暮らしにくさを、事例を用いて解説します。

事例22 玄関開けたらすぐ手洗い、これが令和の基本です

40代で会社員の吉岡さん（女性）は、残りの人生を楽しみたい！という思いから、両親から相続した家を建て替えることにしました。職場の知人が建てたハウスメーカーがローコストで高性能だったことから、紹介してもらい契約することにしました。

計画のポイントは、広いリビングと日当たり、そして祖母から受け継いだステンドグラスを室内窓として飾ることです。

ハウスメーカーから提案された間取りは、中央の玄関ホールを経由して、南側ＬＤＫ、東側水廻り、西側寝室に入れるようになっています。玄関には、75㎝幅の洗面化粧台が置かれているので、帰宅後、すぐに手洗いできます。

こだわりのステンドグラスは、玄関正面の目立つ場所に配置されています。リビングからも見える位置のため、インテリアのポイントになります。

キッチン横には、書斎スペースがあり仕事や趣味で使えそうです。吉岡さんは、最近、薬膳に凝っているので、集中して学ぶことができそうです。

１人で暮らすには十分な広さが確保できており、日当たりも眺望も良いので、問題はなさそうに見える間取りですが、１点、大きな問題がありました。

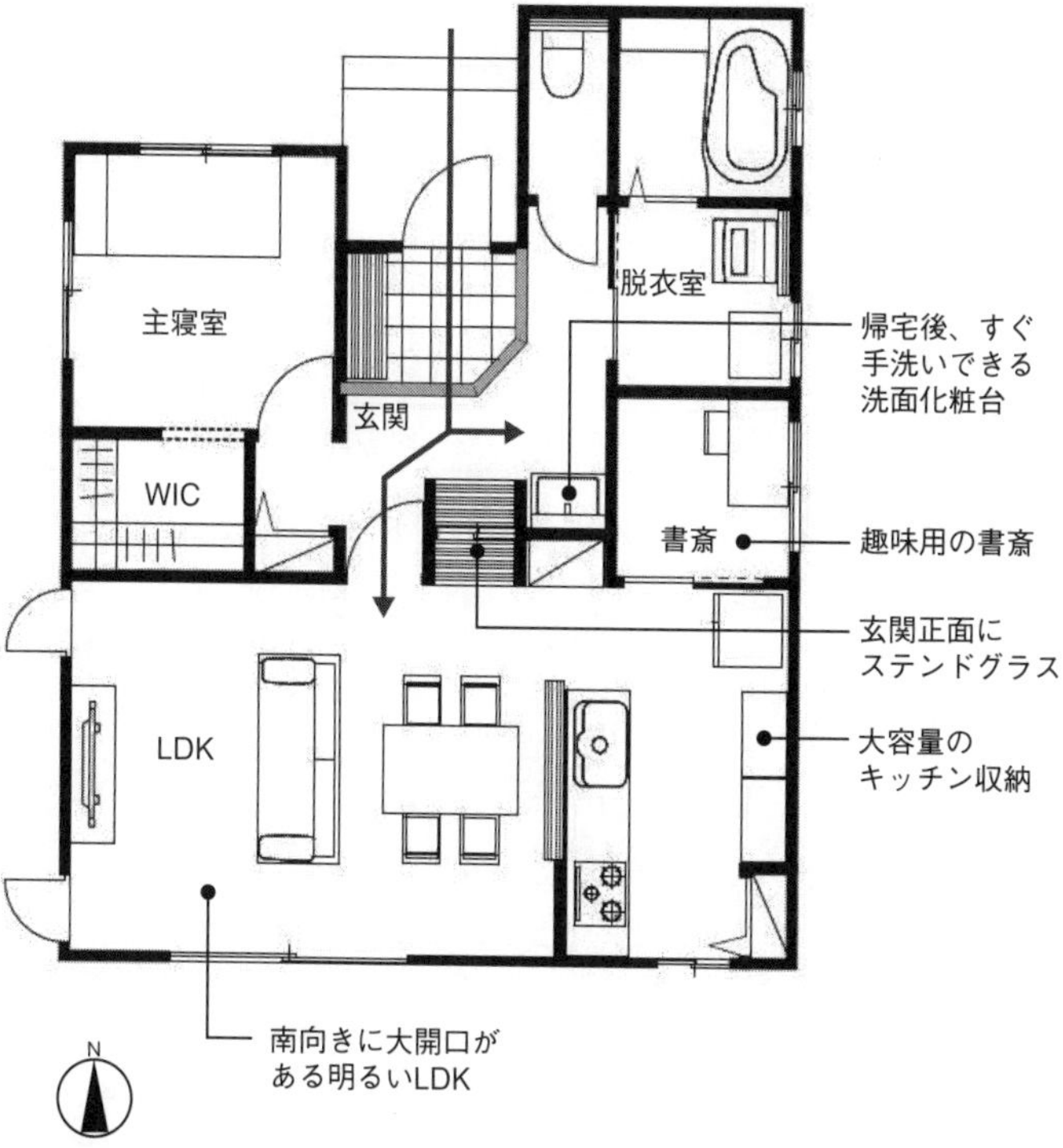

吉岡さんの家族構成

■女性：会社員（40 代）

■家事分担：すべて本人

■洗濯方法：室内干し、ガス乾燥機

■ステンドグラスを室内窓として入れたい

✕玄関開けたら目の前に洗面所

問題とは、帰宅したら正面に洗面化粧台が見えることです。前述のようにコロナ禍の影響で、玄関近くに手洗いできる間取りが流行りました。それ自体は良いのですが、この事例のように玄関から目立つ位置に洗面化粧台を設置するというのは見栄えが悪すぎます。

イメージしにくい方は、自宅の洗面所の前に立ってみてください。洗面化粧台の他に、タオルやコップ、石鹸や歯磨き粉などが見えます。これら「生活感を凝縮した」ような洗面所が、玄関ドアを開けた瞬間に目に飛び込んでくるわけです。さらにこの計画では、隣にステンドグラスが飾られているためよりチグハグな印象になります。

吉岡さんもカッコワルイ家は嫌なので、玄関から見えない位置に間取り変更しました。洗濯動線も最短にしました。脱衣室横にＷＩＣを設置したのでガス乾燥機で乾かした洗濯物をすぐ収納できます。普段着はＷＩＣ、季節外の衣類は主寝室の押し入れに収納します。

入居して半年たってから、自宅に伺うことができました。

玄関を入って正面にステンドグラスが飾られていてとても素敵です。吉岡さんは「この横に洗面化粧台がある間取りだったことを考えるとゾッとします」と苦笑していました。

とにかく快適で後悔がまったくない、友人にも褒めてもらうことが多いと楽しそうに話してくださいました。理想の暮らしを満喫されているようで、私も嬉しくなりました。

BadPoint!　**正面に洗面化粧台。カッコワルイ玄関**

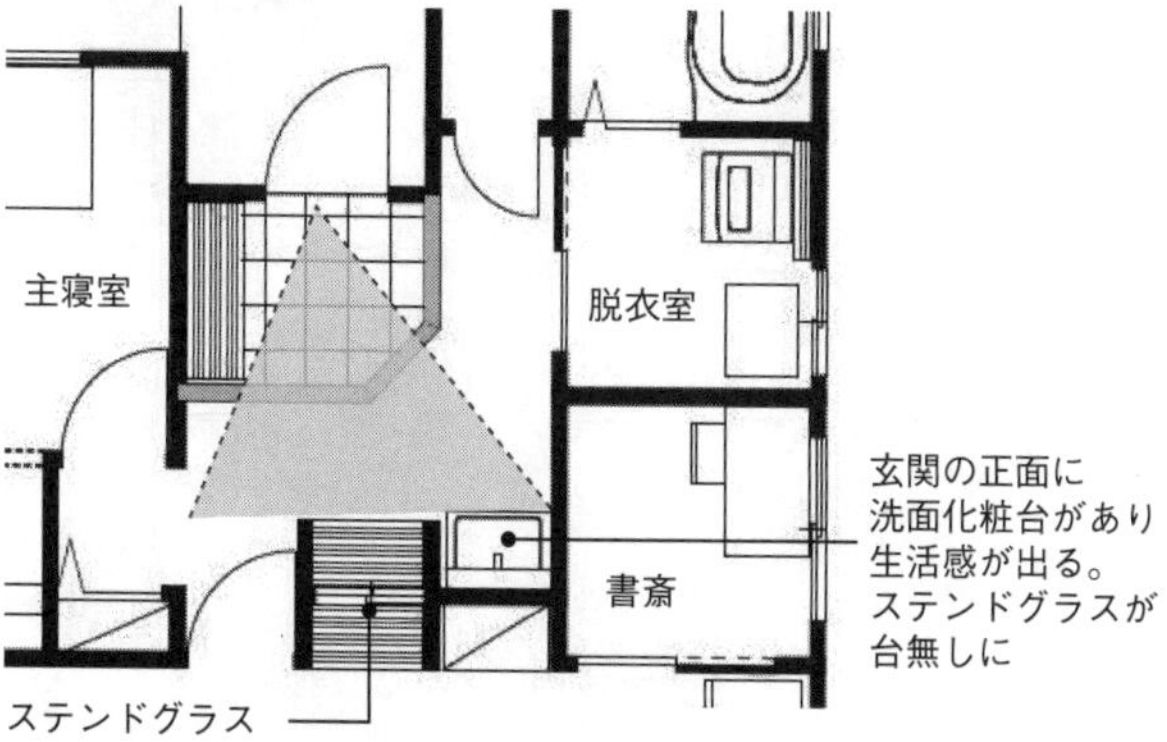
主寝室
脱衣室
書斎
玄関の正面に
洗面化粧台があり
生活感が出る。
ステンドグラスが
台無しに
ステンドグラス

BestPlan!　**洗面化粧台は死角に、家事効率もアップ**

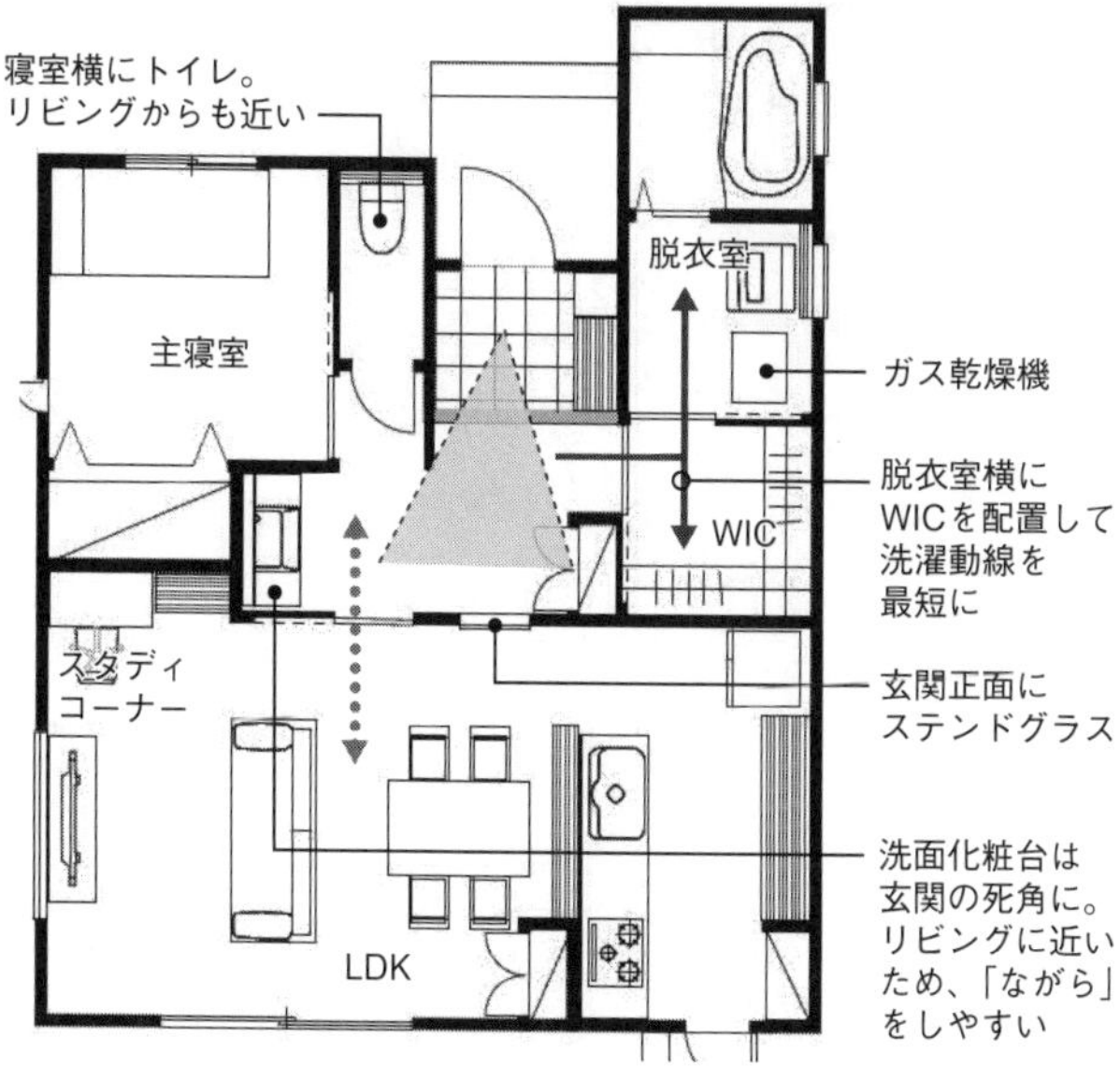
寝室横にトイレ。
リビングからも近い
主寝室
脱衣室
WIC
スタディ
コーナー
LDK
ガス乾燥機
脱衣室横に
WICを配置して
洗濯動線を
最短に
玄関正面に
ステンドグラス
洗面化粧台は
玄関の死角に。
リビングに近い
ため、「ながら」
をしやすい

事例23　帰宅したらすぐお着替え、タイミングが大事です

会社員で2人の子供がいる永瀬さん夫婦は、妻の実家に近く、駅が徒歩圏の好立地を購入し、注文住宅を建てることにしました。

住宅会社は、その地域でコスパが高いと施主に人気がある工務店です。私も何度か間取り診断を行ったことがありますが、住宅性能が高い割に坪単価が低いので人気なのも頷けます。ただ、このような住宅会社は人件費を抑えているので、あまり良い提案をしてくれない場合が多いです。

永瀬さんが提案された間取りも同様でした。永瀬さんは、吹き抜けが欲しい、キッチン横並びダイニング、帰宅したら部屋着に着替えたい、片付けのしやすさも重視、とこだわりポイントを伝えたのですが、部分的に実現できているものの、動線や空間構成など納得できる間取りにはなりませんでした。

そんなわけで、全部、作り直してください、という若干、無茶ぶり気味な依頼をいただき、間取り診断することになりました。診断でみつけた「暮らしにくさ」は3つです。

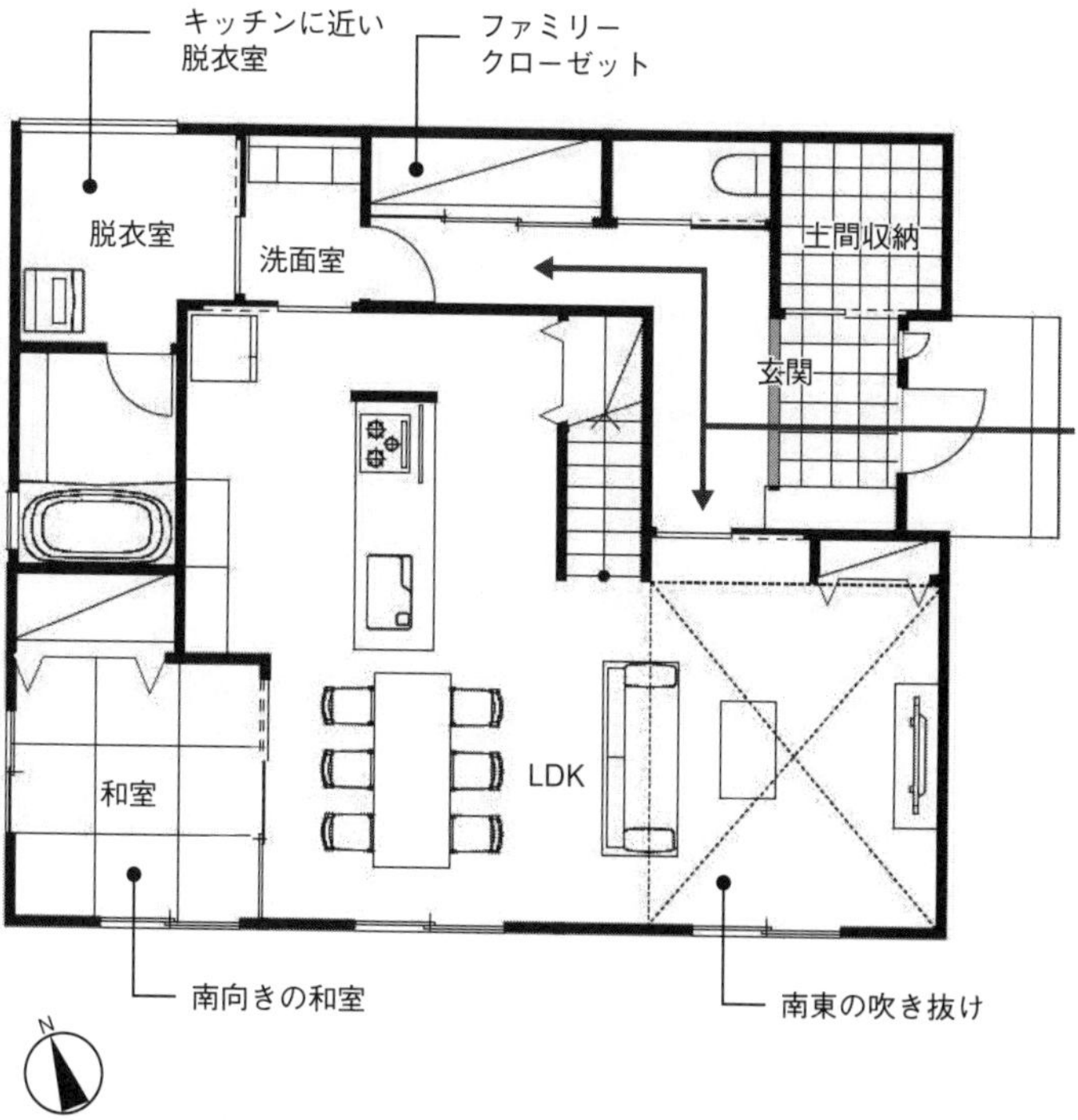

永瀬さんの家族構成

■夫：会社員（30代）、妻：会社員（30代）、
　長女（3）、長男（0）

■家事分担：料理・洗濯は妻、掃除は２人で行う

■洗濯方法：ガス乾燥機、室内干し

■帰宅後、部屋着に着替える習慣がある

✕ 帰宅した家族に着替えが丸見え

1つ目は、ファミリークローゼットの位置です。永瀬さんは、帰宅後すぐ部屋着に着替えますが、他の家族が帰宅した時に丸見えということになります。帰宅したら、パパがパンイチで着替え中というのは子供も嫌がるのでタイミングを見計らう必要があります。

2つ目は、玄関と土間収納です。この2つ、永瀬さん家族には、いささか広すぎます。

3つ目は、ダイニング西側の和室です。事例06でも解説しましたが、ダイニング横のため使い勝手が悪く、和室とダイニングテーブルが近すぎるため窮屈な印象を受けます。

このような多くの問題を解決するため、改善提案では、回遊動線を採用しました。時計回りは来客、反時計回りは家族動線です。家族は手洗い後、中央のWIC内で着替えられます。リビングは、南側に配置し東西に長いタイプにしました。和室は東側に配置しリビングと一体的に利用できます。

キッチンは対面キッチンに変更しました。動線や収納のバランスを考慮すると、対面キッチンが最適と永瀬さんも判断しました。2・7mの食器棚と1・8mのパントリーが片づけやすい位置に配置されています。

同じ面積でもここまで変えられたのは、「広い玄関・土間収納」と「横並びキッチン」を諦めたからです。**優先順位を変えることで、間取りを大きく改善できる**ことがわかります。

BadPoint!　**廊下で着替えることになるファミクロ**

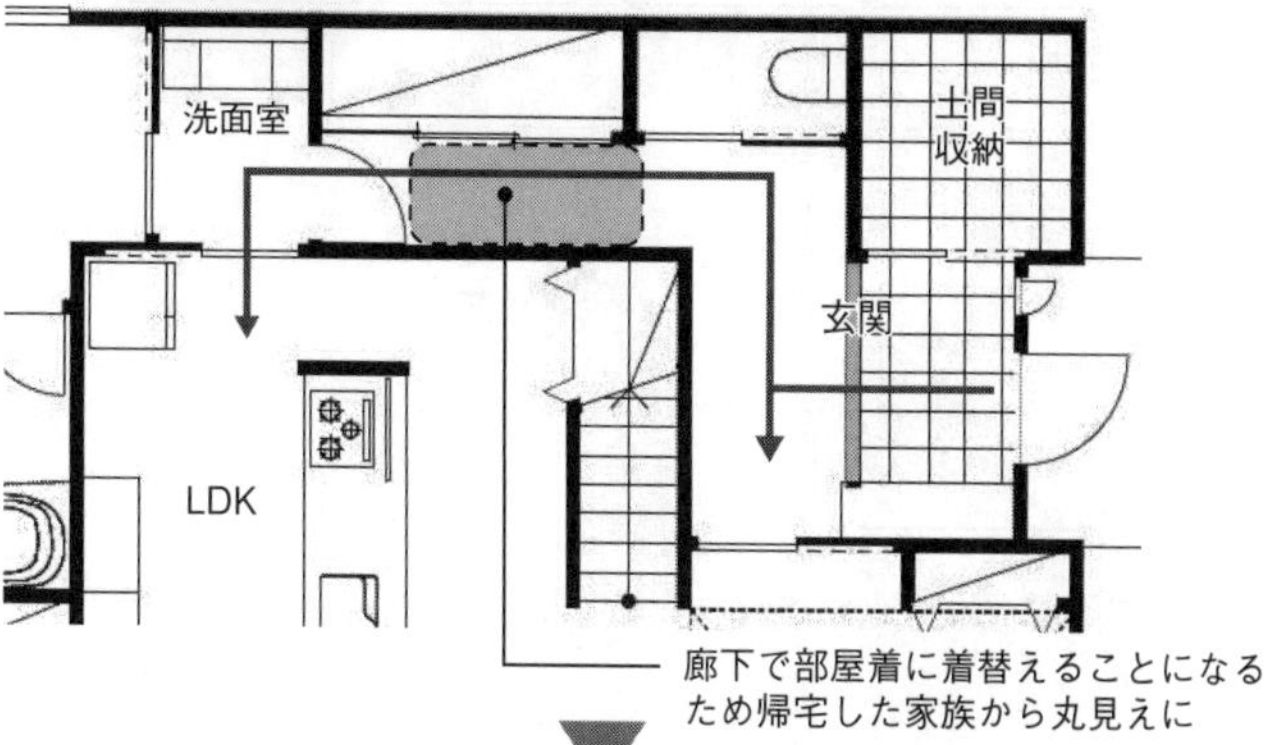
洗面室
土間
収納
玄関
LDK
廊下で部屋着に着替えることになる
ため帰宅した家族から丸見えに

BestPlan!　**WICを中心にした回遊動線を採用**

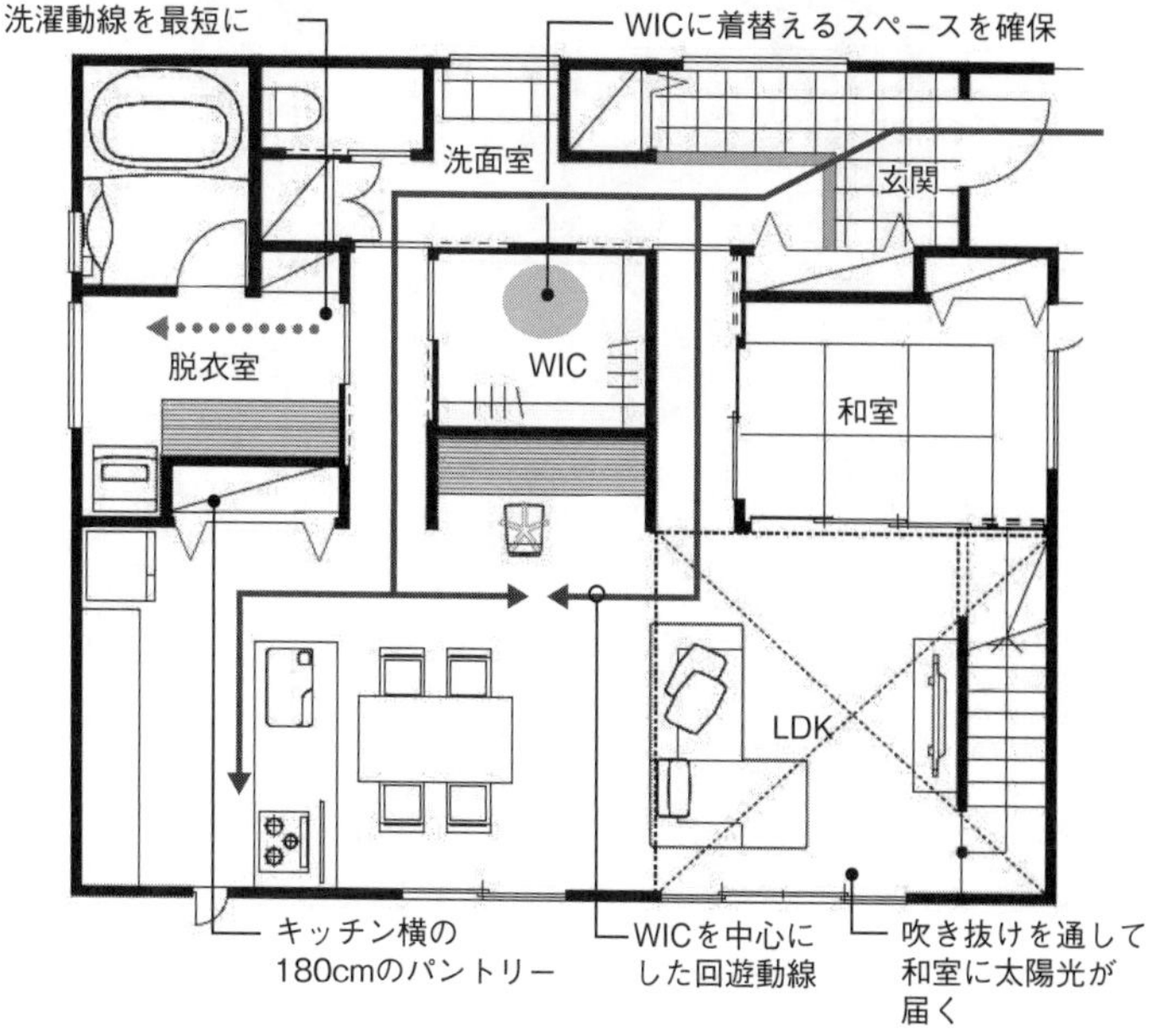
洗濯動線を最短に
WICに着替えるスペースを確保
洗面室
玄関
脱衣室
WIC
和室
LDK
キッチン横の
180cmのパントリー
WICを中心に
した回遊動線
吹き抜けを通して
和室に太陽光が
届く

事例24　人気のシューズクロークが犠牲にしたもの

ＩＴコンサルタントの松岡さんは、娘の誕生をきっかけに地元の北海道に家を建てることにしました。妻の実家も近く、南道路の向かい側には緑豊かな公園が一望できます。

工務店から提案されたのは、吹き抜けと薪ストーブのある開放的な間取りです。キッチンやダイニングから庭や公園を眺められ、奥行き２・２ｍの吹き抜けからは太陽光がさんさんと入ります。１階で生活が完結するように、リビングと水廻り、主寝室は１階にして、書斎と子供部屋を２階にしました。キッチン廻りにたっぷりの収納を確保し、北東の角には冬の保冷庫を設け、あえて断熱しないことで冬は自然の冷蔵庫として利用します。６人掛けのダイニングテーブルが置けるので、両親や友人を招いて食事もできます。

おおむね希望通りの間取りになりましたが、１点心残りだったのが、リビング横に和室がないことです。子供の昼寝や遊び場、寛ぐスペースとして小さい和室が欲しかったのですが、工務店との打ち合わせでは他の部屋との兼ね合いで実現できませんでした。

子育て時にリビング横の和室が便利なことは私も経験的に知っていたので、「床面積はそのままで」実現できないかと思案しました。そこで、注目したのが、この間取りの「無駄な部屋・空間」です。これらをリストラして面積を捻出する方針で検討しました。

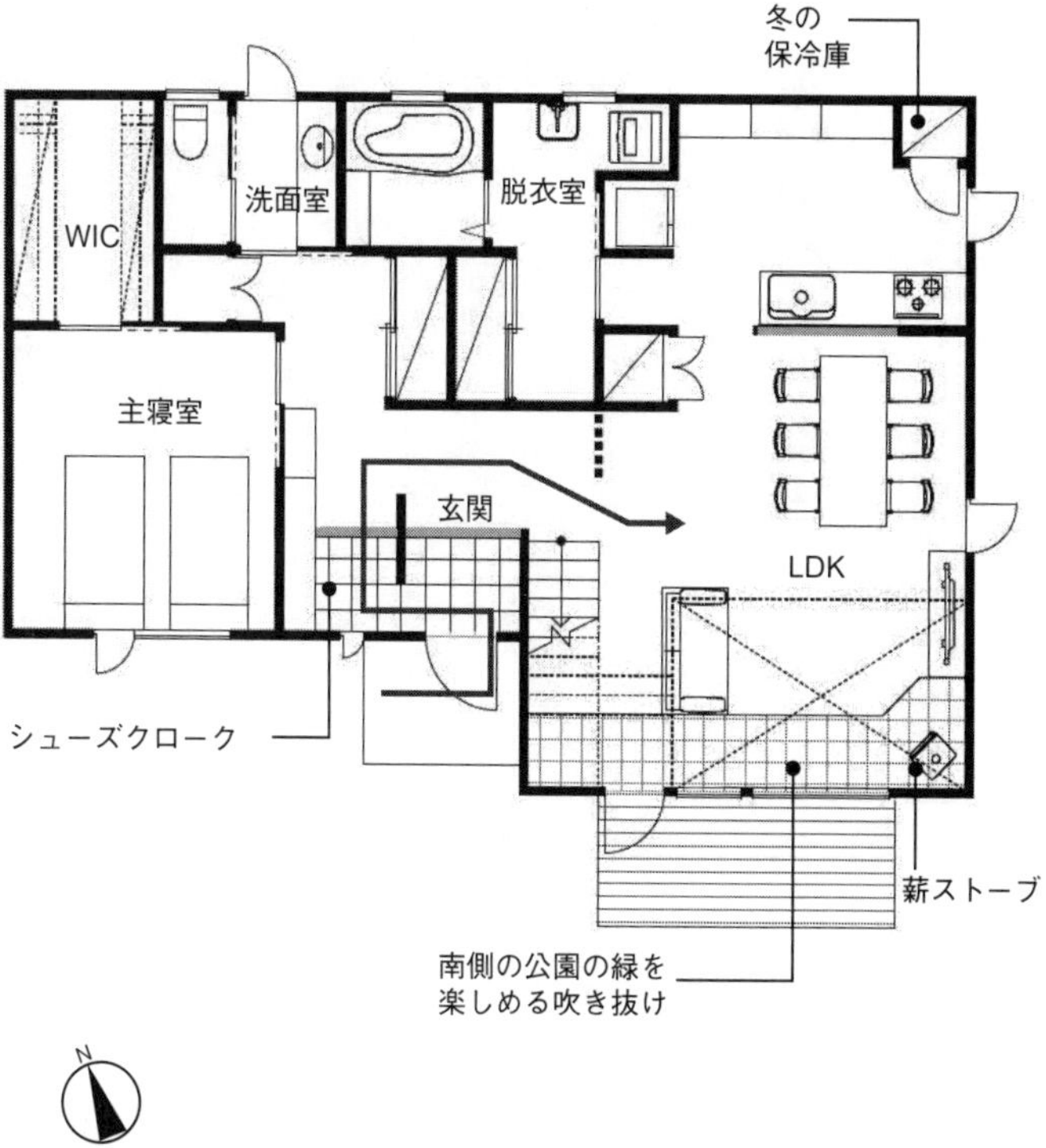

松岡さんの家族構成

■夫：IT コンサルタント（30 代）、妻：教師（30 代）
　長女（1）

■家事分担：すべて妻が行う

■洗濯方法：ガス乾燥機、室内干し

■リビングに接する和室が欲しい

✕ シューズクロークなど3つの無駄をリストラ

1つ目の無駄は、「シューズクローク（内玄関）」です。住宅会社からの提案でしたが、松岡さんには、こだわりがないことがわかりました。2つ目は、3帖のWICです。松岡さんは、洋服やモノを多く所有しないので、この大きさは必要ありません。3つ目は、脱衣室です。これも効率化できます。

これらの無駄を省いて、実現したのが下の間取りです。ダイニング横に3・4帖の和室を配置できました。この位置ならキッチンやダイニングから見渡せるので、子供を寝かせるのには最適です。布団を二組敷けるので、客間としても利用できます。入居後、1年たってから伺いましたが、この和室は娘さんのおままごとスペースとして活用されていました。人気のシューズクロークですが、採用することで**「知らぬ間に大事なものが犠牲になっている」**ことがあります。そもそも必要なのか、という視点は大事です。

間取り診断チャレンジ 5

この間取りには他にも3つの暮らしにくさが隠れています。ヒントは「帰宅動線」「女性」「寝室」です。再度、間取りを見直してみて、「暮らしにくさ」を発見してみましょう。

◀模範解答と解説はP211

BadPoint!　**ココがあるから「和室」が作れない**

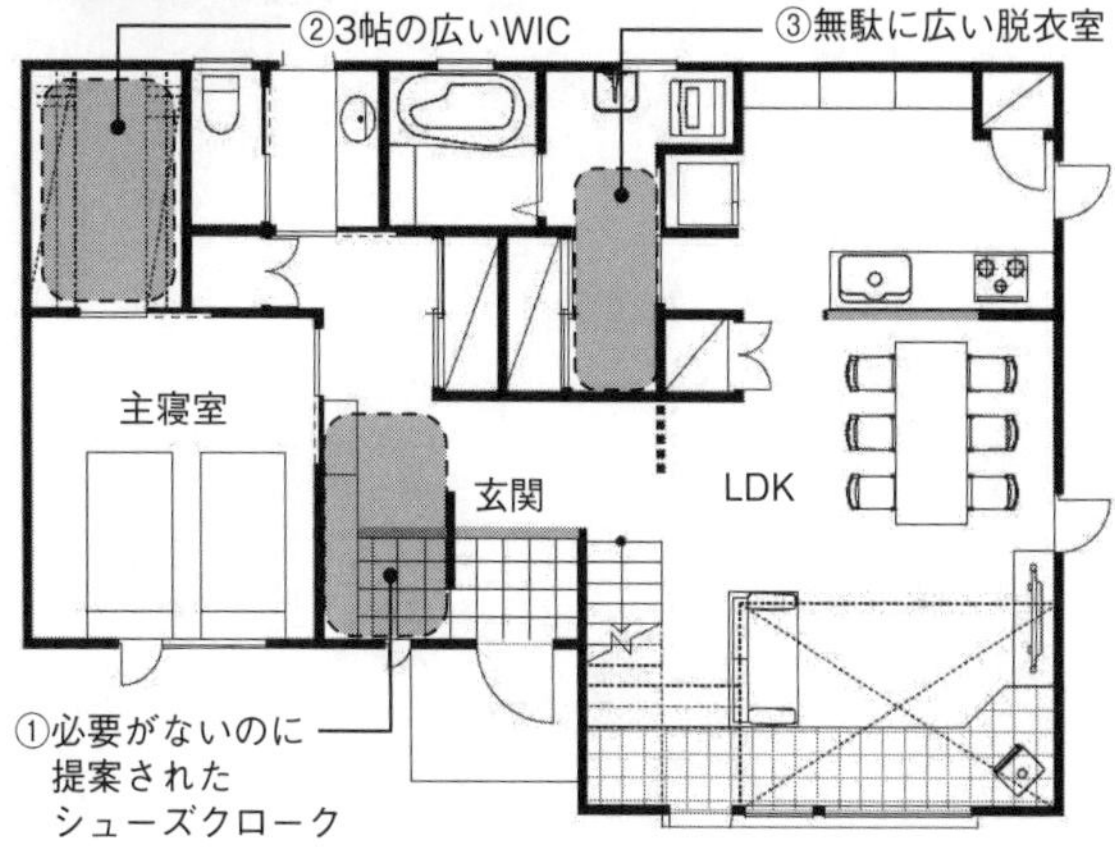

BestPlan!　**リビング横に和室がある回遊動線の間取り**

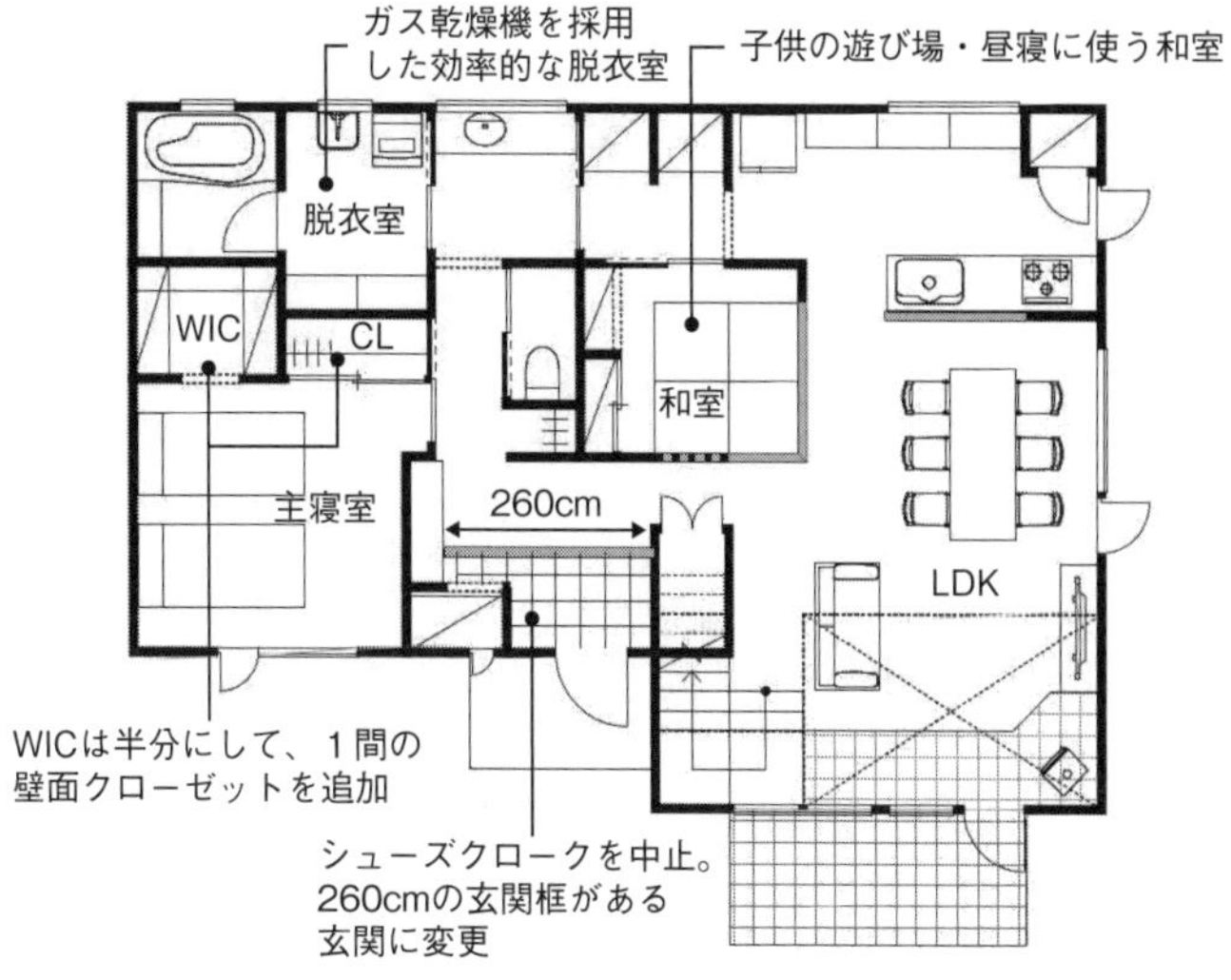

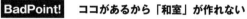

事例25 自慢のスケルトン階段を目立たせたい！

医療技師の室谷さん夫婦は、2人の娘には、自分たちの家で思い出をつくってほしいという思いから、見晴らしの良い分譲地を購入し注文住宅を建てることにしました。

家づくり当初はデザイン重視の会社に依頼していましたが、室谷さんの断熱や気密へのこだわりに対応できず、ハウスメーカー側から断られたという苦い経験があります。その後、心機一転、高気密高断熱が得意なハウスメーカーで建てることにしました。

住宅性能について考える必要がなくなった室谷さんは、間取りに全集中します。第2章で解説した「間取りで暮らす」を実践することで、設計士との打ち合わせも楽しいものになりました。

そのような経緯で完成したのがこの間取りです。南側に吹き抜けのあるリビング、玄関から入った正面にスケルトン階段を配置しています。2階には4帖のルーフガーデンを計画、休日などは家族で食事をしたいと考えています。水廻りは北西にコンパクトにまとめ、キッチン廻りの収納も充実しているとても良くできた間取りといえます。

ただ1点、大きな問題がありました。

室谷さんの家族構成

■夫：医療技師（30代）、妻：医療技師（30代）、長女（5）、次女（3）

■家事分担：料理は夫婦、洗濯は夫、掃除は妻

■洗濯方法：室内干し、乾燥機

■分譲地の高台にあり南側の眺望が良い

✕スケルトン階段の4つのデメリット

その問題とは、階段位置です。南側配置の階段には4つのデメリットがあります。

1つ目は、リビング幅が、273cm（壁芯寸法）しかなく狭いことです。

2つ目はキッチンから外食事のために2階ルーフガーデンへ行くのが遠回りなことです。

3つ目は視線が抜けないことです。見晴らしが良い敷地ですが、階段が邪魔して景色を楽しめず、開放感も感じにくいです。

4つ目は、リビングと庭のつながりが弱いことです。

このように南階段にはデメリットが多いため、東側にする改善提案をしました。これで、前述のデメリットはすべて解消し、開放感も庭との一体感も手に入れることができます。

失ったものもあります。それは2階ルーフガーデンへの動線です。室谷さんのこだわりの一つでしたが、階段を東側に移動することで、直接行けなくなりました。

ただ私の「経験上、キッチンから離れたルーフガーデンは、面倒なので使わなくなりますよ」というアドバイスが決め手となりキッパリ諦めることになりました。

入居して2年後の7月に自宅を訪問した際、2人の娘さんは庭のビニールプールで水遊びをしている最中でした。ウッドデッキを敷いた庭は、諦めた2階ルーフガーデンの代わりに、焼き鳥をしたりお酒を飲んだりできる家族にとって大事な場所になりました。

BadPoint!　**スケルトン階段で狭く感じるリビング**

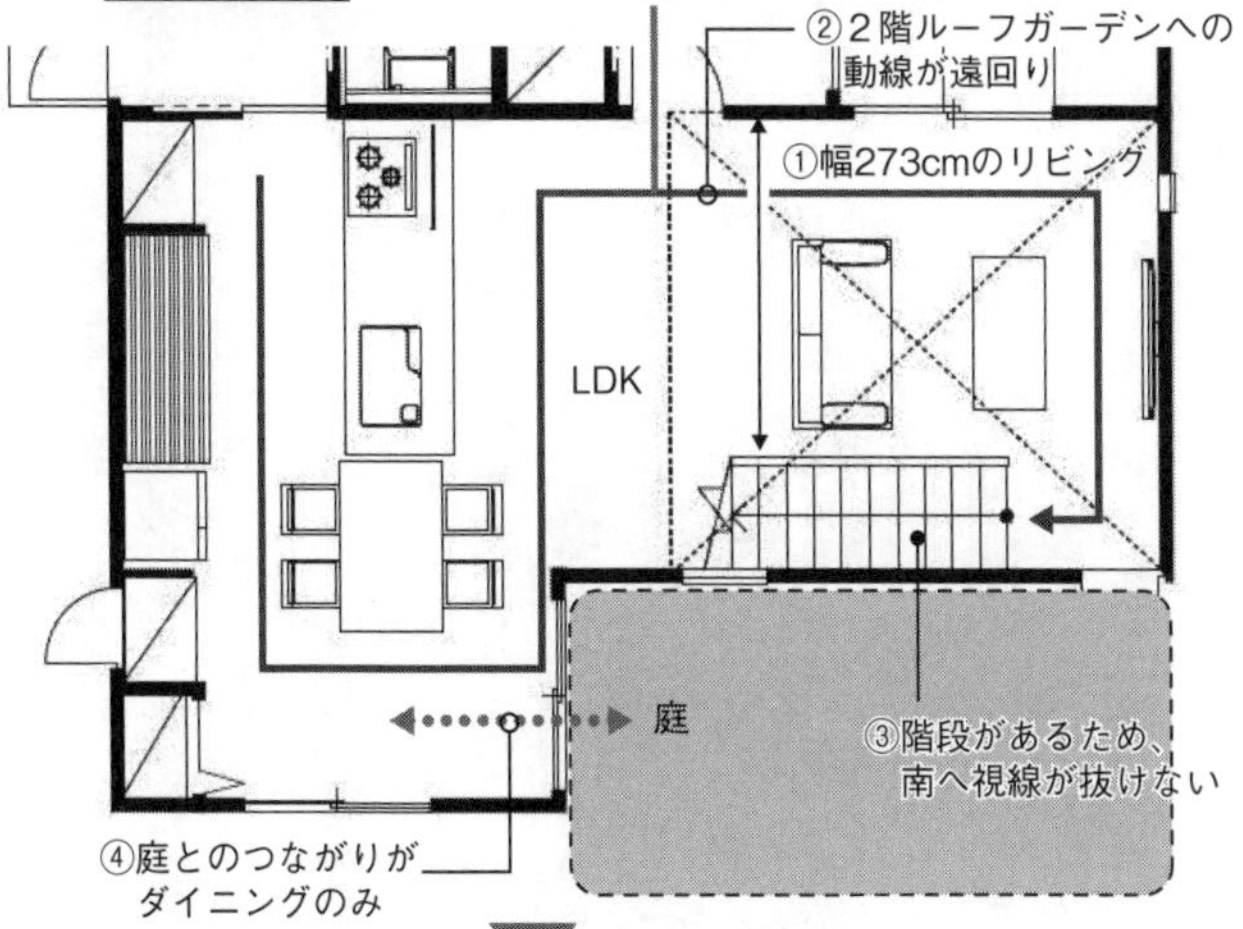
②２階ルーフガーデンへの
動線が遠回り
①幅273cmのリビング
LDK
庭
③階段があるため、
南へ視線が抜けない
④庭とのつながりが
ダイニングのみ

BestPlan!　**南側の庭と眺望を楽しめるリビング**

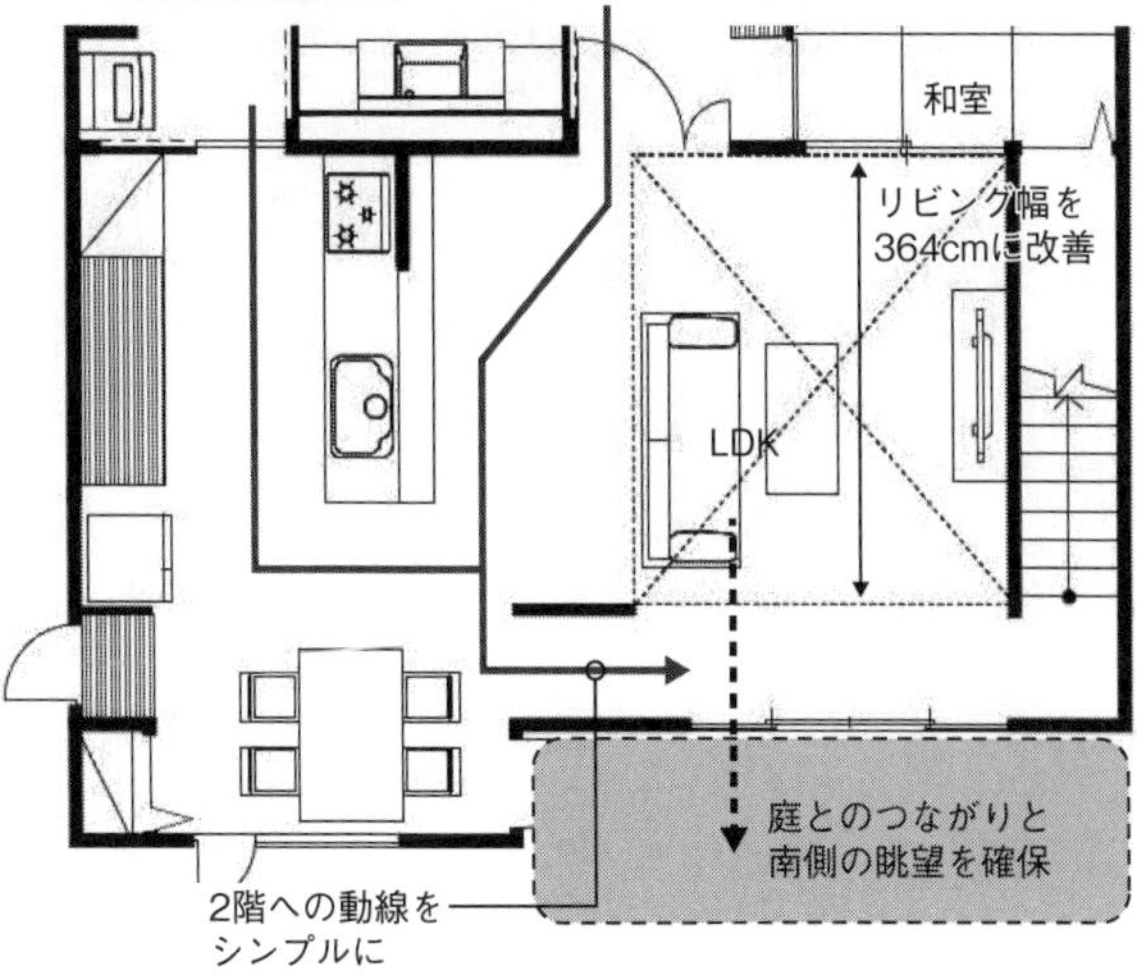
和室
リビング幅を
364cmに改善
LDK
庭とのつながりと
南側の眺望を確保
2階への動線を
シンプルに

まだある！ 間違うと暮らしにくい人気間取り

「注文住宅だからできる間取り」は魅力的です。ただそれらは「経験したことがない」間取りであることが多いので、思っていたより暮らしにくい、歳をとったら危ない、ということになりかねません。最後に、人気間取りを採用する上で理解すべきことを解説します。

ダウンリビング──動かせないソファ

ダウンリビングとは、段差をつけて他のスペースよりも、20〜40㎝低い位置に作られたリビングのことです。住宅建築の巨匠である宮脇檀《みやわきまゆみ》も、円形のダウンリビング（ラウンジピット）を自身の設計に取り入れていました。

ダウンリビングは、床が下がるので天井が高くなる、落ち着く、映える、といったメリットがありますが、その本質は「建築化した（動かせない）ソファ」です。

家具のソファであれば、住んでから動かせるし、暮らしに合わせて交換もできますが、「建築化したソファ」であるダウンリビングはアップデートできません。そのため、大きさや配置は慎重に決める必要があります。

配置で注意すべきは、主要な動線からダウンリビングを外すことです。移動するたびにダウンリビングを通る間取りはさすがに暮らしにくいです。

また当たり前ですが、掃除の手間は増えますし、床が下がるためホコリも溜まりやすいです。ロボット掃除機で自動的に掃除もできないので、私のような面倒くさがりには向きません。

小上がり和室—用途によっては使いにくい

小上がり和室は、他の床から30～40㎝高くした和室で、リビングに接して配置されることが多いです。和テイストの印象を強められ、デザイン的なアクセントになるので人気です。

床から40㎝は、ちょうど椅子の座面と同じ高さなので、ベンチ替わりに腰掛けることもできます。

注意すべきポイントは、その用途です。ベンチや子供の遊び場、ゴロゴロするためなら問題ないのですが、将来も含め寝室として使うならば、段差がネックになります。

飲食店で見かける小上がりの座敷でトイレに行く時に、段差を面倒に感じることはないでしょうか？　高齢者だと手すりが欲しいと感じる場合もあります。

それと同じ状況になるので、将来、寝室にする場合、負担を減らすためフラットにしたいと思うかもしれませんので、リフォームを覚悟しておきましょう。

スキップフロアー主要な動線はスキップにしない

スキップフロアとは、部屋ごとに床の高さを変えた間取りのことです。よくあるのは、ガレージ上を中2階（1階と2階の間の階）として活用する間取りです。ガレージはそれほど高さを必要としないので、空いた空間を部屋として活用できます。

また高低差がある敷地では地盤に合わせてスキップフロアにすることで、工事費用を抑えた設計にできます。

このように用途や敷地条件を活かすための手段としてスキップフロアを採用することが一般的ですが、空間の魅力を増すためにスキップフロアにすることもあります。いずれにせよ気を付けたいのは、よく使う動線はスキップ（段差）にしない、ということです。

以前、診断した間取りでは、キッチンからダイニングへの経路に段差がありましたが、これでは配膳が大変です。主寝室からトイレへの動線も段差にはしたくないですね。

終の棲家にしたいなら、ワンフロアで暮らしが完結するようにし、段差は、子供部屋や書斎、納戸といったサブの部屋だけに限定すべきです。

ボルダリング・雲梯—近くに割れるものは置かない

壁にボルダリング、天井に雲梯《うんてい》を設置するのも人気です。特に未就学児の子供がいる家族が希望することが多いです。確かに子供がボルダリングや雲梯で遊んでいる姿が見られるのは楽しそうではありますし、注文住宅ならでは、といえます。

これらの注意点は、足や手が届きそうな範囲に、ガラスや建材、壁など危ないもの、傷がつきそうなものを置かないことです。思わぬ怪我の原因になるので、家族と家を守るためにも細心の注意を払う必要があります。

また事前にボルダリングや雲梯を子供にやってもらうのもいいですね。ハコモノ行政という言葉がありますが、利用者（子供）の好みを考えないで作ってしまうと、ほとんど活用されないということになります。

また子供の興味が続く期間は短いです。私の娘は、小学校2年生時に学校の雲梯にハマっていましたが、3年生になると一輪車に凝りはじめて、それ以来、雲梯には近づかなくなりました。大人と同じく子供も可処分時間（一日で自由に使える時間）は限られているので、新しいことを始めたら、古いことはしなくなります。使われなくなっても違和感のないデザインにするほうがよいでしょう。

テレワーク用の書斎──リビングから離れた場所に

コロナ禍でテレワークが浸透した結果、自宅で仕事をする人が増えました。そこで注目されたのが、テレワーク用書斎です。リビングに接する形で配置し、家族の気配がわかるテレワーク用書斎にしたい、と希望する「まだ子供がいない、または未就学児がいる共働き夫婦」が多くいました。

ここであえて「まだ子供がいない、または未就学児がいる共働き夫婦」と書いたのは、「小学生以上の子供がいる夫婦」からは、「家族の気配がわかるテレワーク用書斎にしたい」という要望はないからです。理由は、「そんなのあり得ない」から。

私たちも共働きで保育園をフル活用しましたが、日曜日と年末年始以外は子供を預かってもらえ、時間もある程度はこちらの都合に合わせてもらえるので助かりました。

ただ子供は成長します。小学生になると、帰宅時間は日によって違いますし、夏休みなどの長期休みもあります。学童保育はありますが、高学年になると通うことを希望しない子供もいます。このような状況で**「親がリビング近くで仕事をしている」というのは、子供や他の家族にとって快適でしょうか？**

リモート会議などで喋る機会がなく子供がリビングで騒いでいても支障なし、というならいいですが、そうでない場合は、「家族の気配をまったく感じないテレワーク用書斎」にすることが他の家族のためです。できれば、リビングとは別の階にして、子供部屋とも距離を確保するようにしましょう。

間取り診断チャレンジの模範解答と解説⑤ 事例24

事例24（松岡さん）のヒントは「帰宅動線」「女性」「寝室」でしたが、見つかったでしょうか？　早速、「3つの暮らしにくさ」について解説します。

①　20mの帰宅動線

帰宅してすぐに手を洗う、または、キッチンに買い物袋を置いてから手を洗う、どちらにしても動線が長いのが問題です。また玄関ホールを通らないとリビングと洗面・トイレを行き来できないのもイマイチです。来客時に玄関ホールを横切る動線しかないのもスマートではありません。

②　女性ファーストでないトイレ

トイレと浴室の動線が長いことです。生理中、ナプキンを使う場合、入浴前にトイレに行く人もいます。その場合、浴室とトイレが近いほうが楽ですが、この間取りでは、トイレと浴室の動線が16mもあります。主寝室に近い位置にトイレを配置したいという配慮はわかりますが、女性ファーストも同時に考慮すべきです。

③ 眺望を活かせない寝室

3つ目は寝室のベッド配置です。比較的、余裕がある主寝室ですが、ベッドなどの家具配置の検討が不十分です。

窓の下にベッドヘッドがありますが、窓は壁と比較すると断熱性能が低いので、冬の冷気が顔に落ちてきますし、カーテンのホコリも気になります。ベッドからの眺望もよくありません。正面に見えるのはウォークインクローゼットの引き戸だけで近隣環境を活かしきれていません。

改善間取りでは、和室を追加すると同時に、3つの暮らしにくさも改善しました。キッチンから浴室まで一直線の裏動線を通すことで、洗面・トイレが遠いという問題を解決しています。

また浴室と主寝室の間にトイレを配置したので、女性ファーストと将来的なバリアフリーを同時に実現しています。

事例01の木村さんでも採用したキッチンと洗面室・脱衣室をつなぐ裏動線は、家族の動きがわかるという意味でも優秀です。キッチンにいれば、リビングと和室、浴室・洗面室の様子がわかるので安心できます。

BadPoint!　①20mの帰宅動線・リビングから遠いトイレ

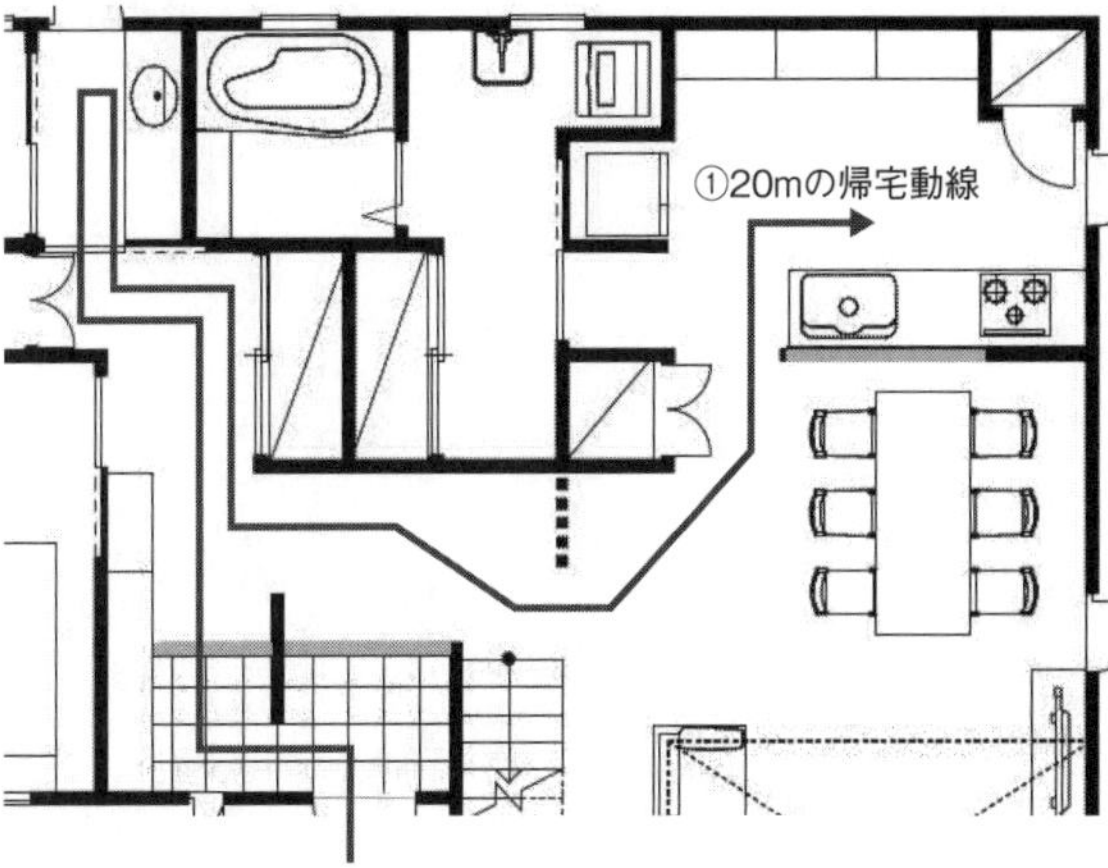

BadPoint!　②女性に優しくない、16mのトイレ←→浴室の動線
③南側の眺望の良さを活かせない寝室

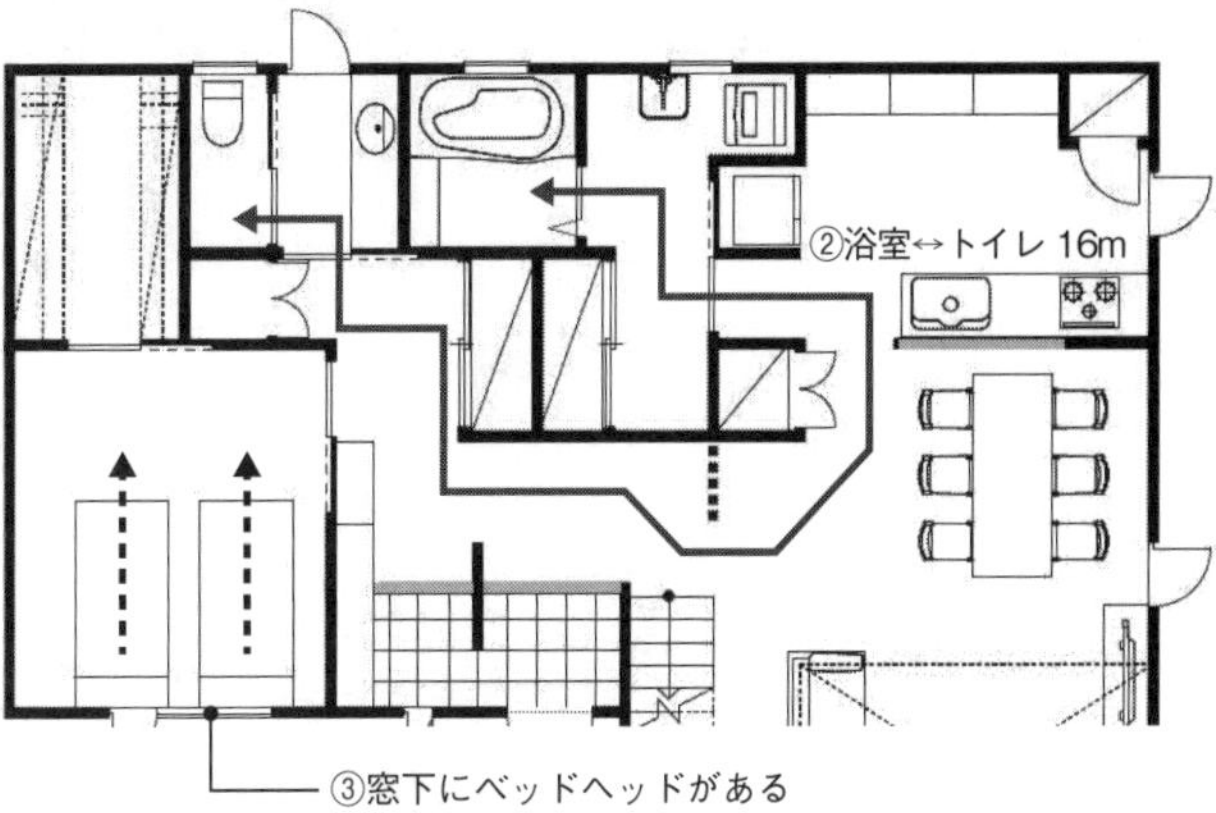

主寝室は西側をベッドヘッドにして、窓から庭や公園を眺められるようにしました。正面は壁なので、テレビやプロジェクター付きシーリングライトを設置して動画を楽しむことができます。

入居してから半年がたった9月、北海道の松岡さんの自宅を訪れました。ご夫婦と2歳になった娘さんに出迎えていただき、家づくりや暮らしてみての感想をお聞きしました。

複数の会社を比較して自然素材を得意とする工務店を選んだのですが、打ち合わせした内容が現場に反映されないといったことがあり、工事は大変だったそうです。ご主人が頻繁に現場に出向いてチェックしたのですが、その甲斐があって、とても素敵な仕上がりとなっていました。

奥様のインテリアコーディネートも、ナチュラルテイストでまとめられセンスが光っていました。

BestPlan!　**①回遊動線の採用で、帰宅動線が半分に**

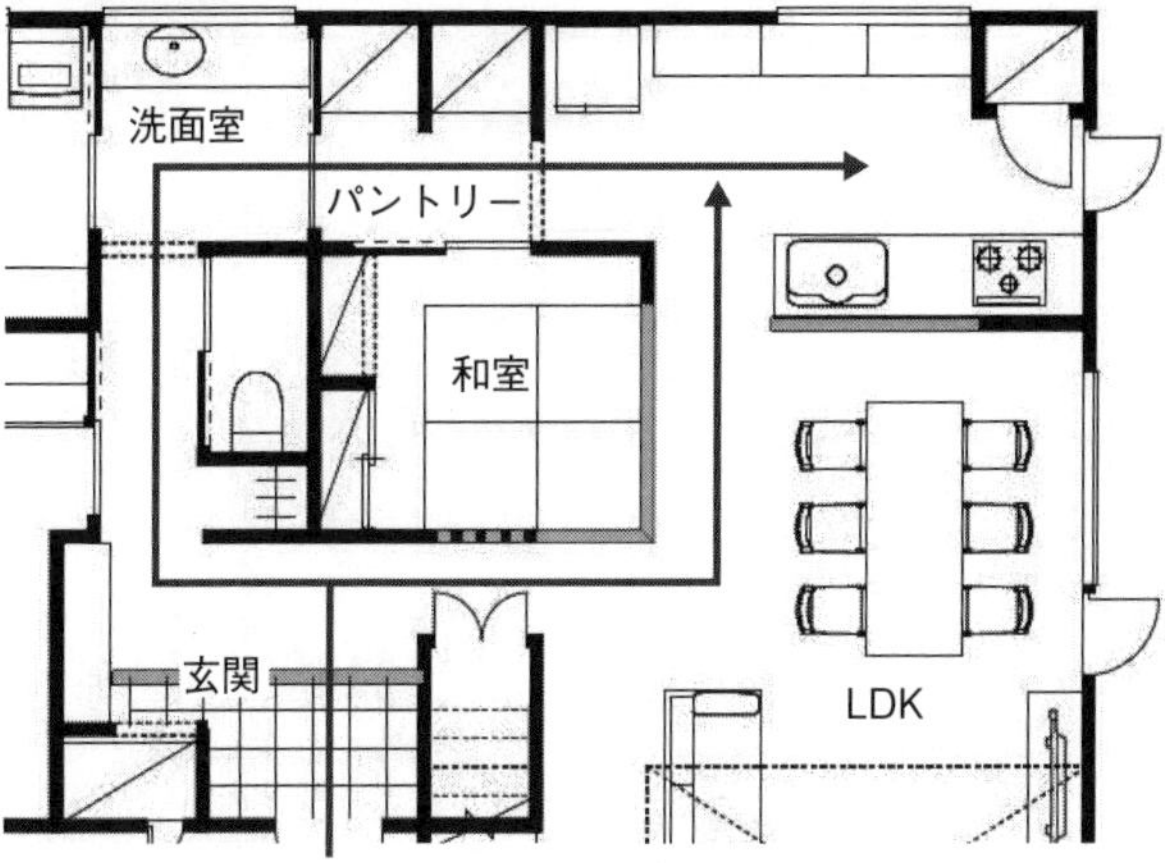

BestPlan!　**②浴室・主寝室の近くにトイレを配置**
③ベッドから公園の眺望が楽しめる
④水廻りが一直線に並ぶ

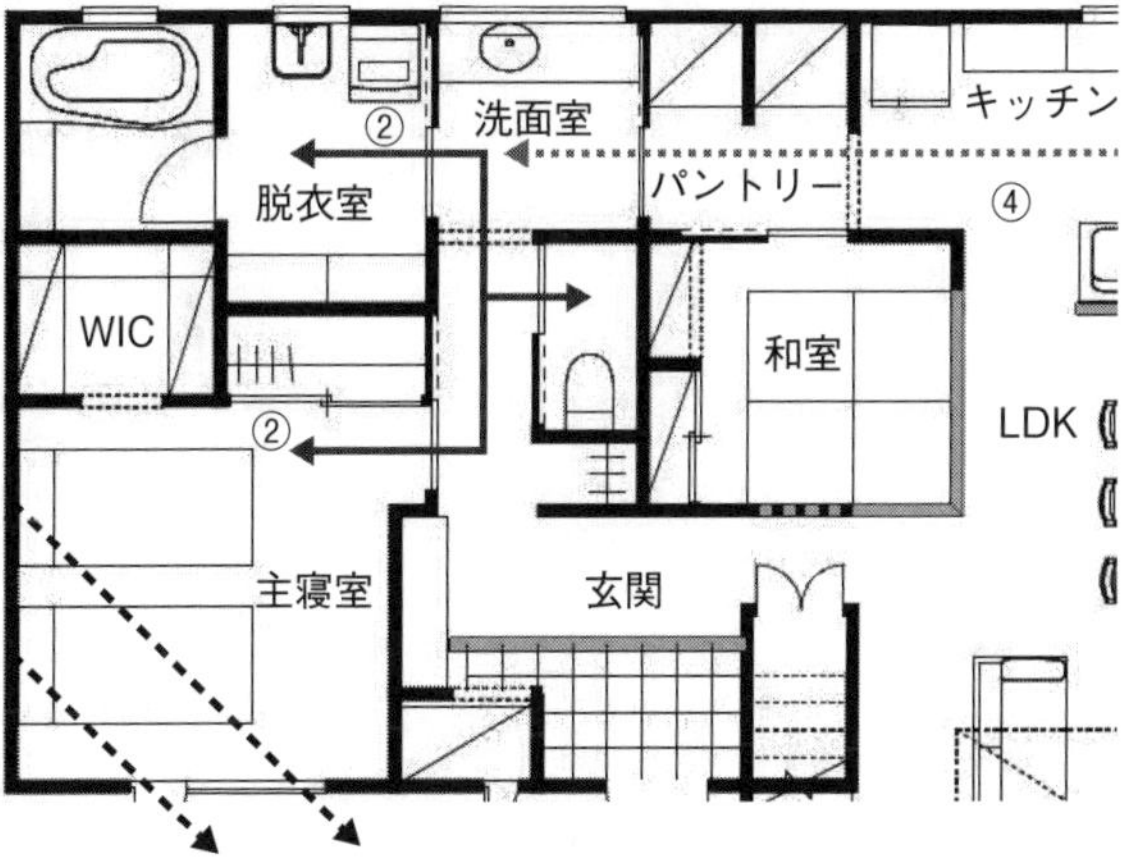

竣工後に施主（クライアント）にお会いすると決まって言われるのが、「あのまま住宅会社の提案間取りで建てていたらと思うと怖い」ということです。松岡さんの場合も、大幅に間取り変更していたのでそのように話していました。

住宅会社の提案では不安な場合、建築士にセカンドオピニオンを依頼することは、納得した間取りのための確実な方法です。ただ費用がかかりますので、まずは自分で「間取りで暮らす」を実践してみてください。

間取り改善のヒント

最後に、間取り改善について補足します。間取りで暮らして問題点を発見できても、どのように改善すればいいのかわからない、と感じた読者もいると思います。

間取り改善は、第2章で紹介したように、暮らしにくさに優先順位をつけた上で、住宅会社に改善依頼するのがよいです。

自分でなんとかしたい！　という場合は、本書の改善間取りの事例が参考になるでしょう。賢明な読者は気づいていると思いますが、バラエティーに富んでいる「元間取り」に対して、私が提案した「改善間取り」は、同じパターンが多かったはずです。

このパターンは、「間取りの型」といって、設計者が間取り検討時に活用します。特にL

DK部分の「間取りの型」は、覚えておくと間取り検討に便利です。

私が多用しているLDKの間取りの型は、東西に長くLDKを配置したものです。事例03、06、08、10、11、16、17、23の間取り改善で利用しており、リビングの日当たりと動線を良くしたい場合にお勧めなので確認してみてください。

なお、私は、改善間取りの検討時、まずは間取りで暮らした上で「暮らしにくさ（問題点）」をリストアップします。そして、それらを解決するための改善間取りを10〜20案作ります。そこから5案程度に絞り、施主にプレゼンします。その5案の中から、施主が選んだ1案が本書で掲載された間取り、というわけです。

何十年も設計に関わっていたとしても、（少なくとも私の場合）このような地道な検討なしに間取りは作れません。

納得できる間取りを選ぶには、複数の間取りを用意し、そのすべてを暮らしに変換する（間取りで暮らす）という工程が必須です。

時間はかかりますが、理想の暮らしを実現するために必要なことなので、実践してくださいね。

おわりに　115万キロのフィルムの舞台

人気バンドOfficial髭男dismの代表曲『115万キロのフィルム』は、「君と僕が歩む一生」を、僕の目の奥にあるフィルムで映画にする、というロマンティックな歌です。

115万キロのフィルムで撮影できる時間は、約80年分（約70万時間）。二人が20歳で出会ったとしたら、100歳まで生きることを想定していることになります。

ウェディングソングとしても人気なので、もしかしたら読者のなかにも結婚式で使った人がいるかもしれません。

私も妻も大好きな曲ですが、結婚式では使えなかったので（なにしろ私たちが結婚した20年前、作詞作曲の藤原聡《ふじはらさとし》さんはまだ小学生でした）、結婚50年を祝う金婚式でこれまで撮影した写真や動画を編集しムービーにして流す際、BGMにしようと思います。

私たちの場合、写真を撮るのは、家族行事や旅行などのライフイベントに限られるので、ムービーは、子供の学校や観光地などを背景にしたシーンが多くなりそうです。

ただ、この曲の歌詞のように「目の奥にあるフィルムで映画にする」ことができるなら、そのシーンの多くは、私たちが暮らす家を舞台にしたものになるはずです。

・子供を抱っこする
・子供のオムツを替える
・夫婦の時間を楽しむ
・週末に家族で鍋をつつく
・友人家族とホームパーティーをする
・テレビを見ながら皿洗いする
・息子が初めてつくってくれた料理を食べる
・娘のお勧めの動画をみんなで見る
・夫婦で晩酌する
・夫婦喧嘩する
・親子喧嘩する
・仲直りする

まだ経験していませんが、近い将来、子供たちはこの家から巣立っていくし、もっと先では、車椅子が必要になったり、家族の介護を経験するかもしれません。

このように家を建てる・購入する・借りる、という行為は、人生という物語の舞台を決めることに他なりません。終の棲家にするのであれば、間取りはそれこそ115万キロのフィルムの長さに堪えうるものにすべきです。

ただここで注意したいのが、「舞台(間取り)づくり」に夢中になるあまり、自分たちがどのような「人生(暮らし)を送りたいか?」を忘れないようにすることです。

インターネットやSNSでシェアされている素敵な間取りやデザインにトキメクこともあるとは思いますが、採用の可否は、間取りを暮らしに変換した上で、自分たちの人生に必要なのかを吟味してからにしましょう。


さて、本書では沢山の事例を紹介することを優先し、第2章の「間取りで暮らす」方法はエッセンスのみの解説だったため、少し物足りなさを感じたかもしれません。また第3章以降で紹介した間取りが、実際、どのような家になったのか興味のある方もいるかと思います。

そんな「もっと知りたい読者」のために、読者専用サイトを用意しました。

「間取りで暮らす」ための解説動画や、写真付きの事例紹介を参照できるようになっています。こちらのリンクやQRコードを読み取ってご視聴ください。

https://aki-factory.com/archives/lp/kodansha

最後に、本書の間取り掲載を快く許可してくださった施主の皆さん、図面を作製してくれた宮崎さん、白石さん、森さん、執筆をサポートしてくださった講談社の田中さんに感謝を申し上げます。

豊かな人生を送るための舞台（間取り）づくりに、本書が役立てば幸いです。

２０２３年12月

船渡　亮

船渡 亮

一級建築士。1971年神奈川県生まれ。法政大学卒業後、1995年から設計事務所・工務店・建設会社で150件以上の住宅などの設計・デザインを行う。2013年に「かえるけんちく相談所」を立ち上げ、ブログ・メルマガで家づくりの情報発信を開始。翌年、在籍していた工務店が倒産。失意の中、主夫をしている時にメルマガ読者の紹介をきっかけに『人生が変わる片づけのルール』(永岡書店)を監修。2017年に間取りのセカンドオピニオンとして独立。現在、LINE・メルマガ会員は1万人、間取り診断数は3000件を超える。施主が注文住宅で「理想の暮らし」を実現できるように、雑誌・Web記事の監修・執筆も行っている。

かえるけんちく相談所　https://aki-factory.com

講談社+α《プラスアルファ》新書　872-1 D

この間取《まど》り、ここが問題《もんだい》です！

船渡《ふなと》 亮《あきら》 ©Akira Funato 2024

2024年1月16日第1刷発行

発行者――― 森田浩章

発行所――― 株式会社 講談社

東京都文京区音羽2-12-21 〒112-8001

電話 編集(03)5395-3522

販売(03)5395-4415

業務(03)5395-3615

KODANSHA

デザイン――― 鈴木成一デザイン室

本文データ制作――― 朝日メディアインターナショナル株式会社

カバー印刷――― 共同印刷株式会社

印刷――― 株式会社KPSプロダクツ

製本――― 牧製本印刷株式会社

定価はカバーに表示してあります。

落丁本・乱丁本は購入書店名を明記のうえ、小社業務あてにお送りください。

送料は小社負担にてお取り替えします。

なお、この本の内容についてのお問い合わせは第一事業本部企画部「＋α新書」あてにお願いいたします。

Printed in Japan

ISBN978-4-06-534463-7